미세먼지의 과학과 정치

이 연구는 2021년도 환경부의 재원으로, 한국환경산업기술원(KEITI) '미세먼지관리 특성화대학원 전문인력 양성사업'의 지원을 받아 진행되었습니다.

미세먼지의 과학과 정치

I Particulate Matter

Science and Politics

김인경 · 노영민 · 손윤석 · 송영 · 신상범 · 이재영 · 이태동 · 이혜경 · 조정원 · 한희진 지음

이 책은 미세먼지가 단순히 과학적·공학적으로 해결되는 가치중립적인 성격의 환경 외부효과가 아니라 다양한 주체들의 인식과 대응을 통해 '사회적으로 구성되는' 정치적·경제적·역사적 과정의 산물임을 보여준다. 세계의 여러 국가와 지역들은 각자 처한 정치적·경제적·사회적 조건하에서 비슷하면서도 다른 미세먼지 정책들을 도입해 집행하고 있다. 저자들은 미세먼지 문제가 한 국가가 당면한 과제임과 동시에 국가와 국가 간의 상호 협력을 통해 해결책을 모색해야 하는 초국가적인 월경성 문제라고 주장한다.

한울
아카데미

차례

한희진 부경대학교 글로벌자율전공학부, 미세먼지 특성화 사업단
손윤석 부경대학교 환경공학과, 미세먼지 특성화 사업단

1. 이 책의 집필 의도: 미세먼지를 둘러싼 과학과 정치

미세먼지(Particulate Matter, PM)는 2019년 겨울 코로나19 발생과 국제적 확산으로 대내외 경제·사회 활동이 위축되고 그에 따라 대기오염 정도가 개선되기 전까지만 해도 우리 사회에서 가장 빈번히 논의되던 환경문제 가운데 하나였다. 2022년 서울의 봄철(3~5월) 초미세먼지 농도는 $20\mu g/m^3$으로 관측 이래 최저치를 기록했다. 고농도 미세먼지 비상 저감 조치의 3분의 1 정도가 3월에 발령될 만큼 통상 3월은 가장 높은 수준의 미세먼지를 기록해 왔다. 그런데 2022년에는 비상 저감 조치가 단 하루도 발령되지 않았고 초미세먼지 농도도 $21\mu g/m^3$로 관측 이래 가장 낮은 수준을 보였다(≪국민일보≫, 2022.6. 13). 이렇듯 코로나19 사태 이후 아이러니하게도 미세먼지 문제가 개선되는 양상을 보이면서 문제의 해결을 요구하는 대중의 여론 결집과 언론 보도 등도 눈에 띄게 줄어든 것으로 보인다.

최근의 대기질 개선에는 코로나19 변수 외에도 다양한 요인이 작용했다. (초)미세먼지 농도 개선은 대기 정체 일수 등 기상 여건, 중국 변수를 포함한 국외 요인 등 다양한 변수가 복합적으로 상호작용해 도출된 결과다. 또한 석탄화력발전소의 가동 중단과 같은 사업장 규제, 자동차 저공해 사업, 친환경 보일러 보급 등 정부가 채택한 다양한 미세먼지 정책이 효과를 낳고, 그러한 정책 효과들이 축적되며 긍정적인 결과를 도출해 낸 것으로 볼 수 있다.

그러나 미세먼지 문제에 대응하기 위한 정책과 제도는 역사와 상황적 문맥과 무관한 진공(vacuum)과 같은 조건에서 어느 날 갑자기 생겨난 것이 아니다. 미세먼지와 관련된 정책과 제도의 등장은 역사적·사회적·경제적·정치적 요인들과 무관하지 않다. 이 책은 미세먼지를 단순히 과학과 공학의 시각에서 접근하는 것을 넘어 정치학적·사회과학적 관점을 채택해 미세먼지를 둘러싼 논의를 확대하고자 한다.

미세먼지를 과학적으로 분석하고 그에 대한 공학적·기술적 대안을 논의한 학술서나 교양서는 이미 여러 권 출간되었다(현상민·강정원, 2017; 김동식·반기성, 2019; 김철희, 2022). 또한 최근 미세먼지 대응이 국내외에서 강화되는 양상을 보이자 미세먼지와 관련된 규제와 행정을 다룬 사회과학서도 나오고 있다(행정안전부·한국행정학회, 2020; 마크리더·김상목, 2019). 그러나 미세먼지를 한 사회의 역사적 진화와 경제적 발전 과정에 따른 외부효과(externality)이자 산물로 보고 사회과학적 시각, 특히 정치학의 시각에서 폭넓게 접근해 분석한 교양서나 학술서는 부족한 현실이다. 나아가 미세먼지를 둘러싼 과학적 논의를 토대로 과학과 정치 사이의 관계를 논의한 책은 아직 출판된 바 없다.

이러한 연구와 출판의 공백에도 불구하고 미세먼지에 대한 효과적인 대응과 문제 해결을 위해 미세먼지를 둘러싼 과학과 정치, 특히 이들 사이의 상호작용을 규명하고 이해하는 일은 여전히 중요하다. 미세먼지의 해결을 위해 사회과학과 정치학적 이해와 분석이 요구되는 까닭은 무엇인가. 앞서 밝힌 것처럼 미세먼지 대응 정책의 출현 배경에는 과학적 연구 성과의 축적이라는 요인이 크게 작용했다. 문제와 그 원인에 대한 과학적 연구를 통해 지식을 구축함으로써 우리는 해당 문제의 성격을 보다 정확하게 분석하고 인과관계를 이해하게 된다. 이는 문제 해결을 위한 정보와 실마리를 제공한다. 또한 과학과 공학 지식은 저감 기술 등 미세먼지 문제의 해결에 적용할 수 있는 직접적인 수단과 방법을 제시한다.

그러나 이러한 과학·기술적 접근만으로는 미세먼지 문제가 완전히 해결되지 않는다. 우선 미세먼지라는 이슈가 한국과 같은 어느 한 사회의 내부에서 자원과 노력을 투입해 반드시 해결해야 할 중요한 문제로 의제화되고 그 해결 방안이 강구되기까지의 과정에는 다양한 행위자의 참여가 수반된다. 이 행위자들은 또한 소득, 거주지, 교육, 성향, 이데올로기 등의 이유에 따라 문제를 다양한 각도에서 인식하며, 자신들의 다양한 이해관계를 토대로 문제에 대한 해법을 모색하기도 한다. 이 주체들은 문제 해결을 위한 여론과 정책 형성 과정 등에 참여하며 때로는 협력하고 때로는 갈등을 빚는 등 상호작용을 한다. 다양한 행위자 간의 상호작용 결과는 결국 정치의 가장 핵심 개념인 권력(power) 분배 문제와 깊게 연관된다. 그러면서 미세먼지의 의제화와 이를 둘러싼 정책 형성의 과정 등에서 해당 문제는 점점 더 이른바 '가치중립적(value neutral)'인 과학과 기술의 영역을 벗어나게 된다.

정책학에서 의제와 정책 형성 과정을 설명하는 존 킹던(John Kingdon)의 다중흐름 모형(multiple streams model)은 정책 도출을 통한 문제 해결에서 정치가 왜 중요한지에 대한 단서를 제공한다(Kingdon, 1995). 이 모형을 간단히 설명하면 문제(problem), 정치(politics), 정책(policy)이라는 세 흐름(stream)이 결합(coupling)하는 지점에서 정책의 창(policy window)이 열리고 거기에 특정 정

그림 다중흐름 모형

자료: Kingdon(1995); Zahariadis(2003).

책을 지지하는 정책중개인(policy entrepreneur)의 행위가 더해지면 비로소 특정 이슈를 해결하기 위한 정책이 도출된다.

첫 번째 흐름인 문제의 흐름(problem stream)에서 정치인을 포함한 정책 결정자는 경제, 사회 등 각종 지표, 주요 사건(focusing event), 환류(feedback) 등을 통해 특정 사안의 엄중함을 인식하게 된다. 그러나 이러한 인식이 바로 문제 해결을 위한 정책 입안으로 귀결되지는 않는다. 왜냐하면 세상에는 너무 많은 사안과 문제가 존재하기 때문이다.

두 번째 흐름인 정책의 흐름(policy stream)에서는 해당 문제에 대해 정책 전문가와 그들로 구성된 네트워크가 제안하는 여러 의견과 대안이 표류한다. 문제의 다양한 해법은 기술적인 실현 가능성(technical feasibility), 가치 수용성(value acceptability) 등에 따라 채택될 수도 있고 그렇지 않을 수도 있다. 다양한 집단이 제시하는 정책 아이디어와 대안이 최종 정책 결정자들의 관심과 선택을 기다리며 서로 경쟁하며 부유하는 공간이 바로 이 정책의 흐름이다.

마지막으로 정치의 흐름(politics stream)은 국가 분위기, 압력 집단의 캠페인, 행정부나 입법부의 교체 같은 변수들로 구성된다. 사회 구성원들의 인식, 다양한 이익집단들의 상호작용, 정치인과 정부의 교체 등이 정치의 흐름을 형성한다. 킹던은 이러한 세 흐름이 완전히 혹은 부분적으로 결합할 때 정책의 창이 열리고 의제 형성이나 정책 도출이 가능하게 된다고 주장했다. 이 과정에서 시간, 재원, 전문성, 평판 등을 자원으로 보유한 정책중개인은 자신이 선호하는 특정한 정책 대안을 옹호하고 지지하며 자신들에게 유리하고 옳다고 생각하는 방향으로 정책을 형성하고자 기회의 창을 십분 이용한다. 정치인일 수도 있고 시민사회 조직일 수도 있고 전문가일 수도 있는 이러한 정책중개인은 세 흐름의 결합에 중요한 역할을 한다.

다중흐름 모형은 미세먼지와 같은 환경문제가 의제화되고 그에 대한 정책이 산출되는 과정이 단순히 과학과 기술의 축적만으로는 불가능하며 다양한 정치적·사회적 요인들과 결합될 때 비로소 가능함을 시사한다. 사회 구성원 상당수가 미세먼지 문제를 직간접 체험을 통해 경험하고 그에 따른 불편함을 인식하게 되면 이는 매체와 시민사회 등을 통해 사회 여론이라는 분위기와 압력을 형성하기에 이른다. 이 과정에서 구성원들의 문제 인식과 인지도는 더욱 확대되고 미세먼지를 둘러싼 정보가 확산되면서 문제 해결을 촉구하는 목소리는 자연히 높아진다. 정부 형태에 따라 차이는 있겠지만 정치인들과 정부는 통치의 정당성, 선거에서의 득표 등의 이유로 이러한 사회적 요구와 압력에 민감하게 반응할 수밖에 없다. 미세먼지가 의회에서 정쟁 대상이 되기도 하고 선거철 공약이 되기도 하는 것이다. 이러한 일련의 정치 과정을 통해 미세먼지는 전문가, 행정 관료, 정치인들의 정책 형성과 입법 행위 등을 통해 반드시 해결되어야 하는 문제로 탄생한다.

그러나 미세먼지 정책이 그러한 과정을 통해 도출되었다고 해도 그 집행에는 재정과 기술 등 재원이 소요되며 한정된 재원을 어떻게 분배할지의 문제를 두고 또다시 정치의 문제가 발생할 수 있다. 또한 정책 집행 역시 그저 과학기술의 집행이 아닌 다양한 주체가 밀고 당기는 정치 과정이 될 수 있다.

예를 들면 중앙정부가 도입한 미세먼지 대책을 지방정부에서 이행하는 과정에서 양자 간에 갈등이 유발될 수 있으며, 이는 중앙과 지방 간의 오래된 정치적 갈등을 증폭시키는 요소가 되기도 한다.

미세먼지는 한 국가 내에서만 문제가 되는 것은 아니다. 신상범(2022)은 미세먼지의 초국경적인 특징이 어떻게 국제사회에서 국가 간(inter-state) 갈등을 유발할 수 있는지를 다음과 같이 설명한다.

> 미세먼지는 초국경적(혹은 월경성) 속성을 가지고 있다. 월경성 환경문제란 한 국가에서 발생한 환경문제가 국경을 넘어 인접 국가에도 영향을 미치는 현상을 말한다. 이것은 의도적인 현상이 아니라 기본적으로 대기 및 수질 오염물질이 가지는 초국경적 속성과 지형 및 기상 조건 등에 따른 구조적인 현상이며 따라서 일반적으로 해결하기 매우 어렵다. 또한 오염물질의 발생과 이동에 관한 과학적 분석 결과에 대한 국가들의 합의가 어렵다는 점이 문제의 해결을 방해하는 주요 원인이다. 심지어 비교적 가해자와 피해자가 명백해 보이는 상류-하류 성격을 가진 문제조차도 상류가 하류의 오염에 정확히 얼마나 책임이 있는지, 그리고 상류는 그보다 더 상류에 의해 얼마나 오염이 되는지 등을 과학적으로 파악하기 힘들고 또 파악한다고 해도 상류와 하류가 이 과학적 결과에 합의하기 매우 힘들다.

이렇듯 미세먼지와 같은 대기오염의 발생은 국가 간의 갈등을 유발할 수 있다. 그러나 과학적 인지공동체(epistemic community)의 형성을 통해 문제에 대한 공통의 인식과 정보 공유, 조약 등 국제적 제도의 형성, 지역적 관리 체제의 구축 등 일정 조건이 마련되면 유럽에서 보았듯 국가 간에도 협력이 가능하다. 이 모두는 국제정치의 영역에서 발생하는 일들이다.

이러한 이유로 이 책의 저자들은 미세먼지를 정치·경제·사회 시스템과 분리해 외부에 존재하는 단순한 대기오염물질로 보는 시각을 뛰어넘고자 한다. 미세먼지와 같은 대기오염물질의 생성 과정과 먼지의 증가가 불러오는 각종 폐해는 산업화와 도시화로 대표되는 한 사회의 경제 발전사와 흐름을 같이 한다. 미세먼지 생성과 농도의 부침은 그 사회가 그동안 어떻게 변모해 왔는 지를 보여주는 하나의 지표(indicator) 역할을 한다. 따라서 미세먼지 문제를 효과적으로 해결하고자 한다면 문제의 배경이자 원인으로 작용했을 정치·경제·사회상의 발전 경로들과 그 과정에서 중요하게 작용한 요인들을 파악하고 분석하는 작업이 수반되어야 한다. 또한 미세먼지가 한 사회와 국가를 뛰어넘어 존재하는 국가 간의 공동 노력과 갈등 조정을 통해 해결되는 초국경적 문제임을 인식하고 미세먼지를 둘러싼 국가 간의 상호작용을 이해할 필요가 있다. 이러한 분석을 토대로 미세먼지라는 대상을 다각도에서 총체적으로 이해할 수 있으며 문제 해결을 위한 대안을 형성할 수 있다.

이러한 문제 인식에 기초해 자연과학 계열과 인문·사회 계열의 학자들이 모여 『미세먼지의 과학과 정치』라는 책을 기획하게 되었다. 이 책은 2021년도에 환경부 재원으로 한국환경산업기술원(Korea Environmental Industry and Technology Institute, KEITI)의 지원을 받아 시작된 국립부경대학교 미세먼지관리 특성화대학원 전문인력 양성사업을 통해 기획되었다. 이 책은 환경공학 전문가의 과학적 분석을 토대로 시작해 미세먼지를 둘러싼 국가와 사회의 다양한 대응 특징과 동학을 분석한다. 특히 미세먼지 과학을 둘러싼 사회 구성원 혹은 국가 간 정보와 인식의 비대칭성 및 그에 따른 갈등 발생 등을 논함으로써 과학과 사회의 긴밀한 연관성을 밝힌다. 이를 통해 미세먼지에 대한 이해의 폭을 확대한다. 이 책은 대학의 대기오염과 환경 관련 수업에서 교재나 참고서로 활용할 수 있다. 또한 교양서로서 미세먼지를 이해하고자 하는 독자들에게 폭넓은 시각을 제공해 줄 것이다.

2. 미세먼지: 문제와 접근법

미세먼지와 같은 환경오염을 설명할 때 자주 적용되는 개념 중에 하나가 바로 공유지의 비극(tragedy of the commons)이다. 이 표현은 개릿 하딘(Garret Hardin)이 ≪사이언스(Science)≫에 1968년 발표한 논문 제목에서 온 것이다. 하딘은 이 논문에서 마을의 푸른 목초지를 상정한다. 주인이 특정되어 있지 않은 공유지는 누구나 접근할 수 있으므로 마을 목동들은 각자 경제적 이익 추구를 위해 더 많은 가축을 데리고 나와 풀을 뜯게 한다. 곧 마을의 더 많은 목동들이 경쟁적으로 같은 방목 행위에 참여한다. 이러한 개개인의 행동이 지속되면 결국 풀이 무성하던 공유지는 황폐해지며 더 이상 가축을 방목할 수 없는 지경에 이르게 된다. 하딘은 개인의 사적 이익 추구가 이처럼 공동체의 비극(tragedy)으로 귀결되는 결과에 주목하고 이를 해결하기 위한 대안으로 목초지의 사유화나 혹은 정부와 같은 권위 있는 주체를 통한 규제를 제시했다.

우리는 공유지의 비극이라는 우화를 산업화와 경제 발전을 이루어온 국가들이 경험했고 현재도 경험하고 있는, 미세먼지를 포함한 대기오염을 이해하는 데도 적용할 수 있다. 깨끗한 대기는 인류가 함께 누리는 공유 자원이자 자연환경이다. 그러나 오염물질 저감 및 오염 처리를 위한 규제와 정책 등의 제도가 충분히 갖추어지지 않은 상황에서 기업을 포함한 다양한 행위자들의 무분별한 경제성장, 부의 축적과 같은 경제적 이익 추구 행위는 깨끗한 공기의 오염이라는 공동체의 비극을 유발한다. 특정 지역에서 관찰되는 대기오염은 오염물질의 생산과 배출 기여도의 많고 적음에 상관없이 지역의 모든 구성원에게 부정적 영향을 미친다. 소수의 이익을 위한 오염물질 생산과 배출이 다수에게 무차별적인 피해를 가져오는 것이다. 나아가 오염에 기여도가 적은 집단이나 개인 등 사회경제적 약자들이 오히려 오염에 따른 피해와 영향에 더 크게 노출될 가능성이 높다(Clark, Millet and Marshall, 2014; Jorgenson et al., 2020).

대기오염은 이처럼 국가 내부에서의 국지적인 문제일 수도 있지만 국가와 국가를 넘나드는 월경성(越境性, transboundary) 문제로 확대되기도 한다. 이는 한 국가나 지역에서 발생한 오염물질이 대기를 타고 이동해 다른 국가나 지역의 대기질에 부정적인 영향을 미칠 수 있음을 의미한다. 때로는 문제의 원인 제공과 책임 소재를 두고 국가 간 갈등이 유발되기도 한다. 미세먼지 문제를 둘러싼 한국과 중국의 긴장과 갈등이 이를 잘 보여준다. 특히 한국 국민과 시민사회에서는 한국인들이 호흡하는 미세먼지의 대부분이 중국 정부와 기업의 무분별한 경제 발전 행위와 환경 파괴에 책임이 있다는 인식이 팽배하며, 이는 중국에 대한 부정적인 인식과 이미지로 이어진다(정혜윤, 2020). 이러한 부정적인 인식과 반감이 퍼지면서 중국 누리꾼들 사이에서도 한국 정부와 한국인이 자국 내 대기오염원에 관심을 두고 대응하기보다 중국을 비난함으로써 책임을 회피하려고 한다는 여론이 형성되는 등 미세먼지는 양국 간에 반목과 갈등을 초래하고 있다(≪아시아경제≫, 2019.3.6).

그렇다면 미세먼지와 같은 대기오염 문제를 해결하기 위한 접근법들은 무엇이며 어떻게 분류할 수 있는가. 크게 법적·제도적 접근법(legal, institutional approach), 과학·기술적 접근법(science and technology-driven approach), 시장 중심적 접근법(market-oriented approach), 그리고 개개인의 행동과 인식 변화 등에 방점을 두는 개인적 접근법(individual approach) 등을 생각할 수 있다. 존 S. 드라이제크(John S. Dryzek)의 『지구환경정치학 담론(The politics of the earth: environmental discourses)』(2005)은 환경문제를 해결하는 방식을 크게 전문가에게 맡기는 행정적 합리주의, 대중과 민주주의적 원리에 맡기는 민주적 실용주의, 시장에 의존하는 경제적 합리주의로 분류한다. 행정적 합리주의는 법적·제도적 접근법이나 과학·기술적 접근법을 포괄한다고 볼 수 있다. 드라이제크가 분류한 민주적 실용주의는 개인적 접근법에 가깝다고도 볼 수 있다. 어떠한 범주로 나누더라도 각각의 접근법과 세부 방법론의 이행과 적용에는 정부, 기업, 시민사회, 과학자와 전문가 집단, 개인 등 다양한 주체의 참여가 수반된다. 다만 각각의 접근법에서 중심 역할을 하는 주체와 그들이 환경문제를 해결하기 위해 적용하고 동원하는 자원과 수단은 접근법에 따라 차이를 보인다.

먼저 하딘이 공유지의 비극에 대한 해법으로 정부를 통한 해결을 언급했듯이 정부와 정책의 중요성을 강조하는 법적·제도적 접근법이 있다. 이 접근법의 주요 주체는 환경부 등 정부 내 전문 부처와 관료라고 할 수 있다. 공유지의 비극과 같은 사회의 환경문제는 사회 구성원 개개인의 집단행동(collective action)을 통해 해결하기가 매우 어려운데, 그 이유 중 하나는 문제 해결을 위해 투입한 노력에 비해 자신이 취할 수 있는 이익이 거의 없거나 적기 때문이다(Olson, 2012). 오히려 합리적인 개인은 다른 이들의 노력에 소위 '무임승차 (free-riding)'를 하는 것이 유리하다고 생각할 수 있다. 이렇게 되면 깨끗한 공기와 같은 환경은 한 국가나 사회에서 저공급(under-supplied)되는 양상을 보인다. 이는 시장실패, 외부효과라는 말로 표현된다. 깨끗한 공기에 대한 요구와 갈망은 높으나 이렇게 시장실패가 발생할 때 문제 해결사가 되어 공공재(commons)를 공급하는 주체가 정부다. 정부는 문제가 잘 정의되고, 문제 해결을 위한 전략이 잘 수립되며, 리더십과 의지를 기반으로 사회 구성원들을 결집할 수 있을 때 환경문제와 같은 시장실패를 해결하기 위해 행동한다 (Bump, Reddiar and Soucat, 2019). 미세먼지를 해결하기 위해 정부는 관련 법률과 정책을 도입하고 오염원을 규제하는 등의 방안을 마련한다. 중앙정부뿐 아니라 지방정부와 비정부기구 등도 대기오염 문제 해결을 위한 정책 결정 등 제도의 수립 단계에 일정 부분 참여할 수 있으나 이들은 도입된 법률과 정책의 효과적인 집행을 촉진하고 중앙정부를 보완하는 역할을 한다.

예를 들어 대기오염이 문제로 대두하면서 선진국들을 중심으로 법률과 제도가 만들어져 오염원을 규제하기 시작했고, 이는 개발도상국으로 점차 확산되었다. 제2차 세계대전 이후를 보면 1940년 후반 이래 미국과 영국 등 선진국에서도 공업 도시들을 중심으로 매연 구름이 형성되고, 환자와 사망자가 증가하는 등 대기오염 피해가 늘어났다. 1952년 영국에서 발생한 스모그[smog, 연기(smoke)와 안개(fog)를 합친 단어]인 런던 그레이트스모그(Great Smog of London)는 '킬러포그(killer fog)'라고 불리며 4000여 명의 사망자를 냈다(Met Office, n.d.). 이런 사건들이 문제로 대두되며 미국은 1955년 7월 14일 '청정대기법(Clean Air Act)'을 제정했다. 이 법은 고정·이동 배출원의 오염물질 배출을 규제하기 위한 법률이다. 이러한 법을 기반으로 대기오염에 관한 연구와 재원 조성이 비로소 시작되었고 1970년에는 더 강력한 수정안이 의회를 통과했다. 같은 해에 미국 환경보호청(Environmental Protection Agency, EPA)이 '대기오염통제법(Air Pollution Control Act)'의 집행기관으로 창설되면서 미국 환경보호청은 미국 전역에서 대기오염을 줄이는 프로그램을 운영해 왔다. 미국 환경보호청의 권한은 오염물질 배출을 감축하는 제반 규정을 도입하고 집행하기 위해 1990년 '대기오염통제법'이 개정되면서 더욱 확대되었다. 미국 환경보호청은 미국 전역에서 특정 오염물질의 배출 한도를 설정하고 화학 공장, 전기, 수도, 가스 등 공공 설비, 제철소 등 각종 오염원의 대기오염물질 배출을 제한하는 권한을 가진다. 또한 미국 환경보호청은 주정부, 원주민 자치정부 등 지방정부 차원의 대기오염 저감 계획을 승인하고 해당 지역의 계획이 미흡할 때에는 '대기오염통제법' 시행 권한을 승계하기도 한다. 또한 대기오염 저감을 위한 연구, 공학 설계, 재원 등을 제공해 지방정부를 지원하는 역할도 수행한다. 주정부와 원주민 자치정부 등도 주민과 민간의 참여를 기반으로 '대기오염통제법'에 상응하는 법률과 규제를 도입하고 대기오염을 억제하기 위한 '주 시행계획(State Implementation Plans)'을 수립해 이행해 왔다. 이런 계획에는 오염 지역 정화에 관한 규정 등이 포함된다. 산업·화학 공정에 대한 허가 신청을 검토하고 승인하는 역할을 통해 지방 수준에서 대기질을 관리하는 역할도 지방정부가 수행해 왔다(U.S. EPA, 2007). 이 책에서도 한국, 중국, 호주 등 여러 국가의 중앙정부와 지방정부 수준에서 미세먼지 문제에 대응하기 위해 어떠한 법적·제도적 노력이 전개되고 있는지 살펴볼 것이다.

미세먼지와 같은 대기오염 문제의 두 번째 해법은 과학·기술적 접근법이다. 과학·기술적 접근법은 대기환경 문제에 최신의 과학·기술적 방법을 적용해 해결하는 방식이다. 예컨대 1982년 독일 사회학자 요제프 후버(Joseph Huber)가 주창한 생태적 근대화(ecological modernization)론은 경제 발전과 환경 보존은 대치 관계가 아니라 양립해 나아가며 동시에 추진할 수 있고, 이를 통해 경제성장을 동반한 환경 계몽 시대를 열 수 있다는 긍정적인 전망을 제공한다. 물론 생태적 근대화론은 기업과 사회 구성원들도 주체로 다루고 있으나 특히 환경문제에서 기술적 해결에 중점을 두며 과학·경제·정치 엘리트들이 기술 지배적인 정책 결정 과정과 협력을 통해 문제를 해결해 간다고 주장한다(Christoff, 1996).

과학·기술적 접근법에서 특히 중요한 주체는 과학자와 공학자 등 전문가 집단과 그들이 생산하는 지식과 기술이다. 이 집단들은 인지공동체라고 불리기도 한다. 피터 하스(Peter Haas)에 따르면 인지공동체는 크게 네 가지 특징으로 정의된다(Haas, 1992). 첫째, 이들은 문제에 대해서 가치와 신념을 공유하며, 이는 이 공동체 구성원들의 행동을 견인한다. 둘째, 이들은 자연계가 어떻게 작용하며 선호하는 결과를 얻기 위해 어떤 조치와 정책이 요구되는지에 대해 대부분 동의하는데, 이는 현상의 인과관계에 대한 인식을 공유함을 의미한다. 셋째, 이들은 무엇이 타당한(valid) 지식을 구성하는지에 대한 사유를 공유한다. 넷째, 이 인지공동체는 사회를 위한 정책에 영향을 미치기 위해 자신들이 가진 전문성을 활용하고자 한다. 클레어 던롭(Claire Dunlop)은 특히 이 인지공동체들은 문제의 성격이 복잡하고 불확실성을 동반하는 경우, 그리고 이해관계자와 정책 결정자의 지식이 제한적인 사안에서 특히 권위를 발휘한다(Dunlop, 2017).

인지공동체 개념은 미세먼지를 포함한 대기오염에도 잘 적용된다. 미세먼지를 둘러싼 과학자와 공학자 집단은 문제를 정의하고 원인을 규명하며 그에 대한 적절한 방법과 기술을 접목해 해결에 기여해 왔다. 이들은 또한 정부를 향해 국제적 수준에서의 협약이나 국제기구 참여 등을 통해 문제에 대한 공동의 해법을 마련하도록 촉구하기도 한다.

대기오염 문제를 다루는 세 번째 방식은 시장 중심적 접근법이다. 제도로서 시장은 정부를 포함하는 모든 사회 주체가 형성, 유지, 운영한다. 그러나 다른 접근법에서보다 더욱 중심적인 역할을 맡는 주체가 기업이다. 기업은 이윤 추구 등 전략적인 이유로 환경문제 해결에 참여할 수 있다. 예를 들어 대기오염 문제에 대한 사회의 노력이 강화됨에 따라 저감 장치와 기술에 대한 수요가 증가하고 시장이 확대된다면 곧 전문 기업들이 등장해 이러한 수요에 부응하는 제품을 공급한다. 가령 대기오염이 점차 심각한 문제가 되면서 공기정화 기술을 상용화해 시장을 확대하는 기업들이 등장했다. 몇몇 기업들은 또한 오염물질을 저감하는 생산과 공정을 통해 친환경 인증 제도[국제표준화기구(International Organization For Standardization, ISO)의 인증과 같은]와 같은 민간 환경 레짐에 참여해 기업 이미지를 개선함으로써 홍보 효과를 보는 것과 동시에 매출 상승을 기대한다.

시장 중심적 접근법에서 또 다른 중요한 측면은 환경문제의 해결을 위해 시장의 원리(market principle)를 적용하는 것이다. 대기오염물질의 경우 배출권을 거래하는 시장과 같은 제도의 도입 등이 그 예다. 배출권 거래제도에서 정부는 오염물질을 배출하는 경제주체(기업, 공장 등)에게 배출 허용 총량을 설정하고 배출권을 유상 혹은 무상으로 할당한다. 거래제에 참여하는 경제주체는 배출권 시장에서 여분을 판매해 경제적 이익을 취하거나 부족분을 배출권 시장에서 구매해 자신들의 배출 허용 총량 기준을 맞춘다. 이를 통해 오염물질 배출을 비용 효과적으로 저감할 수 있도록 한다(권태형, 2011). 기업들이 배출권 구입에 소요되는 비용을 줄이고 싶다면 배출 저감 조치를 취할 것이며 배출권을 팔아 이익을 보고 싶은 기업은 배출을 저감하거나 생산 등의 공정을 친환경적으로 전환할 유인책을 가지게 된다는 가정에 기초한다.

배출권 거래제도의 이론적 기초를 제공한 것은 로널드 코즈(Ronald Coase)와 존 데일즈(John Dales)의 연구다(Coase, 1960; Dales, 1968). 공유지의 비극을 해결하기 위한 방안 중 하나로 사적 소유권 확대를 주장하던 하딘과 유사하게 코즈 역시 오염물질 배출이 야기하는 외부불경제[1] 문제를 지적하고 사적 소유권을 확립해 정부 개입 없이 사적 주체 간의 자발적인 협상으로 자원 배분의 효율성을 달성할 수 있음을 보여주었다. 데일즈는 코즈와 달리 대기, 수자원 등에 사적 소유권을 설정하는 것은 거의 불가능하니 오염 배출권을 제도적으로 만들고 배출권의 자유 거래를 허용한다면 효율적 자원 배분이 가

---

1   생산자와 소비자의 경제활동이 시장거래를 통하지 않고 직접적·부수적으로 제3자의 경제
    활동이나 생활에 영향을 미치는 현상이다. 이 중 부정적 영향을 특히 외부불경제라고 부르
    며 대기오염은 대표적인 외부불경제 사례다.

능하다고 주장해 배출권 거래제도의 이론적 모형을 제시했다. 대기, 수자원 등에 사적 소유권을 설정하려면 재산권 범위의 설정, 거래 계약을 위한 정보 비용 등 소요되는 거래 비용이 매우 높다. 따라서 소유권 설정 없이 일정 기간 일정량의 오염을 배출할 수 있는 권리를 설정해 자원 이용의 효율을 극대화한다는 것이다. 이에 따르면 이익을 극대화하려는 오염 배출자들은 오염 저감 비용과 배출권 매매 수익 및 비용의 크기를 비교해 최적의 오염 저감량을 선택한다. 즉, 배출권 거래제도는 피규제자가 경제적·기술적 조건에 따라 적정한 오염 저감량을 선택할 수 있도록 해서 획일적으로 오염 감축을 요구하는 직접 규제 방식에 비해 효율적일 수 있다(권태형, 2011). 정부의 직접 규제가 아니라 시장의 작동 원리와 시장에서 행동하는 주체들의 이해관계, 유인 구조(incentive structure)를 활용하므로 배출권 거래제도는 시장 중심적 접근법이라 하겠다.

마지막으로 개인적 접근법의 예는 시민 개개인의 인식 개선과 행동을 통한 문제 개선 및 개인의 행동이 모여 집단적 힘으로 표출되는 사회운동(social movement), 커뮤니티 중심의 실험과 혁신, 그리고 개인과 집단의 행동에서 제도화해 발전하는 시민사회 조직 수준에서의 행동 등을 들 수 있다(Beierle, 2010). 특히 정부와 시장이 대기오염 문제의 해결에 실패할 경우, 개인은 자신과 가족의 건강을 지키기 위해 앤드루 사스(Andrew Szasz)의 표현을 빌리자면 오염과 그 위협으로부터 자신을 방어하는 행동인 "거꾸로 된 방역(inverted quarantine)" 행동을 보인다(Szasz, 2007). 또한 마스크나 공기정화장치 등 제품 구매 등의 소비가 강화된다. 이러한 대응 외에도 개개인은 보다 적극적으로 문제 해결을 위한 활동에 참여할 수 있는데, 가령 환경 단체 활동이나 정부와 오염 배출 기업에 대한 시위 참여 등을 들 수 있다. 즉, 개개인은 마크 새고프(Mark Sagoff)의 표현을 빌리자면 소비자이자 시민으로서 선호를 가지고 환경

문제에 대해 다양한 방법으로 반응하고 행동할 수 있다(Sagoff, 1988).

이 책의 저자들은 각 장의 주제에 대한 논의를 펼치며 앞에서 간략히 소개한 미세먼지를 해결하는 법적·제도적 접근법, 과학·기술적 접근법, 시장 중심적 접근법, 개인적 접근법 등을 다루게 된다. 이러한 접근법들은 한 국가 수준에서뿐 아니라 국제적 수준에서도 각기 적용할 수 있다.

3. 책의 구성과 각 장의 요약 소개

이 책은 서론과 결론을 제외하고 크게 세 부분으로 구성되어 있다. 서론(한희진·손윤석)에서는 집필 의도를 간략히 소개하고 미세먼지의 특성과 대기오염 등 환경문제를 해결하기 위한 다양한 접근법을 소개했다. 서론에서는 특히 미세먼지라는 문제의 효과적이고 종합적인 해결 방안을 모색하기 위해 왜 우리가 이 문제에 과학적인 이해와 함께 사회과학적이고 정치적인 시각과 분석을 해야 하는지 강조했다.

제1부는 '미세먼지의 과학과 사회적 영향'이라는 주제 아래 세 개의 장으로 구성된다. 제2부는 '미세먼지와 국내 정치 및 정책'이라는 주제 아래 한국, 중국, 호주의 미세먼지 대응 사례를 각각 하나의 장으로 할애해 다루었다. 제3부는 '미세먼지와 국제정치'라는 주제 아래 유럽, 동북아, 동남아 세 지역에서 월경성 대기오염을 둘러싸고 벌어지는 국가 간 갈등과 협력 양상에 주목했다. 제1장부터 제9장까지의 내용을 간단히 소개하면 다음과 같다.

제1장 '미세먼지의 과학과 공학'(손윤석)에서는 미세먼지를 정의하고 한국의 미세먼지 성분 및 농도 변화와 이에 대한 국민 인식에 대해서 알아보았다. 또한 미세먼지가 인간, 환경, 사회, 경제적으로 미치는 영향 등도 종합적으로

논했다. 현재 한국은 미세먼지 문제를 해결하기 위해 내부적으로 다양한 정책을 수립해 이행하고 있다. 하지만 이 문제는 국내의 자구책만으로는 해결할 수 없기에 이웃 나라인 일본, 중국 등과도 다양한 외교적인 해결책을 모색하고 있다. 그러나 저자는 이러한 정책과 외교에서의 실효성이 아직 뚜렷하게 나타나지 않는다고 주장한다.

제2장 '미세먼지의 정치경제'(이재영)에서 저자는 미세먼지가 상류-하류(upstream-downstream)의 성격을 가지고 있는 월경성 환경문제(transboundary environmental problem)라는 점과 분석 단위와 분석 대상이 전통적인 방식보다 더 세분화될 수 있다는 점을 고려해야 한다고 주장한다. 저자는 기후변화에 관한 정치 문헌 중 화석연료처럼 기후변화를 강화시키는 자산(Climate-Forcing Assets, CFA)과 기후변화에 취약한 자산(Climate-Vulnerable Assets, CVA) 간의 경쟁으로 정책 변화를 설명하는 이론에 주목한다. 저자는 이를 이론 틀로 변용해 미세먼지의 정치경제에도 결국 미세먼지에 취약한 자산(Particulate Matter-Vulnerable Assets, PMVA)과 미세먼지를 강화시키는 자산(Particulate Matter-Forcing Assets, PMFA) 사이의 가치 재평가를 통해 이익과 권력이 재배분되며 정책이 변화될 수 있다는 흥미로운 가설을 설정한다. 구체적인 사례인 중국과 한국의 월경성 환경문제에서 황해에 인접한 중국 산둥성의 석탄화력발전소와 같은 미세먼지 강화자산의 가치 상승은 한국의 미세먼지 농도에 영향을 미치고, 미세먼지에 따른 생산 활동 제약의 체감도가 높은 실외 근무자와 농·임·어업 종사자 등이 보유한 미세먼지 취약자산의 가치는 하락할 것이라고 주장한다. 중국과 한국 간 미세먼지의 정치경제를 미세먼지 강화자산과 취약자산의 가치 재평가 관점에서 살펴보면 우선 중국은 시진핑(习近平) 정부 시기 미세먼지를 저감하기 위해 2014년부터 '대기오염과의 전쟁' 등 환경정책적 요인과 더불어 산시방(山西帮)이나 석유방(石油帮) 등 PMFA 파벌을 대상

으로 한 최고 지도자의 반부패 운동 등 정치적인 요인에 따라 초미세먼지가 2013~2017년에 32%나 줄어들었다. 즉, 석탄과 석유의 PMFA 파벌의 쇠퇴로 이들의 자산 가치가 하락하면서 중국 정부의 강력한 미세먼지 저감 정책에 대항하거나 태업할 수 있는 권력도 약화되어 큰 저항 없이 일정 부분 성과를 거둘 수 있었다. 반면 민주주의국가인 한국은 미세먼지 강화자산인 석탄화력발전소에 고용된 노동자들의 이익을 대변하는 노동조합에서조차 탈탄소와 석탄화력발전소 퇴출에 찬성했고, 석탄화력발전소 인근의 주민 대부분은 중·장기적인 기후변화 대응 정책이 중요하다는 것에 동의했다. 이러한 분석을 토대로 저자는 한국과 같은 민주주의국가에서 미세먼지 저감 정책의 성과는 미세먼지 강화자산과 연동된 노조의 자산 가치 하락보다 국민 건강권과 같은 가치를 얼마나 더 중시하는지, 석탄화력발전소 인근 주민뿐 아니라 나머지 유권자들이 기후변화 대응과 석탄화력발전소 폐지 정책 등의 성과를 얼마나 투표에 반영하는지 등도 중요한 변수가 된다는 주장을 도출한다.

제3장 '미세먼지 문제에 대한 시민의 대응: 원주시 리빙랩 사례'(신상범)에서 저자는 미세먼지 문제 해결을 위한 시민과학(citizen science)의 중요성과 의미를 설파한다. 저자는 미세먼지 문제가 단기간에 해결될 수 없는 비교적 구조적인 환경문제 중 하나라고 규정한다. 미세먼지는 대부분 한 국가만의 문제가 아니라 국경을 넘어서는 환경문제일 가능성이 크며, 이 경우 주로 한쪽이 다른 한쪽에 일방적인 피해를 주는 상류-하류 문제의 성격이 짙다고 분석한다. 저자는 2021년 가을 원주시에서 진행된 시민 주도형 리빙랩(living lab) 방식 미세먼지 해결단의 활동 과정을 상세히 소개한다. 원주시는 전국에서 미세먼지 문제가 가장 심각한 도시 중 하나다. 이 사례가 중요한 이유는 시민들이 자발적으로 문제를 진단하고 이에 대해 적절한 해결책을 실험을 통해 모색하는 리빙랩 방식을 도입했다는 점이다. 리빙랩 활동 결과 시민들의 참

여 의식이 향상되었고 각자 처한 상황에서 미세먼지 문제에 적절히 대응하는 방안을 모색할 수 있음을 확인했다. 이 사례는 시민과학의 형성, 즉 시민들이 직접 데이터를 만들어 문제 진단과 해결 과정에 사용하는 것이 왜 중요한지 보여주었다. 또한 이 사례는 개인이 어떻게 구조적이고 거시적인 문제를 '내 앞에 닥친 구체적인 문제', 즉 미시적 문제로 환원해 대응하는지 그리고 글로벌(전 지구적) 문제가 로컬(지역)에서 어떻게 '글로컬'한 방식으로 해결되는지를 생생히 보여준다.

제2부는 세 개 장으로 구성되어 있으며 국가 단위에서 미세먼지에 대한 대응 과정을 논의한다. 제4장 '미세먼지와 대한민국: 논의와 대응'(한희진)에서는 한국 내에서 미세먼지 문제의 논의 전개와 정부의 제도적·정책적인 대응을 주로 다루었다. 1970~1980년대 가파른 경제성장과 산업화를 겪으며 대기오염은 한국 사회에서 심각한 환경문제로 대두했다. 1980년대 아시안게임과 올림픽이라는 국제 이벤트를 개최하고 경제 수준의 향상에 따른 환경 인식 확대와 환경 시민사회의 출현 등 요인이 작용해 대기질 개선에 대한 사회적 압력이 형성되었다. 이후 미세먼지는 한국 사회에서 가장 민감하고 주요한 환경문제로 본격 대두되었다. 이에 1990년대부터 정부는 다양한 법적·제도적인 노력을 기울여 왔다. 이 장은 이러한 노력이 어떠한 성과와 한계를 보였으며 이를 위한 개선 방안은 무엇인지 논의한다. 물론 한국이 겪는 미세먼지의 원인에는 중국과 북한 등 국외 요인도 있으나 이 장에서는 한국 정부의 국내 미세먼지 정책을 중심으로 이러한 질문들을 고찰했다.

제5장 '중국의 미세먼지와 대기오염물질 저감 정치와 정책'(조정원)에서는 중국의 미세먼지 저감을 위한 정치와 정책이 중앙정부가 주도하는 톱다운(top-down) 방식으로 진행되어 왔다고 밝힌다. 이러한 방식의 미세먼지 저감 정책은 권위주의적 환경주의(authoritarian environmentalism) 관점으로 설명할 수

24

있다. 권위주의적 환경주의는 관료 엘리트로 구성된 정부 기관에 권위를 집중시키고 정책 집행 과정에서 국민의 참여는 국가가 주도하는 부분에만 허용하는 것을 의미한다. 중국과 같은 공산당 일당 체제의 권위주의 국가는 정기적으로 선거를 하고 여러 정당이 활동하는 민주주의국가보다 환경문제에 보다 신속하고 전체적으로 대응할 수 있고, 국가의 필요에 따라 개인의 자유를 제한하며 정책 목표를 달성할 수도 있다. 중국의 미세먼지 저감 정책 수립과 실행을 살펴보면 중앙정부의 국무원(国务院)과 생태환경부(生态环境部) 등의 부처가 각 행정구역을 맡는 지방정부에 환경정책을 하달하고 지방정부는 중앙정부의 정책을 반영해 담당하는 행정구역이나 권역별로 정책을 이행하고 있다. 중국은 중앙정부의 주도하에 석탄화력발전소의 가동 축소, 석탄 난방에서 가스 난방으로의 대체, 태양광과 풍력 등 재생에너지 발전량 증대, 배터리 전기자동차의 보급, 인체에 유해한 질소산화물(nitrogen oxides, NOₓ)을 많이 배출하는 디젤화물차의 대기오염물질 배출 통제 정책을 통해 미세먼지를 비롯한 대기오염물질의 저감을 추진해 왔다. 그러나 중국은 태양광발전과 풍력발전이 대규모 전기를 안정적으로 공급하는 기저전원의 역할을 수행함에 있어 갖는 기술적 제약, 코로나19 확산 이후 기업들의 해외 수출용 전력 수요가 늘면서 2021년 3분기에 전력난을 맞았다. 그에 따라 중국의 각급 정부는 석탄화력발전소의 가동을 줄이는 정책을 중단하게 되었다. 또한 디젤화물차 등 디젤차에서 많이 발생하는 질소산화물의 배출량이 2020년 626만 3000톤으로 전년 대비 9만 2000톤 감소했지만 중국의 자동차 문화가 디젤차를 선호하는 탓에 질소산화물의 배출을 큰 폭으로 줄이는 데 어려움을 겪고 있다.

저자는 앞으로도 중국의 중앙·지방 정부가 기업들의 자동차 휘발유와 디젤유의 대기오염물질 함량 저감, 배터리 전기자동차 및 수소자동차와 그에 필요한 충전 인프라의 확산, 석탄화력발전소의 대기오염 저감 기술과 설비 개발을 통한 대기오염물질의 저감을 지속적으로 시도할 것이라고 결론짓는다. 또한 대기오염물질 저감과 관련된 산업과 기술로 오염을 획기적으로 저감하는 데 성공하는지가 중국의 미세먼지 정치와 정책의 성패를 좌우할 것이라고 전망한다.

제6장 '기후변화와 호주 미세먼지 정책의 미래'(송영)에서는 기후변화로 늘어난 산불 발생이 호주 미세먼지 정책에 어떻게 영향을 주고 있는지를 광범위하게 논의하고 한국에 필요한 정책적 시사점을 도출한다. 호주 대기환경 정책은 기본적으로 차량, 엔진, 난로 등에서 나오는 대기오염물질의 배출 억제를 목표로 삼고 있다. 최근 기후변화와 온난화로 산불이 발생하면서 호주 대기질에 악영향을 미치고 있으나 그에 따른 미세먼지 대책은 소극적이고 미진한 편이다. 호주는 중앙정부와 지방정부가 각각 독립적인 권한을 갖고 환경정책을 수립해 집행한다. 이 장의 서두에서 연방정부, 주정부, 준(quasi) 주정부가 시행하는 대기환경 정책을 알아보고 대기질 측정 방법, 현황, 정책 결정 과정에서의 역할을 분석했다. 이어 제시된 사례연구는 2019~2020년 여름에 발생한 산불에 대한 대응으로 수립된 미세먼지 감소 대책을 다룬다. 이 부분에서 호주 수도 준주(Australian Capital Territory, ACT)가 발표한 산불 연무와 대기질 향상 전략을 중점적으로 살펴보고, 미세먼지 정책을 기후변화 대응으로 평가했다. 결론에서는 호주의 미세먼지 정책이 한국의 기후변화 정책에 시사하는 바를 고찰했다. 저자는 현재 한국의 미세먼지 정책이 국내외 요인에 초점을 맞추어 기후변화가 대기질에 미치는 영향을 파악하려는 정책적인 지향과 의지가 결여되어 있다고 본다. 그럼에도 2022년 3월 동해안 산불 재해 등 기후변화에 따른 계절 변화와 건조성 기후가 한국에도 점점 많은 영향을 미치고 있다는 점에서 한국의 미세먼지 정책이 기후변화 대응 측면에서 보다 포괄적이고 장기적으로 치밀하게 설계되어야 한다고 주장한다.

제3부는 미세먼지를 국제정치 및 국제 관계의 차원에서 다룬다. 제7장 '미국과 유럽의 대기오염과 미세먼지 정책'(김인경)에서는 동아시아 국가들이 현재 경험하고 있는 대기오염과 월경성 대기오염 문제의 해결을 위해 산업혁명의 선봉에 서며 먼저 경험한 미국과 유럽의 사례를 분석한다. 19세기 중반까지 유럽에서 대기오염은 특정 지방의 문제로 인식할 뿐 중앙정부나 국가 차원의 해결 노력은 거의 없었다. 그러다가 영국이 1853년에 '런던스모그피해방지법(Smoke Nuisance Abatement Act in London)'을, 1956년에는 '청정대기법(Clean Air Act)'을 만들었다. 미국에서도 1955년 청정대기법이 제정되면서 연방정부가 대기오염 문제에 적극 관여하게 되었다. 이후 지속적인 개정을 통해 연방정부와 주정부가 산업 시설 등 고정 원인과 자동차와 같은 이동 원인으로부터의 배출을 점차 규제하는 조치를 취하게 되었다. 미국은 이러한 대기오염 감축 노력을 바탕으로 미세먼지 문제도 적극적으로 대응했다. 미국 환경보호청은 1987년 연방 대기환경기준을 근거로 미세먼지(지름 $10\mu m$ 이하의 입자, PM_{10})를 처음 다루기 시작했고 1997년에 초미세먼지(지름 $2.5\mu m$ 이하의 입자, $PM_{2.5}$)를 포함했다. 유럽은 1996년에 환경이사회(Environment Council)가 '대기질 평가와 관리에 관한 대기질기본지침(Air Quality Framework Directive 96/62/EC)'을 채택해 2004년까지 미세먼지를 포함한 오염물질에 대한 기준치를 정했고, 2008년 유럽의회(European Parliament)와 유럽연합이사회(Council of the European Union)에서 채택한 '대기질과 청정 공기에 대한 지침(Directive 2008/50/EC of the European Parliament and of the Council of 21 May 2008 on Ambient Air Quality and Cleaner Air for Europe 2008/50/EC)'으로 초미세먼지에 대한 목표와 방향을 제시했다. 이러한 노력의 결과 2012년 강화된 초미세먼지의 대기환경기준을 2022년 4월 기준으로 인구 밀도가 높은 캘리포니아주 일부를 제외하고 미국 대부분의 지역에서 달성하는 성과를 올렸다. 유럽도 초

미세먼지를 첫 측정한 2006년에는 도시 인구의 20% 이상이 유럽 대기질기준을 초과하는 환경에서 살고 있었으나 2019년에 이를 1%로 줄이는 등 대기환경이 많이 개선되었다. 저자는 유럽의 성공적인 환경 협력의 근거로 국제·국내적 정치 요소를 든다. 국제정치적 요소로는 냉전 속에서도 동서 유럽이 대화의 물꼬를 튼 '1975년의 유럽 내 안보와 협력에 관한 헬싱키 회의에서 채택된 정치협정(Final Act of the 1975 Helsinki Conference on Security and Co-operation in Europe)'에 주목할 필요가 있으며 각국의 국내 정치 요인도 작용했다. 이러한 정치적 역학 관계 외에 저자는 과학이 역내 환경 협력에 기여한 부분이 상당하고 본다. 특히 유럽 내에서 형성된 대기오염 문제에 대한 공통(common)의 과학적 이해가 가장 중요한 성공의 비법 가운데 하나다. 유럽 국가들은 공동 모니터링과 모델링 프로그램을 개발하고, 다양한 분야의 과학자들이 국제 네트워크를 만드는 것을 도와 과학 인프라를 구축했을 뿐 아니라 상호 신뢰와 학습을 도우며 과학자와 정책 입안자들이 정보를 교환할 수 있는 플랫폼을 제공했다.

제8장 '동북아 대기환경의 다자간 협력 현황과 과제'(이혜경)에서는 미세먼지의 배출원을 줄이는 대책은 정확하게 원인이 규명되었을 때 효과가 있는데 국내 미세먼지 문제는 배출원 규명이 쉽지 않음을 지적한다. 특히 국외 배출원은 국내에서의 노력만으로는 인접국의 배출원 자료를 확보하고 유입과 생성 과정을 규명하는 데 어려움이 있다. 효과적인 미세먼지 대책을 위해서는 동북아 지역 차원의 과학적 협력 체계가 구축되어야 한다. 저자는 동북아시아 지역에서 국제기구나 정부를 중심으로 다자 협력 등 다양한 대기환경 협력이 시도되었지만 유럽이나 동남아의 지역 협력 체계처럼 구속력이 있는 협약까지 도출하지는 못한 상황이라고 분석한다. 예컨대 2000~2019년 한·중·일이 수행한 동북아 장거리이동 대기오염물질 공동연구(Long-range Transboundary Air Pollutants in Northeast Asia, LTP)를 보면 세 나라 전문가들이 각각 연구한 결과를 교환하고 공유하는 수준에 머물렀다. 다만 연구 과정 중 세 나라의 합의로 일부 공개된 연구 사례는 각국의 연구 결과가 어느 정도 수렴하는 것으로 나타나 동북아 대기환경 협력의 탈정치화 가능성을 보여주었다. 이러한 논의를 바탕으로 저자는 향후 한국은 인접국과의 대기환경 외교에서 갈등을 고조시키기보다는 실리와 소통을 추구하고 협력 유인과 비전 제시를 통해 동북아의 실질적인 과학 협력을 이끌어내, 이를 바탕으로 미세먼지 문제에 대응해야 한다고 결론짓는다.

제9장 '아세안 월경성 연무공해방지협정: 인도네시아의 지연된 비준 연구' (이태동)에서 저자는 동남아시아를 배경으로 미세먼지를 둘러싼 국가들 사이의 갈등과 해결 과정을 인도네시아의 연무공해방지협정 비준 과정에 초점을 두어 분석한다. 2014년 9월 16일 인도네시아 의회는 만장일치로 '아세안 월경성 연무공해방지협정(ASEAN Agreement on Transboundary Haze Pollution, 이하 AATHP)' 비준에 동의하며 아세안(Association of SouthEast Asian Nations, ASEAN) 회원국 중 마지막 비준국이 되었다. 아세안의 전체 10개 회원국 중 2006년까지 8개국이, 2010년까지 9개국이 비준을 마쳤다. 2000년대 내내 이 비준안이 인도네시아 의회에 제출되었지만 승인받는 데 실패했다. 이 장은 인도네시아에서 AATHP 비준이 지연된 원인을 로버트 퍼트넘(Robert Putnam)의 양면 게임(two-level game) 이론을 활용해 분석한다. 협상된 AATHP는 강제 조항이 적어 국내 이해관계자들에게 부담이 적었음에도 주요 이해관계자들의 비준 의지가 약했고 2000년대 내내 주변국들의 실질적인 압박도 제한적인 영향에 그쳤다. 그러나 대중의 우려 확대, 인도네시아 지방자치단체들의 압박, 팜유 산업(유통업과 무역업)의 분화와 태도 변화, 싱가포르 등 주변국으로부터의 지속적인 국제적 압박이 인도네시아가 협정을 비준하는 데 동기를 제공했다.

인도네시아의 비준 지연 사례는 초국경적 연무공해를 해결하려는 지역 기구인 아세안의 노력을 이해하는 데 중요하며, 국제 환경 레짐의 형성 연구에 개발도상국의 비준이라는 유용한 사례연구를 제공한다.

마지막으로 이 책의 결론(한희진·노영민)에서는 제1부에서 제3부까지의 논의와 분석을 토대로 국가적 차원과 국제적 차원에서 효과적인 미세먼지 대응을 추동하는 조건들이 무엇일지 고찰한다.

참고문헌

≪국민일보≫. 2022.6.13. "서울 봄하늘 파란 이유는? 초미세먼지 관측 이래 최저치". https:// news.kmib.co.kr/article/view.asp?arcid=0017172558&code=61121611&cp=nv.

권태형. 2011. 「거래비용접근에 의한 배출권거래제도 평가: 수도권 사업장 대기오염총량관리 배출권거래제도를 중심으로」. ≪행정논총≫, 제49권 1호, 167~187쪽.

김동식·반기성. 2019. 『미세먼지에 관한 거의 모든 것』. 프리스마.

김철희. 2022. 『미세먼지와 인공강우』. 부산대학교출판부.

마크리더 편집부·김상목. 2019. 『미세먼지 관련 EU법과 국내법 비교』. 마크리더.

신상범. 2022. 『지구환경정치: 형성, 변화, 도전』. 명인문화사.

≪아시아경제≫. 2019.3.6. "'한국인, 미세먼지 다른 나라 탓' 중국 네티즌, 한국인 비난". http:// view.asiae.co.kr/news/view.htm?idxno=2019030517001939380.

정혜윤. 2020. 「미세먼지와 한국인의 대중국인식」. 연세대학교 석사학위논문.

존 S. 드라이제크. 2005. 『지구환경정치학 담론』. 정승진 옮김. 에코리브르.

행정안전부·한국행정학회. 2020. 『미세먼지 대응 관리체계 효율화 방안 연구』. 진한엠앤비.

현상민·강정원. 2017. 『미세먼지 과학』. 한국해양과학기술원(KIOST).

Beierle, T. C. 2010. *Democracy in Practice: Public Participation in Environmental Decisions*. Routledge.

Bump, J. B., S. K. Reddiar and A. Soucat. 2019. "When do governments support common goods for health? Four cases on surveillance, traffic congestion, road safety, and air pollution." *Health Systems & Reform*, 5(4), pp. 293~306.

Christoff, Peter. 1996. "Ecological Modernization, Ecological Modernities." *Environmental Politics*, 5(3), pp. 476~500.

Clark, L. P., D. B. Millet and J. D. Marshall. 2014. "National patterns in environmental injustice and inequality: Outdoor NO_2 air pollution in the United States." *PloS one*, 9(4), e94431.

Coase, R. 1960. "The problem of social cost." *Journal of Law and Economics*, 3, pp. 1~44.

Dales, J. H. 1968. *Pollution, Property and Prices*. Toronto: University of Toronto Press.

Dunlop, C. A. 2014. "The possible experts: How epistemic communities negotiate barriers to knowledge use in ecosystems services policy." *Environment and Planning C: Government and Policy*, 32(2), pp. 208~228.

Haas, P. M. 1992. "Introduction: epistemic communities and international policy coordination." *International Organization*, 46(1), pp. 1~35.

Hardin, G. 1968. "The tragedy of the commons: The population problem has no technical solution; it requires a fundamental extension in morality." *Science*, 162(3859), pp. 1243~1248.

Jorgenson, A. K., T. D. Hill, B. Clark, R. P. Thombs, P. Ore, K. S. Balistreri and J. E. Givens. 2020. "Power, proximity, and physiology: Does income inequality and racial composition amplify the impacts of air pollution on life expectancy in the United States?." *Environmental Research Letters*, 15(2), 024013.

Kingdon, J. W. 1995. *Agendas, Alternatives and Public Policies*(2nd). New York: Harper Collins.

Met Office. n.d. "The Great Smog of 1952." https://www.metoffice.gov.uk/weather/learn-about/weather/case-studies/great-smog.

Olson, M. 2012(1965). "The Logic of Collective Action." *Contemporary Sociological Theory*, 124.

Sagoff, Mark. 1988. *The Economy of the Earth*. Cambridge: Cambridge University Press.

Szasz, A. 2007. *Shopping our Way to Safety: How We Changed from Protecting the Environment to Protecting Ourselves*. University of Minnesota Press.

U.S. EPA(United states Environmental Protection Agency). 2007. 「미국 대기오염 방지법 요약」. https://www.epa.gov/sites/default/files/2020-05/documents/050820_korean_jpg_peg_ko_hrwc.pdf.

제1부

—

미세먼지의 과학과 사회적 영향

제1장

미세먼지의 과학과 공학

손윤석 부경대학교 환경공학과, 미세먼지 특성화 사업단

우리는 아침에 일어나면 가장 먼저 창문 밖의 하늘을 바라본다. 어릴 적에 우리는 그 하늘을 통해 오늘 날씨의 흐림과 맑음을 판단했다. 그러나 지금의 우리는 창밖의 하늘을 통해 뿌연 정도를 파악한다. 하늘의 뿌연 정도는 산란(scattering)과 아주 밀접한 관련이 있고, 이러한 산란에는 미세먼지나 습도와 같은 다양한 인자가 영향을 미친다. 일반적으로 미세먼지 농도와 습도가 높아지면 우리 눈은 하늘이 더 뿌옇다고 인식한다. 이때 습도는 우리가 어쩔 수 없는 기본적인 환경인자다. 그러면 미세먼지란 무엇일까?

미세먼지란 대기 중에 떠다니는 아주 작은 입자상 물질로 사람의 머리카락의 약 5분의 1에서 30분의 1 정도 크기의 고체상 입자(solid particle) 또는 액적(liquid droplet)을 의미한다(〈그림 1-1〉 참조). 여기서 일부 입자는 먼지, 검댕, 연기와 같이 눈을 통해 볼 수 있지만, 다른 것들은 너무 작아서 전자현미경을 통해서만 확인이 가능하다. 그러면 이와 같이 머리카락보다 굉장히 작은 미세먼지가 어떻게 하늘의 뿌연 정도, 다시 말해 시정(visibility)에 영향을 미칠

그림 1-1 미세먼지(초미세먼지)와 사람 머리카락의 크기 비교

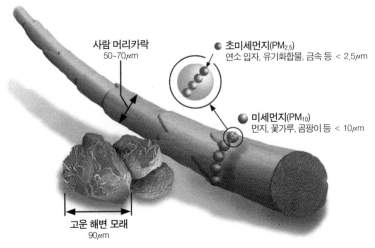

사람 머리카락
50~70μm

● **초미세먼지(PM2.5)**
연소 입자, 유기화합물, 금속 등 < 2.5μm

● **미세먼지(PM10)**
먼지, 꽃가루, 곰팡이 등 < 10μm

고운 해변 모래
90μm

자료: U.S. EPA(2022).

까? 이와 같은 현상은 태양빛의 산란으로 설명할 수 있다. 지구로 들어오는 태양빛은 대기 중에 존재하는 입자상 물질에 흡수(absorption)되거나 산란된다. 흡수는 입자에 빛이 흡수되는 것을 의미하며, 산란은 파동 또는 입자선이 어떠한 물질과 충돌해 운동 방향을 바꾸고 흩어지는 현상을 의미한다. 이때 충돌하는 입자들의 크기에 따라 레일리산란(Rayleigh scattering)과 미산란(Mie scattering)으로 구분된다. 우리 눈의 가시화와 관련된 가시광선(380~800나노미터)의 파장 영역보다 작은 물질(공기 중의 산소나 질소 분자)에서는 레일리산란이 일어나며, 이보다 더 큰 물질(미세먼지, 에어로졸)에서는 미산란이 발생한다. 미산란에 따라 가시광선 내 모든 영역대의 파장이 고르게 산란되어 우리 눈에 뿌옇게 보이는 것이며, 미산란에 따른 산란의 정도는 입자 크기에 따라 달라진다.

〈그림 1-2〉를 보면 한국의 연평균 초미세먼지 농도는 전국적으로 2016년

그림 1-2 한국의 연평균 초미세먼지 농도 변화
(단위: $\mu g/m^3$)

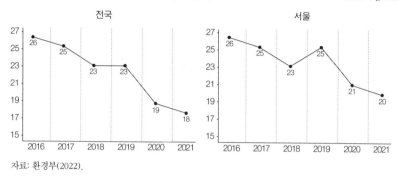

자료: 환경부(2022).

에 $26\mu g/m^3$에서 2021년에는 $18\mu g/m^3$로, 서울의 경우에는 2016년 $26\mu g/m^3$에서 2021년에는 $20\mu g/m^3$으로 지속적으로 감소된 것으로 발표되었다(환경부, 2022). 환경부에 따르면 이처럼 미세먼지 농도가 감소한 이유는 2019년에 도입된 '미세먼지 계절관리제'와 상시 대책과 같은 국내 주요 관련 정책의 효과, 중국의 지속적인 미세먼지 개선 추세, 코로나19의 영향, 강수량, 풍속과 같은 기상 조건이 양호해진 것들을 들 수 있다. 실질적으로 중국과의 '청천(晴天)계획' 합의와 이행으로 중국 베이징의 미세먼지 농도는 2014년 $86\mu g/m^3$에서 2020년 $38\mu g/m^3$로 절반 이하로 떨어졌다고 보고되고 있다. 그리고 고농도 미세먼지를 저감하기 위해 2019년도부터 시행된 미세먼지 계절관리제의 추진에 따라 고농도 시기(12월~3월)의 미세먼지 농도가 2019년도와 비교해서 2021년도에 17% 개선된 것으로 확인되었다. 이와 같이 그간 범부처적인 총력 대응으로 초미세먼지 농도는 획기적으로 개선되고 있는데 반해 실질적으로 이를 피부로 느끼는 국민들의 눈초리는 아직도 따갑기만 하다.

왜 이처럼 국민의 인식과 실제 미세먼지 농도의 변화 사이에는 괴리감이 있을까? 이는 아마도 시정과 관계가 있을 것이다. 시정은 빛의 산란과 관련

그림 1-3 2015~2019년 부산과 울산의 초미세먼지 농도와 시정 변화 (단위: km, μg/m^3)

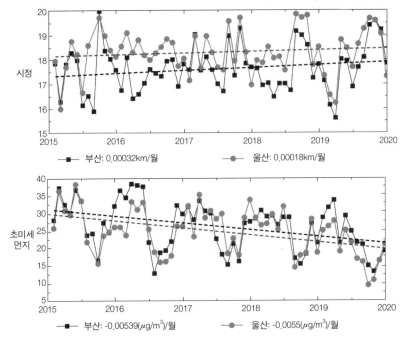

주: 울산의 2015년 8월과 2018년 7월 자료는 제외됨.

이 있는데 대기 중의 가스와 입자에 따라 빛이 소산될 경우 시정은 악화된다 (Koschmieder, 1924; Joo et al., 2021). 이때 가스보다는 입자가 빛의 소산에 더 많은 영향을 미치며, 큰 입자보다는 작은 입자가 더 큰 영향을 미친다(Baik et al., 1994; Kim, 1988; Sloane and Wolff, 1985). 이와 더불어 모든 조건이 동일하다고 가정하면 미세먼지의 농도가 높아지면 시정이 악화되고 농도가 낮아지면 시정이 좋아진다. 〈그림 1-3〉을 보면 2015년부터 2019년까지 부산과 울산의 초미세먼지 농도는 지속적으로 감소하는 추세이나 시정은 미세먼지 감소 추세에 비해 개선되는 정도가 미약한 것으로 나타났다(Joo et al., 2021). 이는 각종 정책과 주변 환경에 따라 미세먼지 농도가 감소했더라도 그러한 감소가 시민들이 체감하는 수준까지 이르지는 못했음을 의미한다.

2019년 8월 행정안전부에서 발표한 '국민 안전의식 조사' 결과에 따르면, 환경오염 분야가 전체 비교 대상 항목(13개 분야) 중에서 가장 낮은 2.19점(5점 만점)을 받은 것으로 나타났고, 이는 봄철에 나타나는 미세먼지가 주된 원인으로 분석되었다. 이와 같이 오늘을 살아가는 우리에게 가장 큰 이슈 중의 하나는 미세먼지다. 그런데 한국에서 봄철에 발생하는 미세먼지 문제가 최근의 문제인지를 따져보면, 비단 현대 사회에 국한된 문제만은 아니라는 것을 알 수 있다.

불과 10여 년 전만 해도 우리는 미세먼지보다 황사(yellow dust)라는 단어에 더 친숙했다. 〈그림 1-4〉에서 보듯 일반적으로 봄철에 주로 발생하는 황사는 중국 북부나 몽골의 사막, 황토고원 등에 있는 모래와 먼지가 상승해 편서풍을 타고 날아가 가라앉는 현상을 말한다. 주요 성분은 칼슘과 규소 등 토양 성분이며 우리에게 주로 영향을 미치는 황사의 입자 크기는 $5 \sim 8\mu$m이다 (환경부, 2019). 황사에 대한 기록은 다양한 역사서에도 기록되어 있는데, 우리 역사에 나타난 황사에 대한 최초 기록은 『삼국사기』에 언급되어 있는 '우토(雨土)'다. 그리고 이후에 고려와 조선 시대 문헌에도 황사에 대한 기록이 있다. 특히 『조선왕조실록』 「명종조」에 보면 1550년에 "한양에서 흙이 비처럼 떨어졌고 전라도 지방에는 지붕, 밭, 잎사귀에 누렇고 허연 먼지가 덮였다"라는 표현이 존재한다. 이러한 황사는 일반적으로 태양의 일사량을 감소시키고 시정에 장해를 일으킨다. 또한 호흡기 계통의 환자와 조기 사망자를 늘리고 항공·운수·정밀 산업에 다양한 문제를 야기한다. 그런데 이와 같이 고대부터 계속해서 존재해 왔던 황사가 최근 들어 심각한 문제가 되는 것은 무엇때문일까? 이는 아마도 예전에는 많지 않았던 황사 안에 존재하는 오염물질때문이다. 현재까지 보고되는 자료에 따르면 황사 안에는 황을 비롯한 중금

그림 1-4 한국에 영향을 주는 황사 발원지와 이동 경로

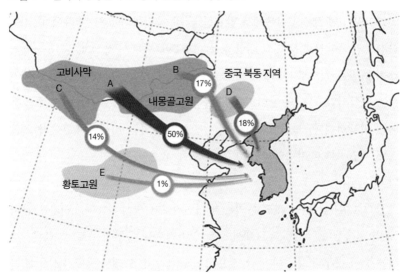

주: 2002~2016년에 발생한 황사 133건을 대상으로 함.
자료: 기상청.

속 및 발암성 물질이 포함되어 있다. 물론 이들이 처음부터 황사의 진원지인 사막의 모래 안에 포함되어 있을 수 있지만, 이들 중 상당수는 편서풍을 타고 넘어오는 과정에서 국내외의 산업과 항만 지역을 지나올 때 결합된다. 따라서 앞에서 언급한 과거의 황사와 현재 시점의 황사는 구성 성분에서 차이가 있고, 이에 따라 동일한 양의 황사가 국내로 유입된다고 해도 국민의 건강에 미치는 영향은 예전과 사뭇 다를 것이다.

앞에서 언급한 황사는 일반적으로 봄철에 한국에 많은 영향을 미치는 데 반해 우리가 미세먼지라고 언급하는 대기오염물질은 계절적인 차이는 존재하지만 1년 내내 영향을 미친다. 이러한 미세먼지는 우리가 생활하는 곳곳에서 생성된다. 우리가 매일 이용하는 자동차와 지하철과 같은 이동 수단에서

그림 1-5 미세먼지 1차 생성원

자료: 환경부(2016).

도, 산업 시설과 발전 시설에서도, 하물며 우리가 이용하는 프린터와 같은 가전제품에서도 미세먼지는 생성된다(〈그림 1-5〉 참조). 게다가 앞에서 언급한 인위적인 생성원뿐만 아니라 자연에서도 생성된다. 대표적인 자연적 생성원으로는 흙먼지, 식물의 꽃가루, 바닷물에서 생기는 소금 등을 들 수 있다. 또한 생성 경로에 따라 굴뚝 등에서 직접적으로 입자 상태로 배출되는 1차 생성과 생성원에서는 가스 상태로 배출되지만 공기 중에서 다른 물질과 결합해 입자로 변하는 2차 생성으로 분류할 수 있다(〈그림 1-6〉 참조). 총미세먼지 안에서 차지하는 비율은 도장 공정, 주유소 유증기 등에서 배출되는 휘발성 유기화합물(Non-Methane Volatile Organic Compounds, NMVOCs), 연소공정 등에서 배출되는 질소와 황산화물(sulfur oxides, SOx) 등이 대기 중에서 화학반응을 통해 생성하는 2차 유기 입자(secondary organic particles)가 더 큰 것으로 보고되고 있다. 휘발성 유기화합물의 경우, 생성원에서 발생해 대기 중에서 반응성이 큰 수산기(OH), 오존(O_3) 등과 같은 산화물질들과 반응해 핵을 형성한 후 핵성장(nucleation) 반응을 통해 작은 입자로 생성되거나 주위에 있는 입자

그림 1-6 2차 초미세먼지의 생성 과정

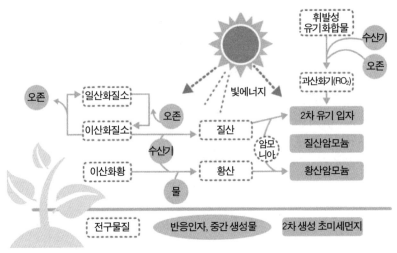

자료: 환경부(2016).

와 응축 반응을 통해 상대적으로 큰 입자로 변하는 이종(heterogeneous) 반응 경로를 따라 입자화된다. 이와 달리 생성원에서 배출된 황산화물은 우선 대기 중의 수산기 등에 의해 황산(H_2SO_4)으로 산화되고, 이때 대기 중에 암모니아가 존재한다면 황산은 암모니아와 반응해서 황산암모늄[ammonium sulfate, $(NH_4)_2SO_4$]을 형성해 입자화된다. 이처럼 대기 중에 존재하고 있는 암모니아는 앞에서 언급한 황산과 1차적으로 반응해 소모되며, 잔류 암모니아는 대기 중에 존재하는 질산(HNO_3)과 반응해 질산암모늄[ammonium nitrate, (NH_4NO_3)]으로 입자화되는 것으로 알려져 있다.

실질적으로 총미세먼지 중에 2차 생성 미세먼지가 차지하는 비중은 어떻게 될까? 2016년 '한미 협력 국내 대기질 공동 조사(KORUS-AQ)'에 따르면 한국의 초미세먼지의 70% 이상이 2차 생성 미세먼지로 밝혀졌다(환경부, 2019). 2015년을 기준으로 살펴보면 한국의 미세먼지 전체 배출량은 33만 6000톤이

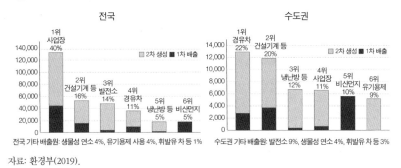

그림 1-7 2015년 수도권과 전국의 미세먼지 배출량 순위 (단위: 톤)

전국 기타 배출원: 생물성 연소 4%, 유기용제 사용 4%, 휘발유 차 등 1%

수도권 기타 배출원: 발전소 9%, 생물성 연소 4%, 휘발유 차 등 3%

자료: 환경부(2019).

며, 이 중 수도권에서 5만 8000톤이 배출되었다. 〈그림 1-7〉을 보면 2차 생성 미세먼지의 비율이 전체에서 얼마나 많이 차지하는지 알 수 있다. 전국과 수도권을 비교했을 때 생성원별 기여도는 전국의 경우 사업장 13만 3000톤, 건설기계 등 5만 3000톤, 발전소 4만 7000톤 순으로 배출된 것으로 보고되었다. 수도권은 경유차 1만 3000톤, 건설기계 등 1만 2000톤, 냉난방 등 7000톤 순으로 배출되는 것으로 알려져 있다. 〈그림 1-7〉에서 보듯이 비산먼지를 제외한 대부분의 배출원에서 2차 생성 미세먼지가 차지하는 비중이 약 70% 이상임을 확인할 수 있을 정도로 전체 미세먼지 중 2차 생성 미세먼지가 차지하는 비중은 매우 크다.

한국의 미세먼지 농도는 정말 다른 선진국에 비해서 높을까? 실제로 〈그림 1-8〉을 보면 한국의 미세먼지와 초미세먼지 농도는 2017년 기준으로 각각 $44\mu g/m^3$와 $25\mu g/m^3$로 해외 주요 선진국에 비해 두 배가량 높은 것을 알 수 있다(환경부, 2019). 그러나 서울을 포함해 전국적으로는 2000년도 초반과 비교해 미세먼지와 초미세먼지 농도 모두 30% 정도 개선된 실정이다. 그리고 한국의 미세먼지 농도는 계절에 따라서도 정도가 상이한 것으로 보고되고 있는데, 여름과 가을에 비해 봄과 겨울에 비교적 높게 나타나는 것으로 알

그림 1-8 서울 등 세계 주요 도시의 미세먼지와 초미세먼지 농도   (단위: g/m³, 년)

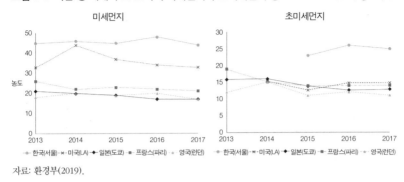

자료: 환경부(2019).

려져 있다. 또한 이러한 미세먼지 농도는 풍향, 풍속, 온도 등 다양한 기상인
자의 영향을 받는 것으로 보고되고 있고, 이에 따라 한국 안에서도 미세먼지
의 농도는 지역마다 다르다. 특히 환경부의 보고를 보면 인구 밀집 지역, 오
염물질의 생성원이 많은 지역, 서해안 지역의 미세먼지가 다른 지역보다 높
은 것으로 나타났다. 2017년 자료를 기준으로 한국 안에서도 경기도(미세먼지
51μg/m³, 초미세먼지 27μg/m³)와 전북(미세먼지 48μg/m³, 초미세먼지 29μg/m³)의 미
세먼지 농도가 다른 지역에 비해서 상대적으로 높은 것으로 나타났다(〈그림
1-9〉 참조).

그러면 한국의 미세먼지 농도는 다양한 국내 배출원의 영향만 받을까? 앞
에서 언급한 것처럼 미세먼지 농도는 풍향과 풍속에 매우 크게 영향을 받는
다. 예를 들어 서풍이 불면 국외의 미세먼지가 한국에 유입되어 고농도 미세
먼지가 발생할 가능성이 커진다. 물론 풍상(風上, 바람이 불어오는 쪽)에 위치한
중국의 배출량이 작을 때나, 바람이 불더라도 빠르게 분다면 정체되지 않고
한국을 지나갈 수 있다. 그간 한국의 국외 미세먼지 유입의 영향을 평가하기
위해 여러 국내외 연구진이 다양한 연구를 진행해 왔고, 그 결과에 따르면 국

그림 1-9 지역별 미세먼지와 초미세먼지 농도와 '나쁨' 일수 (단위: $\mu g/m^3$, 일)

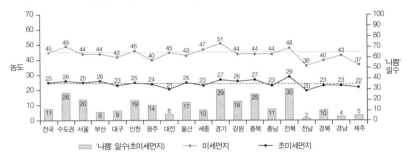

자료: 환경부(2019).

외 유입의 영향은 조사 기관과 연구 기간에 따라 40~70%까지 다양하게 보고되고 있다(환경부, 2019). 국립환경과학원에서 진행한 연구에 따르면 국외 기여율이 수도권은 32~69%, 전국은 28~34%인 것으로 나타났고, 서울시의 자료에 따르면 서울은 55%가 국외 유입에 따른 것으로 보고되었다. 또한 이러한 연구는 국내외 여러 공동 연구진이 수행했는데, 그 결과 서울의 미세먼지 농도의 국외 기여도는 48%로 나타났다. 즉, 서울의 미세먼지 농도를 기준으로 했을 때 국외 기여도가 50% 내외로 나타나는 등 그 영향이 결코 적지 않음을 암시한다.

2013년 10월에 세계보건기구(World Health Organization, WHO) 산하 국제암연구소(International Agency for Research on Cancer, IARC)는 연구 결과를 바탕으로 미세먼지를 1군(Group 1) 발암물질로 분류했다(〈표 1-1〉 참조). 그런데 세계보건기구는 왜 미세먼지를 '1군' 발암물질로 지정했을까? 1군은 지금까지 연구 결과를 종합해 볼 때 사람에게 암을 일으키는 것이 확실하다고 전문가들이 결론을 내린 화학물질이나 그 밖의 유해 인자를 포함한다. 실제로 1군에는 석면, 벤젠 등 잘 알려진 발암물질만 포함된 것이 아니라 경구피임약, 자

표 1-1 세계보건기구 산하 국제암연구소의 발암물질 분류

구분	주요 내용	예시
1군(Group 1)	인간에게 발암성이 있는 것으로 확인된 물질	석면, 벤젠, 미세먼지
2A군(Group 2A)	인간에게 발암성이 있을 가능성이 높은 물질	DDT, 무기납화합물
2B군(Group 2B)	인간에게 발암성이 있을 가능성이 있는 물질	가솔린, 코발트
3군(Group 3)	발암성이 불확실해 인간에게 발암성이 있는지 분류하는 것이 가능하지 않은 물질	페놀, 톨루엔
4군(Group 4)	인간에게 발암성이 없을 가능성이 높은 물질	카프로락탐

자료: 환경부(2016).

외선, 술, 담배는 물론 소시지, 살라미, 버거 등의 가공육과 같이 우리가 일상에서 접하는 많은 것들이 포함되어 있다(장재연, 2019). 그런데 왜 우리는 일상에서 접할 수 있는 다양한 1군의 물질 중에서 미세먼지에만 유독 촉각을 곤두세우고 있을까? 그것은 아마도 언론과 인터넷 등에서 잘못 사용된 '1급' 발암물질이라는 표현 때문일 것이다. 지금도 인터넷 사이트를 뒤져보면 미세먼지를 1급 발암물질이라고 표현하는 많은 글을 찾을 수 있다. 그러나 '1급'과 '1군'은 엄연히 다른 말이다. '1군'이라는 표현은 다양한 군 가운데 한 군을 지칭하는 표현인 데 반해, '1급'은 다양한 군 중에서 최상위 또는 1등을 의미한다. 따라서 원어 표현인 'Group 1'을 '1급'으로 지칭하는 것에는 엄청난 문제가 있다. 그렇다고 해서 저자가 1군 발암물질인 미세먼지를 두둔하는 것은 당연히 아니다.

미세먼지는 인간과 환경에 다양한 영향을 미친다. 이산화황(SO_2), 이산화질소(NO_2)가 포함되어 있는 미세먼지가 비와 함께 내리면 물이나 토양을 산성화시켜 농작물이나 식물을 황폐화시키고, 산업에서는 반도체와 디스플레이 제품에 불량을 일으키며, 도장 공정과 자동화 공정에 피해를 끼치고 시야

그림 1-10 체내에 흡수 가능한 먼지 크기와 미세먼지의 위해성

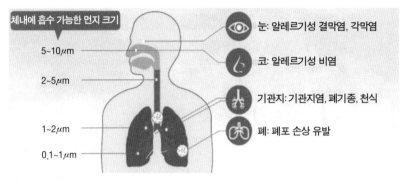

자료: 환경부(2019).

를 흐리게 만들어 운송 수단의 운행에 지장을 초래한다. 또한 인간이 장기간 흡입하면 미세한 입자일수록 코 점막을 통해 걸러지지 않고 폐포까지 직접 침투할 수 있어, 천식이나 폐질환의 유병률과 조기 사망률의 증가에 영향을 줄 수 있는 것으로 보고되고 있다(〈그림 1-10〉 참조). 2009년 국립환경과학원과 인하대학교 연구팀의 연구 결과 미세먼지와 초미세먼지 농도가 $10\mu g/m^3$ 증가할 때마다 민감 집단의 사망률이 각각 0.4%, 1.1% 느는 것으로 추정되었다. 또한 이화여자대학교 연구팀의 연구 결과 미세먼지 농도가 $10\mu g/m^3$ 올라가면 저체중아 출산 위험이 5.2%에서 7.4%까지 높아지고, 임신 4~9개월 사이의 사산 위험도 8.0~13.8%까지 올라가는 것으로 확인되었다. 세계보건기구는 2014년 한 해에만 미세먼지의 영향으로 기대수명보다 일찍 사망한 사람이 700만 명에 이른다고 발표했다(환경부, 2019). 미국 시카고 대학교 에너지정책연구소의 「대기질 수명 지수(Air Quality Life Index Annual Update)」에 따르면 대기오염으로 전 세계 인구 1인당 1.8년의 기대수명이 단축되는 것으로 나타났다. 이는 흡연(1.6년), 음주(11개월), 에이즈(4개월)보다 기대수명에 미치는 영향이 큰 것으로 미세먼지가 건강에 미치는 심각성을 확연히 보여

그림 1-11 위험 요인별 기대수명 단축 효과

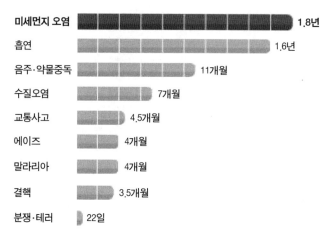

미세먼지 오염 1.8년
흡연 1.6년
음주·약물중독 11개월
수질오염 7개월
교통사고 4.5개월
에이즈 4개월
말라리아 4개월
결핵 3.5개월
분쟁·테러 22일

자료: 미국 시카고 대학교 에너지정책연구소.

주었다(〈그림 1-11〉 참조).

경제협력개발기구(Organization for Economic Cooperation and Development, 이하 OECD)의 보고서(2016)에 따르면 2010년 한국의 100만 명당 조기 사망자는 359명으로 일본(468명)이나 유럽연합(European Union, EU) 주요 4개국(영국, 프랑스, 독일, 이탈리아)(412명)보다 적은 것으로 나타났다. 그러나 향후 추가 대응을 하지 않으면 2060년 조기 사망자 수는 1109명으로 증가하는 것으로 나타났고, 이는 2060년 기준 OECD 회원국 중 100만 명당 조기 사망자가 1000명이 넘는 유일한 국가가 된다는 예상이다(〈그림 1-12〉 참조). 이와 함께 해당 보고서에는 대기오염에 따른 경제적 손실에 대해서도 언급했는데, OECD는 대기오염으로 2060년에 전 세계의 연간 국내총생산(Gross Domestic Product, 이하 GDP)이 1% 정도 감소할 것으로 전망했고, 한국의 경우 GDP 손실이 OECD 회원국 중 최대인 0.63%인 것으로 예상되었다.

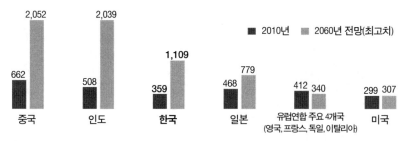

그림 1-12 대기오염에 따른 국가별 조기 사망자 (단위: 명/100만 명)

- 2010년
- 2060년 전망(최고치)

중국	인도	한국	일본	유럽연합 주요 4개국 (영국, 프랑스, 독일, 이탈리아)	미국
662	508	359	468	412	299
2,052	2,039	1,109	779	340	307

자료: OECD.

반면 미세먼지는 사회적으로 도시민의 야외 신체 활동을 제한하는 등의 회피 행동을 유발시키는 것으로 알려져 있고, 이에 따른 신체 활동의 감소는 비만율과 심혈관 질환의 발병률 증가와 같은 건강 악화로 이어질 수 있다(문형주·송재민, 2021; 현대경제연구소, 2019; 장평린·최막중, 2018). 특히 고농도 미세먼지에 따른 외출 감소 등의 회피 행동이 나타나고, 이는 도시민 간의 상호작용과 소비의 감소로 이어져 도시의 전반적인 활력이 위축되는 것으로 보고된다(Yan et al., 2019).

이러한 악영향을 미치는 미세먼지의 구성 성분은 지역이나 기상 등에 따라 차이가 있으나, 주로 이온 성분(황산염, 질산염, 암모늄), 탄소 성분[원소탄소(Elemental Carbon, EC), 유기탄소(Organic Carbon, OC)], 중금속 등으로 구성되어 있다. 〈그림 1-13〉에서 2019년도에 발간된 서울시 보고서에 따르면 서울시 초미세먼지 중 가장 많은 부분이 바로 가스상의 전구물질(precursors)이 대기 중에서 변환되어 생성된 2차 오염물질인 질산염(NO_3^-), 황산염(SO_4^{2-}), 암모늄염(NH_4^+) 등의 이온 성분이었다(서울시 보건환경연구원, 2019). 이들은 전체 초미세먼지 중량 중 53%에 해당하며, 2차 생성 미세먼지의 기여도가 굉장히 큼을 시사한다(〈그림 1-14〉 참조). 다음으로 탄소(32%)와 중금속(2%)이 차지한다.

그림 1-13 초미세먼지 내 이온 구성 비율과 월별 농도   (단위: $\mu g/m^3$)

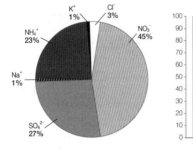
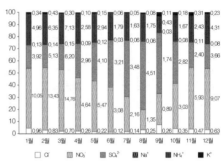

자료: 서울시(2019).

그림 1-14 초미세먼지의 구성 성분 비율과 월별 농도   (단위: $\mu g/m^3$)

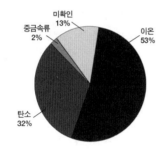
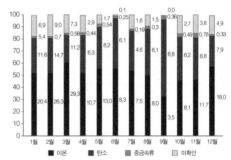

자료: 서울시(2019).

여기서 탄소 성분은 원소탄소와 유기탄소로 구분되며, 중금속은 실리콘(Si)을 제외한 수치이기 때문에 실리콘을 포함하면 중금속의 비율이 전체 구성 성분에서 증가할 것으로 판단된다. 그리고 이러한 구성 성분의 차이는 초미세먼지 농도의 변화와도 관련이 깊다. 이들의 연구 보고서에 따르면 초미세먼지 농도가 증가하면 이온의 비중이 높아지는 반면 탄소의 비중은 낮아지고, 반대의 경우에는 이온의 비중이 감소하고 탄소 성분의 비중이 높아진다 (서울시 보건환경연구원, 2019). 즉, 대기 정체 등의 이유로 초미세먼지의 농도가 증가할 때는 대기 중에 존재하는 가스상 전구물질에 따라 2차 생성 입자가 급증하는 반면에 직접 배출에 따른 원소탄소나 1차 및 2차 오염물질의 합으로 구성되는 유기탄소, 그리고 중금속의 농도는 상대적으로 적은 양이 증가하기 때문이다. 그리고 이와 같은 구성 성분의 차이는 계절적인 변화에도 크게 영향을 받는다. 이온 성분의 측면에서 볼 때, 질산염의 농도는 초미세먼지의 농도가 높았던 2~3월에 가장 높게 나타나지만, 기온이 높은 6~9월에는 황산염의 농도가 질산염의 농도를 초과하는 것으로 보고된다. 같은 보고서에서 2019년 서울시 초미세먼지 구성 성분 중 중금속이 차지하는 비율은 2%지만, 이는 앞에서 언급한 것처럼 실리콘에 대한 내용이 빠진 수치다. 또한 알루미늄(Al), 칼슘(Ca), 마그네슘(Mg), 철(Fe) 등의 지각 구성 성분의 중금속 농도가 인위적 원소들에 비해 10배 또는 그 이상을 차지하는데, 이들은 단일 원소로 존재하지 않고 보통 산소와 결합한 산화물(oxide) 형태로 존재한다. 그러나 같은 보고서의 중금속 분석에서는 이들 물질과 결합한 산소량은 측정하지 않고 원소로서 측정했기 때문에 실제 입자상의 존재 형태보다 적은 양이 측정되었다. 따라서 전체 초미세먼지의 질량농도에서 중금속이 차지하는 부분은 과소평가된 것으로 판단되고, 이를 과학적으로 고려하면 중금속 및 결합 원소는 전체 초미세먼지 구성의 약 10%에 가까울 것으로 추정된다.

지금까지 우리는 이 장을 통해 국내의 미세먼지 성분과 농도 변화와 이에 대한 국민 인식을 알아보았다. 또한 이러한 미세먼지가 인간, 환경, 사회, 경제에 미치는 영향 등에 대해 논했다. 현재 한국은 미세먼지 문제를 해결하기 위해 내부적으로 다양한 정책을 수립해 이행하고 있고, 이 문제를 국내의 자구책만으로는 해결할 수 없기에 이웃 나라인 일본, 중국 등과도 다양한 외교적인 해결책을 모색하고 있다. 그러나 저자의 판단으로는 아직 뚜렷한 외교 및 정책상의 실효성은 나타나지 않는 것으로 보인다. 예를 들어 중국이 자국의 대기오염 개선을 위한 정책을 실행함으로써 낮아진 미세먼지 농도는 중국이 공장 등의 산업 시설을 더 가동한다면 다시 증가할 것이다. 게다가 경유차 등을 대상으로 한 국내의 정책은 일시적으로 실효성이 나올 수 있으나 경유차 대부분이 서민의 생계와 직접적인 연관이 있으므로 이 역시 근본적인 해결책이 될 수는 없을 것이다. 또한 최근에 중국을 비롯한 국외에서 미세먼지 문제를 해결하기 위해 인공강우, 대형 선풍기, 스모그프리타워(smog free tower)와 같은 신기술 등이 활용되고 있다고 보고되고 있지만, 이들은 아직까지 실효성이 검증되지 않았기에 이러한 기술을 도입하는 것은 시기상조다.

앞서 언급한 다양한 자료들에서 볼 수 있듯이 한국의 미세먼지 문제에 대한 책임은 국내 정책과 외교가 반반을 차지한다고 해도 과언이 아닐 것이다. 따라서 이를 해결하기 위해서는 범국민적인 연대가 반드시 필요하다. 그러나 현재까지 출판된 대부분의 서적은 미세먼지에 대한 일반적인 내용 및 과학과 기술의 관점에서만 이 문제를 해결하기 위해 접근하고 있다. 따라서 이 책에서는 미세먼지 문제를 과학과 기술에 대한 관점에서 한발 더 나아가 근본적으로 해결하기 위한 정치와 외교의 관점에서 논하고자 한다.

참고문헌

문형주·송재민. 2021. 「미세먼지가 도시민의 활동에 미치는 영향: 서울시 종로구를 대상으로」.
≪한국지역학회≫, 제37권 1호, 29~44쪽.

서울시 보건환경연구원. 2020. 「2019년 서울시 초미세먼지 성분 분석 보고서」.

장재연. 2019. 『공기 파는 사회에 반대한다: 상품이 된 공기, 공포가 된 공기, 미세먼지 프레임으로 읽는 각자도생 한국사회』. 동아시아.

장평린·최막중. 2018. 「미세먼지가 옥외 여가활동에 미치는 영향」. ≪국토계획≫, 제53권 3호, 133~143쪽.

행정안전부. 2019. 「국민 안전의식 조사」.

현대경제연구원. 2019. 「미세먼지에 대한 국민 인식 조사: 미세먼지로 인한 경제적 비용 연간 4조 원으로 추정」. ≪경제주평≫, 19-10(통권 제833호).

환경부. 2016. 「바로 알면 보인다. 미세먼지 도대체 뭘까?」.

_____. 2019. 「미세먼지 팩트 체크, 미세먼지! 무엇이든 물어보세요」.

_____. 2022. 「2022년 주요업무 추진계획 "국민이 안심할 수 있는 환경, 탄소중립으로 도약하는 대한민국"」.

Baik, N. J., T. O. Kim, Y. P. Kim and K. C. Moon. 1994. "Cause and Verification of Visibility Impairment Phenomenon: Related to Seoul Area Visibility Study." *Journal of Korean Society for Atmospheric Environment*, 10(1), pp. 1~23(in Korean with English abstract).

Kim, P. S. 1988. "Physical characteristics of atmospheric aerosols in Seoul: Scattering of visible light." *Journal of Korean Society for Atmospheric Environment*, 4(2), pp. 28~37.

Koschmieder, H. 1924. "Theorie der horizontalen Sichtweite." *Beitrage zur Physik der freien Atmosphare*, pp. 33~53.

OECD. 2016. *The economic consequences of outdoor air pollution*. Paris, France: OECD.

Sloane, C. S. and G. T. Wolff. 1985. "Prediction of ambient light scattering using a physical model responsive to relative humidity: Validation with measurements from Detroit." *Atmospheric Environment*(1967), 19(4), pp. 669~680. https://doi.org/10.10 16/0004-6981(85)90046-0.

Sohee Joo, Dehkhoda Naghmeh and Youngmin Noh. 2021. "A Study on the Characteristic

Variations of Fine Particle in Busan and Ulsan through Particle Extinction Efficiency Analysis." *Journal of Korean Society for Atmospheric Environment*, 37(1), pp. 80~90. https://doi.org/10.5572/KOSAE.2021.37.1.80.

U.S. EPA. 2022. "Particulate Matter(PM) Pollution." https://www.epa.gov/pm-pollution/ particulate-matter-pm-basics.

Yan, L., F. Duartea, D. Wang, S. Zheng and C. Ratti. 2019. "Exploring the effect of air pollution on social activity in China using geotagged social media check-in data." *Cities*, 91, pp. 116~125.

제2장

미세먼지의 정치경제

이재영 통일연구원 평화연구실

1. 미세먼지의 정치경제: 분석 단위와 분석 틀

미세먼지의 정치경제를 살펴보기 전에 미세먼지의 사회적 영향과 속성을 파악할 필요가 있다. 우선 미세먼지는 월경성 환경문제라는 특성이 있다. 이는 한 국가에서 발생한 미세먼지와 같은 대기환경 문제가 국경을 넘어 인접국가에 악영향을 미치는 것이다. 이는 인위적이거나 의도적인 것이 아니라 대기 물질의 초국경적 속성과 지형 및 기상 조건과 같은 구조적인 현상이다. 미세먼지 문제를 해결하는 데 가장 큰 난관이 미세먼지의 발생과 이동에 관한 과학적 분석에 대해 관련 국가들이 합의를 이루기 어렵다는 것이다. 더구나 미세먼지를 유발하는 가해국과 이것에 영향을 받는 피해국이 상류-하류(upstream-downstream)의 성격을 가지고 있다고 해도, 상류가 하류에 얼마만큼 책임이 있는지, 상류보다 더 상류에 의해 오염이 되는 정도 등에 대한 과학적 분석이 어렵고 과학적 결과에 대한 합의도 쉽지 않다(신상범, 2022: 308).

따라서 미세먼지의 정치경제를 설명할 때는 미세먼지의 월경성 환경문제라는 특성에 따라 상류-하류 사이의 관계와 상호작용을 다룰 뿐만 아니라, 그 내부의 여러 행위자인 정부 관리, 기업, 시민, 시민 단체 등의 상호작용도 분석 대상이어야 한다. 미세먼지의 정치경제에서 가장 중요한 행위자와 행위자 사이의 관계는 바로 기업과 국가, 그리고 국가-기업 관계다. 미세먼지 저감 정책의 중요한 요소가 미세먼지의 배출원인 디젤차의 운행 감소, 화석연료 의존적 발전 산업에 대한 친환경 발전으로의 에너지 전환, 산업 단지와 공장 배출원에 대한 배출 관리 등인데 이는 주로 정부의 기업에 대한 규제로 나타나기 때문이다.

특히 미세먼지 저감 정책은 대기질 개선을 위한 정책과 관련이 있는데, 화력발전소를 줄이고 석탄 보일러를 천연가스로 교체하는 등 석탄 이용을 줄이는 정책이 포함되어 있어 기후변화 정책과 연결된다. 지구온난화나 기후변화와 같이 가시성이 떨어지는 현상에 비해 미세먼지 발생과 같은 대기질의 악화는 직접 관찰할 수 있고 시민이 피해를 보기 때문에 미세먼지 저감 장치와 기후변화 정책은 시너지 효과를 창출한다(신상범, 2022: 219). 그리고 기후변화에 따라 대기 정체 현상이 심해지면 미세먼지의 농도에 영향을 미친다(이현주 외, 2018: 423~433). 따라서 미세먼지의 정치경제의 이론 분석 틀은 기후변화 정책과도 어느 정도 호환될 수 있다.

1) 미세먼지의 정치경제 분석 단위와 분석 대상

미세먼지의 정치경제에 관한 기존 문헌은 분석 대상과 질문에 따라 관점과 분석 틀에서 차이를 보인다. 우선 한국에서 미세먼지가 정치 의제화된 이유와 미세먼지의 외부(중국) 기여론이 재생산되고 있는 이유를 분석한 논문에서는 국가 안에서 그리고 국가를 통해 다양한 행위자가 프레이밍을 시도하는 '국가-자연'의 관점에서 설명하고 있다. 이 분석 틀에서 중요한 두 전략은 '중앙 집중화'와 '영토화'로서 이를 통해 미세먼지가 정치화되고 사회적 재난의 중요한 의제가 되며, 외부 기여론이 재생산되기도 했다. 그 결과 미세먼지에 대한 근본적 대책이 아닌 단편적 대응과 자본축적에 기여했다. 이에 대해 대항 프레이밍 전략인 방법론적 세계시민주의를 고려할 수 있고 구체적으로 민족국가 단위를 넘어선 '동북아 도시 호흡 공동체' 형성을 시도해 볼 수 있다(이상헌, 2021). 하지만 이러한 접근법은 미세먼지의 근원인 자동차 산업, 발전 산업, 공장 등 실제 배출원에 대한 정부 규제와 정부-기업 관계의 정치·경제적 요인과 이와 관련된 해결 방법을 충분히 강조하지 못했다는 한계가 있다.

미국에서 '1990년 청정대기법(The 1990 Clean Air Act)'이 제정 및 이행된 사례를 보면 토지 소유주, 부동산 개발 업체, 지방 미디어, 공기업 등으로 구성된 '지방 성장 연합(Local Growth Coalitions)'과 시장 작동 및 이윤 실현 등이 중요 요인이 되었다. 이 중 특히 주정부가 '대기오염통제법(Air Pollution Control Act)' 이슈를 주도했으며 연방정부가 이러한 정책에 통일성을 제공했다. 환경단체는 청정 대기 정책의 제정 과정에 상징적으로 참여했다. 미국의 대기오염 저감 정책은 단순히 대기오염 방지를 위해 경제활동을 줄이거나 경제성장률을 떨어뜨리는 것이 아니라 기술에 의존해 오염을 낮추는 것이고, 이는 생태적 근대화의 사후 처방과 산업 기업을 중요하게 생각하는 것이다. 기술에 대한 의존은 지방 성장 연합의 이윤 추구에도 부합하는데, 더 깨끗한 대기는 지방의 투자 환경을 개선하고, 정부의 기술을 통한 오염 저감은 대기오염의 산출에만 영향을 미치고 지방 성장률은 규제하지 않으며, 지방 성장 연합의 기술 추동은 투자자에게 특정 지역에 대한 정치적인 확신을 심어주기 때문이다. 마지막으로 환경 단체의 참여는 정책 결정 과정이 포용적이고 침투성이 있으며 민주적이라는 사실을 대중에게 알리고 대기오염 방지 정책의 정당성을 강화한다. 따라서 미국의 '대기오염통제법' 정책의 정치경제는 서로 다른 이익집단과 이들의 정부 관리와의 관계의 정치 행위의 결과 요인으로서 국가 자율성과 이슈 네트워크 모델의 다원주의 그리고 경제 엘리트 이론의 결합으로 설명할 수 있다(Gonzalez, 2012). 1970년 '대기오염통제법'이 통과된 이래 미국이 대기오염 통제에 투자한 1달러당 경제적인 편익이 30달러에 달하는 것으로 추정하는 연구도 있다(Landrigan et al., 2018).

미국과 한국의 대기오염 저감 정책에 대한 접근에는 차이가 있다. 미국의 경우 대기오염이 정치화되면서 지방 성장 연합과 주정부가 이러한 이슈를 주도하고 연방정부는 대기오염 방지 정책에 통일성을 부여하는 역할을 했다. 반면 한국은 대기오염 가운데 특히 미세먼지가 처음부터 중국과의 외교 문제를 초래했고 이는 곧 중앙정부의 적극적인 역할을 소환했다. 국내 오염원과 이에 대한 저감보다 외부 요인이 더 주목받다 보니 중앙에서 미세먼지 대책에 대한 전반적인 지침과 정책을 내리고 지방과 기업들은 이를 따라가는 분위기가 형성되었다. 반면 미국은 훨씬 분권화된 환경에서 지방 성장 연합과 경제 엘리트들이 대기오염 방지 정책에 영향력을 행사하며 이 이슈를 주도했다.

따라서 미세먼지의 정치경제를 분석할 때 분석 수준과 분석 대상을 국가, 기업, 시민 단체 등 전통적인 방식으로 구분하기에는 각 행위자 사이에 다양한 이해관계와 이념의 차이가 존재한다. 즉, 미세먼지 정책에서 단순히 국가를 중앙정부가 아닌 중앙-지방, 지방정부도 도시와 농촌, 각 행정구역, 그리고 정부 관리 등으로 나누어서 분석해야 한다. 그리고 기업도 소유권별로 국유와 민영 기업, 업종별로 자동차와 발전, 기타 산업계에서 이러한 환경정책에 어떤 영향을 미치는지를 분석해야 한다. 하지만 미세먼지와 같은 대기오염 방지 정책에 영향을 미치는 여러 중요한 요인들에 분석의 초점을 맞추다 보면 다양한 행위자들을 강조할 수밖에 없고, 이에 따라 분석 이론 틀의 간결성을 잃어버릴 수 있다.

2) 미세먼지의 정치경제 분석 틀: 미세먼지 강화자산과 취약자산

이러한 한계를 극복하기 위해 미세먼지와 직접 연관이 있는 기후변화 정치에서 분석 틀을 차용해 보자. 어느 연구는 기후변화 정치를 주로 집단행동 문제로 설명하는 방식에서 벗어나, 화석연료와 같은 기후변화를 강화시키는 자산(Climate-Forcing Assets, 이하 CFA) 보유자와 기후변화로 해수면 상승의 영향을 받는 연해 지역에 부동산을 보유한 사람들처럼 기후변화에 취약한 자산(Climate-Vulnerable Assets, 이하 CVA) 보유자 사이의 경쟁으로 기후정치를 설명했다. 즉, 기후변화 정치는 이들 자산 가치의 재평가와 이것이 실존적 정치 혹은 분배적 정치의 영역에 미치는 영향을 분석하는 것이다. 자산 재평가의 동적 이론이란 기후변화와 그 정책이 기후변화 강화자산과 취약자산을 증가시키거나 감소시키며, 이에 따라 행위자의 이익과 권력에 변화가 생기고 정치 투쟁의 유형과 강도에 변화를 초래한다는 것이다. 이는 거꾸로 기후변화 정책에 다시 영향을 미친다. 정부나 기업 등 특정 행위자를 기후변화 강화자산과 취약자산 보유자 중 어느 한쪽으로 규정하기란 어렵고, 현실적으로는 한 행위자가 두 요소를 다 보유하고 있으며 이러한 자산을 가진 비율과 비용에 따라 행위자의 선호를 지배하는 자산을 알아낼 수 있다(Colgan, Green and Hale, 2021).

미세먼지의 정치경제도 미세먼지에 취약한 자산(Particulate Matter-Vulnerable

Assets, PMVA)과 미세먼지를 강화시키는 자산(Particulate Matter-Forcing Assets, PMFA)으로 나눌 수 있고, 이에 대한 가치의 재평가를 통해 이익과 권력이 다시 배분된다. 결국 미세먼지 취약자산은 미세먼지 탓에 사람들의 실외 활동이 제약되고 이에 따라 피해를 보는 유명 관광지나 휴양지를 소유한 사람, 기업, 야외 놀이 시설 업체 등을 들 수 있다. 반면 미세먼지 강화자산은 경유 자동차, 오염 저감 장치를 하지 않은 공장, 석탄(석유)화력발전소 등일 것이다. 미세먼지 저감 정책은 특히 이러한 자산과 자산 보유자들에게 영향을 미친다. 이러한 정책은 미세먼지 강화자산의 가치를 떨어뜨리고 취약자산의 가치를 증가시킨다. 반면에 이러한 환경정책의 입안과 시행을 저지하는 것은 미세먼지 취약자산의 가치를 축소시키고 강화자산의 가치를 상승시킨다. 이러한 자산의 이익(interests)은 결국 권력(power)으로 변환되고, 이러한 전략 행위자들의 행위는 규제 제도(institutions)를 통해 매개된다. 마지막으로 기후변화 정치가 미세먼지 저감의 환경정책을 얼마나 그리고 어느 정도 지원하는지는 비경제적 요인인 이념(ideas), 종교, 정체성, 문화 등의 영향을 받는다.

2. 한·중 월경성 환경문제로서 미세먼지의 정치경제

미세먼지의 정치경제에서 한국과 중국의 사례를 들어보자. 2000년대 이래 중국은 고속성장을 지속하며 환경을 희생하는 정책을 펼쳐왔고, 2012년 시진핑 시대에 접어들자 생태·환경을 보호하는 지속 가능한 발전을 강조해왔다. 중국 전체를 분석할 때 다양한 행위자를 통해 환경과 경제 사이의 관계를 볼 수 있지만, 이론의 간결성을 위해 중국 정부의 주요 정책에서 강조점의 변화를 통해 미세먼지 강화자산과 취약자산 가운데 어떤 자산이 더 큰 이익과 혜택을 보았고, 이에 따라 인접 국가인 한국에 어떤 영향을 미쳤는지를 살펴볼 수 있다.

특히 미세먼지는 다른 오염원에 비해서 투입되는 비용 대비 효과가 크기 때문에 중국 정부와 한국 정부의 노력으로 중국 베이징의 미세먼지 농도는 2011년 99μg/m^{3}에서 2021년 40μg/m^{3}로 절반 이하로 떨어졌다고 보고되었다. 한국의 연평균 초미세먼지 농도도 2016년 26μg/m^{3}에서 2020년 19μg/m^{3}로, 서울의 경우에는 2016년 26μg/m^{3}에서 2021년에는 20μg/m^{3}로 지속해서 감소했다. 결과적으로 이러한 환경 개선은 중국과 한국에서 미세먼지 강화자산의 가치 하락에 따른 것으로, 그 결과 미세먼지 취약자산의 가치도 증가할 수 있다(〈그림 2-1〉과 〈표 2-1〉 참조).

예를 들어 한국의 경우 전국 석탄화력발전의 배출량을 줄이기 위해 노후 석탄화력발전소의 조기 폐쇄, 봄철 및 계절 관리 기간에 가동 정지 및 상한 제약 등의 정책을 펼쳤고, 배기가스 5등급 차량인 노후 경유차도 조기 폐차와 운행 제한 등의 조치를 취해 2018년 12월 말 기준 저공해 조치를 하지 않은 차량이 235만 4000대에서 2020년 12월 말 기준 134만 7000대로 43% 감소했다. 중국 정부는 철강 생산 용량을 약 2억 톤 축소하고, 모조 철강인 저급 철강재 1억 4000만 톤을 퇴출했으며, 소규모 석탄 시설을 폐쇄하는 조치를 시행했다(환경부, 2021.2.10). 이는 미세먼지 강화자산인 석탄화력발전소와 경유차, 철강과 석탄 시설 등의 자산 가치 하락을 의미했다.

그리고 한·중 간에 미세먼지와 같은 월경성 환경문제와 상류-하류 사이의 관계를 다룰 때 미세먼지 취약자산을 많이 가진 행위자와 미세먼지 강화자산을 많이 가진 행위자가 어떤 역할을 했는지가 중요하다. 한국에서 여론의 관심은 주로 미세먼지의 원인으로 중국을 지목하는 경우가 많은데 이는 결국 중국을 미세먼지 강화자산이 많은 국가로 간주하기 때문이다. 반면에 한

그림 2-1 2011~2021년 중국 베이징의 연평균 초미세먼지　　　　　　　　(단위: $\mu g/m^3$)

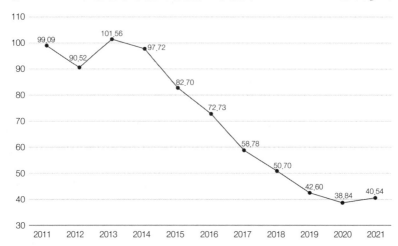

자료: Website(https://www.airnow.gov) and U.S. Department of State(2022.1.11). Statista, "Average annual PM₂.₅ air pollution levels in Beijing, China between 2011 and 2021(in micrograms per cubic meter of air)," [Graph], Retrieved June 22, 2022 from https://www.statista.com/statistics/690823/china-annual-pm25-particle-levels-beijing.

표 2-1 한국의 초미세먼지 연평균 농도 현황　　　　　　　　(단위: $\mu g/m^3$)

구분	2015년	2016년	2017년	2018년	2019년	2020년
전국 평균	26	26	25	23	23	19

자료: 환경부(2021.2.10).

국은 스스로를 이러한 중국으로부터 넘어온 미세먼지의 피해를 받는 국가로 인식하면서 한국에서는 미세먼지 취약자산의 유무형적 가치 하락에 주목하고 있다.[1]

1　한국 언론이 한국 미세먼지의 주범으로 중국을 지목하며 발생하는 한·중 간 협력의 한계와 갈등에 대해서는 다음의 연구를 참조(Shin Sang Bum, Kim S. and Kang M., 2022).

그렇다면 이러한 인식이 실제로 맞는지 살펴보자. 국립환경과학원의 「수도권 지역 미세먼지 오염 현상 해석 및 장래 예측」(2007)에 따르면 내부 발생 미세먼지, 외부로부터 장거리 이동한 미세먼지, 기타 오염물질과의 상호작용이 한국의 미세먼지에 영향을 준다고 밝혔다. 국립환경과학원의 「한반도 권역별 기류 유입 특성 및 오염물질별 국내외 기여도 연구 분석」(2017)은 좀 더 자세히 이 문제를 다루고 있다. 즉, 중국발 오염물질의 비중이 수도권에서 56.4%에 이른다는 것이다. 서울연구원의 보고서에서도 서울 시내 미세먼지의 55%가량을 국외 유입으로 보았다. 미세먼지 농도가 아주 높을 때는 중국발 오염물질의 비중이 80%까지 급증하기도 하고, 그중 우리 서해안과 인접한 산둥성에서 유입된 미세먼지가 많다는 것이다(≪중앙선데이≫, 2018.3.11). 하지만 초미세먼지의 중국 영향과 관련해 한·중·일의 공동연구 보고서에서는 2017년 중국 배출원의 한국에 대한 영향이 연평균 32%, 자체 기여는 51%로 나왔다. 환경과학원에 따르면 고농도일 때는 연평균보다 국외 기여율이 10~20% 높다고 밝혔다(≪한겨레≫, 2019.11.20).

한국에 근접한 중국의 산둥성에 석탄화력발전소가 409개로 가장 많았고, 그 밖에 한국의 미세먼지에 영향을 미칠 수 있는 중국의 동부 연안 지역 중에 장쑤성에 201개, 저장성에 96개, 푸젠성에 60개가 있다. 특히 중국은 수도권[징진지(京津冀)]인 베이징(0개)과 그 주변 도시인 톈진(30개)과 허베이성(139개)의 미세먼지를 줄이기 위해 많은 석탄화력발전소를 산둥성 등지로 옮긴 것으로 보인다. 한반도의 북한에 영향을 미치는 동북 3성(랴오닝성 114개, 헤이룽장성 87개, 지린성 70개)에도 여전히 많은 석탄화력발전소가 가동되고 있다(〈그림 2-2〉 참조).

2016년 발표된 「중국 내 석탄화력발전소의 공간적 분포」에서 1998년 산둥성과 저장성 일대 석탄화력발전 용량은 각각 10기가와트(GW)에서 2011년

그림 2-2 2022년 1월 중국에서 가동 중인 석탄화력발전소의 지역별 분포 (단위: 개)

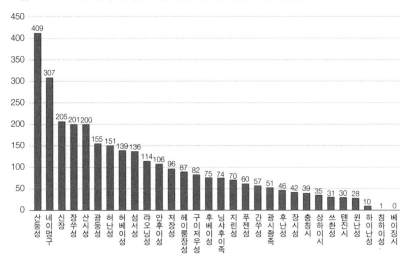

자료: Global Energy Monitor(2022.1.30). Statista, "Number of operational coal-fired power plant units in China as of January 2022, by province/municipality," [Graph], Retrieved June 22, 2022 from https://www.statista.com/statistics/1268457/coal-power-plants-in-china-by-province.

그림 2-3 2022년 중국에서 지역별로 운영 중인 석탄화력발전 용량 (단위: 메가와트)

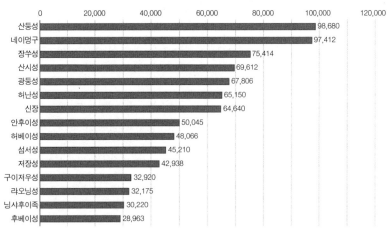

자료: Global Energy Monitor(2022.1.30). Statista, "Capacity of operational coal-fired power plants in China as of January 2022, by province/municipality(in megawatts)," [Graph], Retrieved June 22, 2022 from https://www.statista.com/statistics/1268490/coal-power-capacity-in-china-by-province.

각각 65기가와트로 여섯 배 이상 급증했다(≪중앙선데이≫, 2018.3.11). 〈그림 2-3〉에서 보았듯이 최근 산둥성으로 이전하는 석탄화력발전소가 많아지고 산둥성에 이미 석탄화력발전소가 가장 많다는 점을 감안하면 이 지역의 석탄화력발전 용량도 2011년에 비해 훨씬 늘었을 것으로 추정할 수 있다.

구체적으로 2022년 1월 기준 산둥성의 석탄화력발전 용량은 약 98기가와트, 장쑤성은 75기가와트, 저장성은 42기가와트였다. 2011년과 비교하면 산둥성은 거의 10년 사이 33기가와트가 증가했지만 저장성은 23기가와트가 감소했다. 이는 한국에 가장 크게 영향을 미치는 산둥성의 석탄화력발전 용량이 다른 지역에 비해 훨씬 많이 증가했다는 의미다. 즉, 한국에 가장 크게 영향을 미치는 중국의 미세먼지 강화자산의 가치 증가가 한국의 미세먼지에 영향을 미쳤다고 볼 수 있다.

〈그림 2-4〉를 보면 미세먼지 강화자산인 중국의 석탄 채굴과 세척 산업에서 2020년 약 3000억 달러의 수익을 달성함으로써 저점을 찍고, 2021년에는 코로나19 확산과 글로벌 공급망의 교란으로 석탄화력발전에 대한 수요가 급증하면서 수익도 거의 5000억 달러로 급증했다. 전망치에 따르면 중국의 석탄 산업 수익은 2025년에는 6392억 1000만 달러로 2020년 저점의 두 배 넘게 증가할 것으로 보인다. 이는 중국의 미세먼지 강화자산의 가치가 급증하는 것을 의미하고, 그 결과 중국 내에서뿐만 아니라 석탄화력발전소가 가장 많은 산둥성을 통해 한국에까지 미세먼지 증가를 초래하게 될 것이다.

한국에서 미세먼지에 따라 생산 활동이 제약받는 체감의 정도가 높은 집단을 미세먼지 취약자산 보유자로 볼 수 있을 것이다. 특히 2019년에 실시한 국민 인식 조사를 보면 실외 근무자와 농·임·어업 종사자가 그러한 체감 정도가 비교적 높았다. 미세먼지 농도가 짙어지면 사람들의 생산 활동이 제약되어 경제적 손실을 초래하는데, 그 비용을 추정하면 2018년 기준 총체감 생

그림 2-4 2012~2025년 중국의 석탄 채굴과 세척 산업의 수익 (단위: 10억 달러)

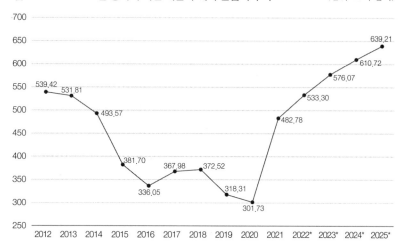

자료: National Bureau of Statistics of China(2022.3.8). Statista, "Industry revenue of 'mining and washing of coal' in China from 2012 to 2025(in billion U.S. Dollars)," [Graph], Retrieved June 22, 2022 from https://www.statista.com/forecasts/1053772/mining-and-washing-of-coal-revenue-in-china.

산 제약액은 4조 230억 원이며, 전체 GDP의 0.2%였다(현대경제연구원, 2019: 8~9). 이는 결국 미세먼지가 심해지자 미세먼지 취약자산을 보유한 실외 근무자와 여러 업종 종사자들의 경제활동이 제약받음으로써 이들의 자산 가치가 하락했음을 의미한다.

OECD 보고서(2016년)에 따르면 2060년 대기오염으로 전 세계 GDP가 연간 1% 감소할 것으로 보았고, 한국은 GDP 손실이 0.63%로 OECD 회원국 중 최대일 것으로 전망했다(OECD, 2016). 이는 중국 산둥성에서 미세먼지 강화 자산의 가치 증가로 미세먼지의 월경 현상이 잦아지고, 이에 따른 우리의 전체 경제 손실을 따져보면, 앞에서 살펴보았던 미세먼지에 따른 생산 활동의 제약이 초래한 미세먼지 취약자산의 가치 하락이 다른 OECD 국가와 비교할 때 크다는 사실을 보여준다.

실질 GDP를 화석연료 소비량의 대리변수로 삼았을 때 1998년 1분기부터 2013년 3분기까지 중국과 한국의 실질 GDP와 미세먼지의 관계를 분석한 결과, 한국의 실질 GDP가 1% 상승했을 때 미세먼지 농도 4.32%가 증가했고, 중국의 실질 GDP가 1% 상승했을 때 한국의 미세먼지 농도 3.32%는 올라갔다. 물론 이 연구는 기상 변수와 대기의 화학적 특성을 도입하지 못한 점과 기상 요인에 따른 영향분석이 필요하다는 점이 한계였지만, 경제성장과 미세먼지 사이의 상관관계, 특히 외부 요인으로서 중국의 경제성장과 한국의 미세먼지 사이의 관계에 대한 자료를 제공해 준다(장경수·여준호, 2015).

결국 중국의 화석연료 소비량의 대리변수로서 실질 GDP의 변화는 화석연료 소비를 통해 미세먼지를 강화하는 자산의 변화이기에, 실질 GDP의 증가는 이러한 자산 가치를 증가시키고, 이는 한국의 미세먼지 농도를 상승시키는 결과를 초래했다.

외부(중국) 미세먼지의 국내 유입에 대한 한국의 국가-시민 관계의 영향 역시 정치·경제적인 분석이 필요하다. 2010년 한국에서 일었던 미세먼지 대응 운동은 중국에서 오는 미세먼지로부터 국민을 보호하고 미세먼지에 취약한 국민을 위해 국가가 공기청정기를 보급해야 한다는 등 책임 있는 국가를 요청했다. 하지만 깨끗한 공기는 공공재에 해당하는데 국가가 공기청정기를 구매해 국민에게 보급하는 것은 이러한 공공재를 시장에서 구매하는 재화로 상품화하는 것을 의미한다(안새롬·윤순진, 2021: 93). 이러한 측면에서 보면 공기청정기 제조·판매 업체는 미세먼지 강화자산은 아니지만 미세먼지 강화자산의 가치가 증가하고 미세먼지 농도가 올라가면 이에 따라 수혜를 볼 수 있는 행위자다. 반면에 미세먼지 취약자산의 가치가 올라가는 것은 미세먼지의 농도가 떨어지는 결과에 따른 것이기에 이는 공기청정기의 사용과 구매가 줄어들 수밖에 없다. 따라서 공기청정기 업체가 보유한 자산 가치는 미세먼지 강화자산과 취약자산의 가치와 밀접하게 연동되어 있다.

중국발 미세먼지 강화자산 외에도 국내에서 미세먼지 강화자산의 종류와 가치 변화를 살펴볼 필요가 있다. 2015년을 기준으로 전국에서 33만 6000톤의 미세먼지 배출을 보면 사업장 13만 3000톤, 건설기계 등 5만 3000톤, 발전소 4만 7000톤의 순이었고, 수도권에서는 경유차 1만 3000톤, 건설기계 1만 2000톤, 냉난방 등 7000톤의 순이었다(환경부, 2019).

한국에서 미세먼지는 공기 중 고체 상태와 액적 상태인 입자의 혼합물로, 이러한 입자는 자연 배출원뿐만 아니라 여러 종류의 고정 배출원이나 이동 배출원으로부터 생성되며 다양한 모양과 크기로 존재한다. 미세먼지는 배출원으로부터 직접 배출되는 1차 배출, 이산화황이나 질소산화물과 같은 가스상 물질에 따른 2차 배출이 있다.

한국 환경부 국가미세먼지정보센터에 따르면 2019년 가장 큰 비중을 차지한 배출원은 건설공사, 나대지, 농업 활동, 도로와 비포장도로에서 오는 비산먼지다. 제조업 연소와 비도로이동오염원의 배출량 비중도 그다음으로 높다. 특히 주목할 부분은 과거 미세먼지의 주범으로 지목되어 정부의 단속과 규제가 강화되었던 도로이동오염원과 에너지산업 연소는 비중이 작아졌다는 것이다. 따라서 한국에서 미세먼지 강화자산은 더욱 다양해지고 복잡해졌음을 알 수 있다.

주요 배출원인 비산먼지 관련 건설사, 축산 활동과 관계된 공장과 기업, 제조업 관련 연소 시설을 보유한 업체, 비도로이동오염원에서 건설 장비나 농업기계, 항공, 선박 등과 관련된 업체의 기업 활동이 늘어나고, 이들이 친환경 조치를 하지 않고 생산 활동을 증가시킨다면 미세먼지 강화자산의 가치는 높아지고 미세먼지 배출량도 늘어날 수밖에 없다.

1) 중국과 한국의 미세먼지 강화자산과 취약자산

중국의 산시방(山西帮)은 후진타오(胡錦濤) 국가주석의 비서실장이었던 링지화(令計劃)가 후견인으로 있는 산시성에 소재한 석탄 산업의 이익을 대변하는 파벌이다. 반면 정치국 상무위원이었던 저우융캉(周永康)을 후견인으로 하는 석유방(石油帮)은 석유 산업의 이익을 대변하는 파벌이다. 이들은 2014년부터 시진핑 주석이 집중적으로 시행했던 반부패 운동에서 대대적으로 숙청당했다. 공교롭게도 이들은 모두 화석연료를 통해 이익을 창출한 세력들로 시진핑의 반부패 운동의 사정권에 들어온 것도 모두 이 두 파벌의 후견인들의 부패와 시진핑 권력에 대한 도전 때문이었다. 산시방 수장은 링지화였고 석유방 리더는 저우융캉이었다. 2012년 취임 이후 시진핑 주석과 왕치산(王岐山) 중앙당 기율검사위원회 서기는 고위직 부패(호랑이)를 잡기 위해 칼을 빼 들었다.

시진핑 주석의 산시방과 석유방에 대한 반부패 운동이 한창일 때 중국 정부는 대기오염과의 전쟁을 선포하고 '대기오염방지 행동계획(大气污染防治行动计划)'도 세웠다. 중국은 구체적으로 석탄 공장 폐쇄와 난방 제한 등의 정책을 펼쳤다. 예컨대 징진지 지역에서 초미세먼지의 연평균 농도를 25%, 주강 삼각주와 장강 삼각주 지역에서는 각각 15%와 20% 낮추는 데 약 2700억 달러의 재정을 투입했다. 이러한 계획은 석탄 의존도를 낮추고, 자동차 배기가스를 제한하며, 신재생에너지 사용을 늘리는 것이다. 이 세 지역에 신규 석탄화력발전소 건설은 금지되고 기존 발전소는 배출량 감축이 요구되었다. 정부는 대기질 수치를 보고하는 데 투명성을 높이는 조치도 취했다. 〈그림 2-5〉를 보면 중국 전체 인구의 70%가 거주하는 204개의 지급시에서 초미세먼지 농도가 개선된 것으로 나타났다. 가령 징진지 지역은 2013년에서 2017년까

표 2-2 중국 PMFA 파벌의 후견인-피후견인 관계

	산시방	석유방
후견인	• 링지화: 후진타오 주석의 비서실장(17대 중앙서기처 서기), 18대 중국인민정치협상회의 (정협) 부주석, 중앙통일전선공작부장을 지냄. 2012년 아들의 페라리 스포츠카 사고를 은폐하는 과정에서 정·법계 지도부와 모종의 계약을 맺은 사실이 폭로됨. 보시라이 충칭시 당서기와 가까워 그의 형사처벌을 반대함. 중앙으로 가기 전 7년간 산시성에서 근무하며 인맥을 만듦. 2016년 7월 뇌물 수수, 국가 기밀 절취, 직권남용 등의 죄목으로 무기징역을 선고받고 종신 정치 권리가 박탈되었으며 개인 재산을 몰수당함. 마카이(馬凱) 부총리는 산시성의 부패 문제를 암과 같다고 표현함. 링지화, 저우융캉, 보시라이는 모종의 동맹관계임.	• 저우융캉: 석유학원을 졸업하고 다칭유전과 석유공업부 부부장, 중국석유연가스 부사장과 사장, 쓰촨성 당서기, 정치국 상무위원을 지냄. 정법위 서기 때 보시라이의 실각을 막고 쿠데타를 협의함. 장남 저우빈의 사업을 통해 보시라이와 이권 관계를 형성함. 장쩌민(江澤民) 전 주석의 심복인 쩡칭훙(曾慶紅)은 석유공업부와 중국해양석유를 거쳐 1984년 상하이에서 장쩌민과 일했고, 1993~2002년 장쩌민 밑에서 중앙판공청 주임과 중앙조직부장을 지냄. 저우융캉과 장가오리(張高麗, 정치국 상무위원) 등 석유방 인맥을 요직에 포진시킴. 정치국 상무위원으로 중국 최초로 당적이 박탈되고 처벌받음. 주요 혐의는 기율 위반, 뇌물 수수, 직권남용, 국가 기밀 유출, 간통과 성매수, 청렴 규정 위반 등임.
피후견인	• 량빈(梁濱): 허베이성 당위원회 상무위원 겸 조직부장, 산시성 상무위원을 지냄. 금품을 받고 부동산 개발 편의를 봐줌. 광산 소유주들과 결탁해 광물자원 이익을 공유함. 산시성 석탄 광산회사 임원과 고위 관리들로 구성된 친목 모임의 대표임. 산시방의 핵심 인물로 2016년 11월 낙마함. • 링정처(令政策): 링지화의 형이자 산시방의 대부. 산시성 정협 부주석을 지냄. 프로젝트 심사, 기업 경영, 승진 인사 등에서 직무와 지위를 이용해 도움을 줌. 27억 원 상당의 뇌물 수수 혐의가 있다. 산시성에서 보시라이 동생 보시청(薄熙成)과 같이 산시성 탄광업체들로부터 매년 400억 위안(약 7조 원)의 뇌물을 받은 의혹이 있음. 2016년 12월 12년 징역을 선고받음. • 링완청(令完成): 링지화 동생으로 신화통신 기자 출신의 사업가. 형으로부터 국가 기밀을 넘겨받은 뒤 미국으로 도피했다는 설이 있음. • 두산쉐(杜善學) 산시성 부성장과 천촨핑(陳川平) 타이위안시 서기: 부패 혐의로 낙마함. • 진다오밍(金道銘) 산시성 당위원회 상무위원과 산시성 출신의 선웨이천(申維辰) 과학기술협회 당조직 서기: 직무 권한 남용에 따른 뇌	• 장제민(蔣潔敏): 국유자산감독관리위원회 주임, 중국석유천연가스 동사장(이사장)을 지냄. 2013년 9월 낙마함. • 리둥성(李東生): 전국인민대표대회 대의원, 중국석유천연가스 쓰촨유한공사 총경리를 지냄. 2014년 2월 낙마함. • 리광위안(李廣元): 중국석유천연가스 공급상. 2013년 7월 낙마함. • 왕다오푸(王道富): 창칭유전 총경리. 2013년 8월 낙마함. • 랴오융위안(廖永遠) 중국석유천연가스 사장, 리화린(李華林) 부사장, 원칭산(溫靑山) 총회계가 낙마함. • 왕융춘(王永春): 중국석유천연가스 부총경리, 다칭유전 총경리를 지냄. 2013년 8월 낙마함. • 란신취안(冉新權) 중국석유천연가스 부총재 겸 창칭유전 총경리가 2013년 8월 낙마함. 왕귀량(王國樑) 중국석유천연가스 이사, 쑨룽더(孫龍德) 부총재 등도 낙마함. • 저우빈(周濱): 저우융캉의 장남. 장쩌민 전 주석의 아들과 석유 회사를 창립해 공동 경영함. 금융·투자 업계와 석유 업계에서 최고의 영향력을 행사하며 '신비상인'이라는 별명을 얻음. 이라크에 수출한 석유 채굴 장비에 문제

산시방	석유방
물 수수와 간통 혐의를 받음. ● 2013년 11월 이후 2014년까지 산시성의 23명의 전·현직 고위 간부가 낙마함. ● 2014년 중앙순시조의 사찰로 산시성의 장차관급 고위 간부 7명이 숙청됨. ● 산시성 전역에서 부패 혐의로 체포된 중·하급 간부의 숫자만 100명 이상임. ● 2015년 들어서도 1월 4일 하루에만 산시성 부국장급(副廳級) 간부 4명이 수뢰 혐의로 체포됨.	가 발생해 중국석유천연가스가 막대한 손해를 입었으나 저우빈은 거액의 중개료를 챙김. ● 푸청유(傅成玉) 중국석유화학 회장을 비롯해 중국 3대 석유화학 기업의 전·현직 임원 20명이 30개의 페이퍼 컴퍼니(유령회사)를 설립함. 불법 자금 세탁과 공금횡령 의혹을 받음. ● 우전퍙 중국해양석유 부사장이 2015년 부패 혐의로 체포됨. ● 중국석유화학 총경리를 지낸 쑤수린 푸젠성 성장이 시진핑 시대의 현직 성장으로는 최초로 낙마함. ● 쉬푸순(徐福順) 국유자산감독관리위원회 부주임, 왕이린(王宜林) 중국석유천연가스 회장, 양화(楊華) 중국해양석유 회장이 공금으로 식사하고, 관계 기관의 비준 없이 공금 9억 4000만 위안(약 1665억 원)으로 초호화 온천 휴양 시설을 매입하는 등 8항 규정을 위반함.

자료: 각종 국내외 언론 보도를 참고해 저자가 작성함.

지 $37\mu g/m^3$, 비율로는 36%, 주강 삼각주와 장강 삼각주 지역은 각각 27%, 34% 낮아졌다. 204개 도시 평균은 2013년 $73\mu g/m^3$에서 2017년 $50\mu g/m^3$로 $23\mu g/m^3$, 비율로는 32% 떨어졌다(Greenstone and Schwarz, 2018: 3~5).

이는 중국 정부가 대기오염과의 전쟁, 예산 투입, 중앙과 지방정부의 노력을 통해 이룬 성과였다.[2] 또한 이러한 정책에 따라 피해를 볼 수 있는, 즉 미세먼지 강화자산 보유자인 석탄과 석유 관련 기업과 이를 비호하는 지방정부가 중앙의 정책에 노골적으로 반대하지는 못하더라도 암묵적인 저항이나 중앙정부 정책에 대한 태업 등 다양한 수단으로 정책을 제대로 집행하지 않

---

2   2014년부터 2019년까지 중국 환경정책과 지방과 기업에 대한 규제 및 감독의 강화에 따라 미세먼지 농도가 낮아지는 성과를 거둔 데 대한 분석은 다음 연구를 참조(Shin Sang Bum and Kim M. J., 2021).

그림 2-5 2013~2017년 중국 도시(204개)의 초미세먼지 농도 변화 　　　(단위: $\mu g/m^3$)

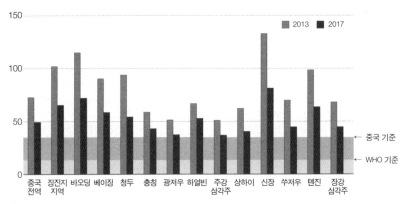

자료: Greenstone and Schwarz(2018: 4).

을 수도 있었다. 그랬다면 2017년에 이러한 미세먼지 감축이라는 성과를 달성하기 어려웠을 것이다. 하지만 시진핑 주석이 주요 석탄 산지인 산시성에 뿌리 깊게 퍼져 있는 산시방이라는 파벌과 석유와 관련된 광범위한 이권으로 연결된 석유방을 상대로 대대적인 사정 작업을 하며 관련 인사들이 줄줄이 낙마함으로써 석탄과 석유와 같은 미세먼지 강화자산의 거대한 이권 네트워크가 사실상 붕괴했다.

　실제 산시방에 대한 대대적인 조사와 탄압 기간이었던 2014~2016년 동안 석탄 채굴과 세척 산업의 수익은 2014년 4935억 달러에서 2016년 3360억 달러로 급감했다(〈그림 2-4〉 참조). 중국 석탄과 석탄 관련 제품의 도매 연매출액도 2014년 4645억 달러에서 3468억 달러로 하락했다(〈그림 2-7〉 참조).

　물론 산시방과 석유방이라는 파벌이 비서방(秘書幇)과 함께 시진핑 시대 중국 관영 언론이 공식적으로 지목한 3대 파벌이어서 여전히 시진핑 주석과 당중앙의 지속적인 감시와 감독 대상이 될 수 있다는 사실과 시진핑의 대대적인 정적과 파벌에 대한 숙청으로 더는 이러한 세력이 머리를 들 수 없다는 점은 인정한다. 하지만 중국의 특정 지역과 이권에 뿌리 깊게 정착한 파벌 집단이 단지 몇 년간의 사정 작업을 통한 후견인과 일부 핵심 피후견인의 낙마와 처벌로 모두 일망타진되었다고 보기는 어렵다. 즉, 석탄·석유와 관련된 이권 네트워크는 여전히 보이지 않는 곳에서 활동할 것이다. 다만 시진핑과 당 중앙의 강력한 반부패 운동으로 정부 정책에 강력하게 저항할 수 있을 정도로 조직화하거나 세력화하지는 못할 것이다. 실제 2020년 왕진(王金) 중국석탄과공그룹 이사장이 석탄 채굴과 판매 과정에서 일곱 차례 3000만 위안(52억 원)가량의 뇌물을 수수한 혐의로 처벌을 받았다.

중국은 2021년 호주로부터 석탄 수입을 금지하고, 국내 탄소 중립과 기후변화 정책을 적극적으로 추진하며, 석탄화력발전에서 신재생에너지로의 전환을 시도하다가 2021~2022년 석탄 생산과 수급에서 불안을 경험했다. 코로나19 사태와 2021년 석탄 산지인 산시성에서 발생한 홍수 탓에 이러한 석탄 수급 문제가 더욱 부각되었다. 따라서 중국은 2030년까지 탄소 피크 달성 목표를 설정한 상태에서 아직 화석연료를 통한 탄소 배출에 여력이 있다고 판단하고, 탄소 중립 목표보다 더 중요한 일정한 경제성장률 유지와 이를 통한 고용 증가를 우선순위로 두고 있다. 이는 중국이 정책적으로 미세먼지 강화 자산인 석탄의 사용과 석탄화력발전을 당장 줄이기 힘든 이유다.

리커창(李克强) 중국 총리는 2022년 6월 21일 허베이성을 시찰하는 동안 허베이성의 에너지 공급 현황을 보고받는 자리에서 전력 수요의 최고조인 여름철을 대비해야 하는 시기라며 석탄화력발전 용량을 최대한 끌어내 전력 수급 안정을 확보하고 전력 제한 사태를 방지할 것을 당부했다. 리 총리는 이어 중국이 석탄을 중심으로 하는 에너지 자원의 선천적 이점을 잘 활용해 국내 에너지 보장뿐만 아니라 세계 에너지 가격과 세계 공급망 안정에 도움이 되어야 한다고 강조했다(≪新华网≫, 2022.6.21). 특히 중국에서 2022년 6~9월 전력 수요가 최고조에 이른 이유는 고온에 따른 에어컨 전력 수요 급증, 홍수에 따른 전력 생산 중단, 국내외 코로나19 확산, 연료 공급 차질, 석탄화력발전의 환경오염 문제뿐만 아니라 동북·서북 지역보다 남부·화동·화중·화북 지역에서 전력 사용 피크 시기에 전력 부족 현상이 잦았기 때문이다(≪人民网: 人民日报海外版≫, 2022.6.22).

중국이 대외 환경과 국내 여건을 핑계로 석탄 사용과 석탄화력발전을 늘리려고 하면서 미세먼지 강화자산의 가치가 상승하고 한국에도 그 여파가 미칠 것으로 보인다. 미세먼지와 기후변화를 강화하는 자산은 석탄과 석유화학의 경우에서 알 수 있듯이 대부분 중앙과 지방의 국유 기업이다. 이는 정부 정책과 공산당 우선순위의 직접적인 영향을 받는 조직과 집단이 바로 국유 기업이기에 석탄화력발전의 안정적인 증가 추세는 당분간 이어질 것으로 보인다.

2021년 중국 석탄 생산 기업 가운데 매출액이 가장 큰 중국선화에너지(中国神华能源股份有限公司)는 베이징에 소재한 중앙 직속의 중요 골간 국유 기업인 국가에너지그룹(国家能源投资集团有限责任公司)의 상장 계열사다. 2021년 매출액은 약 2332억 위안으로 석탄 기업 가운데 1위다(〈그림 2-6〉 참조). 이는 중국에서 미세먼지 강화자산을 가장 많이 보유한 조직이 바로 중앙정부라는 사실을 보여준다. 이러한 국유 자산이 개인의 지대추구 행위로 유출되거나 부패로 자산이 유실되어 사유화된 국유 자산을 보유한 개인이나 조직들은 정부가 추진하는 미세먼지 강화자산의 가치를 떨어뜨리는 친환경정책에 저항하거나 태업하며 자신들의 자산 가치 하락을 막으려고 시도할 것이다.

2021년 매출액 약 2149억 위안의 2위인 옌쾅에너지그룹(兖矿能源集团股份有限公司)은 산둥성에 위치한 산둥에너지그룹(山东能源集团有限公司)이 최대 주주인 상장 기업이다. 산둥에너지그룹은 산둥성 당위원회와 산둥성 정부가 2020년

그림 2-6 2021년 중국 포춘500(The Fortune China 500) 안의 석탄 생산 기업(매출액 기준)

(단위: 10억 위안)

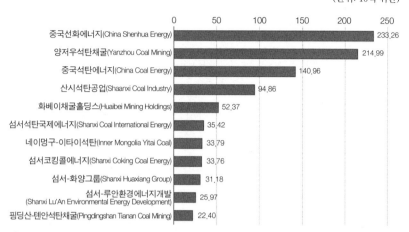

자료: *Fortune*(2021.7.20). Statista, "Leading Chinese coal producers on the Fortune China 500 ranking in 2021, by revenue(in billion yuan)," [Graph], Retrieved June 22, 2022 from https://www.statista.com/statistics/454626/china-fortune-500-leading-chinese-coal-producers.

7월에 기존의 옌쾅그룹과 산둥에너지그룹을 합병해 설립한 대형 에너지 기업이다. 즉, 산둥성의 지방 국유 기업이다. 이 기업의 미세먼지 강화자산을 보유한 곳이 바로 산둥성의 지방 당정 조직으로 지방의 이익을 대변한다고 볼 수 있다. 앞에서 살펴보았듯이 산둥성은 석탄화력발전 용량과 발전소 수에서 중국 최대다. 비록 매출액에서 중앙 국유 기업인 중국선화에너지에 밀리지만 그룹의 탄광과 발전소 전체 규모는 큰 차이가 나지 않는다. 지방 국유 기업은 중앙 국유 기업과는 달리 지역 현지에서 훨씬 복잡한 이권 관계를 형성하고 있고, 이러한 자산 가치를 보호하려는 세력도 많을 것이다. 특히 이 기업은 석탄화력발전뿐만 아니라 해상풍력 등 신재생에너지 사업도 하고 있다. 하지만 주요 매출처가 석탄화력발전이기 때문에 기업 전체를 미세먼지 강화 자산의 가치가 많은 집단으로 분류할 수 있다.

〈그림 2-7〉은 중국에서 석탄과 석탄 관련 제품의 도매 연매출액을 보여준다. 2014~2016년 산시방에 대한 반부패 운동과 대기오염과의 전쟁으로 연간 매출액이 4645억 달러에서 3468억 달러로 급감했다가 2017년부터 다시 조금씩 반등해 2020년 5785억 달러로 최고점을 찍고 2025년 7038억 달러까지 지속해서 성장할 것으로 전망된다.

시진핑 주석의 반부패 운동은 석유방의 주요 자금 공급원이었던 3대 석유화학 기업에도 영향을 미쳤다. 〈그림 2-8〉을 보면 중국석유천연가스(中国石油天然气集团公司)의 순이익은 2014년 1190억 위안에서 2015년 420억 위안으로 절반 이상 급감했다. 2016년 294억 위안으로 최저점을 찍고 반등해 2018년 724억 위안으로 두 배 넘게 증가했다가, 코로나19 사태에 따라 2020년 334억 위안으로 다시 떨어졌고, 2021년 팬데믹에서 회복하면서 1147억 위안으로 급증했다. 이를 통해 알 수 있는 것은 중국석유천연가스 등 중국 국유 기업의 순이익 등 기업 활동은 반부패 운동과 같은 정치적 요인과 코로나19 등 감염병에 따른 공급망 교란 등의 수요·공급 충격과 같은 경제적 요인에 취약하다는 사실이다.

〈그림 2-9〉를 보면 중국해양석유(中国海洋石油总公司) 역시 비슷한 시기 순이익이 급감했다. 우전팡(吳振芳) 중국해양석유 부사장이 2015년 부패 혐의로 체포되었을 때, 순이익이 2014년 602억 위안에서 2015년 202억 위안으로 3분의 1 가까이 줄었고, 2016년에는 6억 위안으로 급감했다. 이것에는 여러 이유가 있겠지만 중국 당국이 중국해양석유를 비롯한 석유방과 연관된 인물들의 부패가 속출하자 강력한 단속과 감독을 펼친 점이 큰 배경으로 보인다.

〈그림 2-10〉은 2010~2021년 중국석유화학(中国石油化工股份有限公司)의 영업이익을 보여준다. 쑤수린(蘇樹林) 푸젠성 성장은 시진핑 시대 현직 성장으로는 최초로 2015년에 낙마했는데, 그는 중국석유화학 총경리를 지냈다. 죄목

그림 2-7 2012~2025년 중국 석탄과 석탄 관련 제품의 도매 연매출액 (단위: 10억 달러)

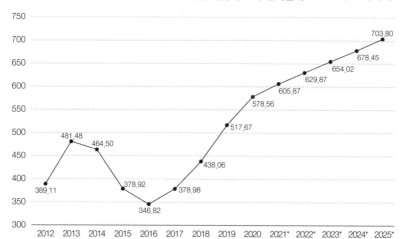

자료: National Bureau of Statistics of China(2022.3.8). Statista, "Industry revenue of 'wholesale of coal and related products' in China from 2012 to 2025(in billion U.S. Dollars)," [Graph], Retrieved June 22, 2022 from https://www.statista.com/forecasts/1053872/wholesale-of-coal-and-related-products-revenue-in-china.

그림 2-8 2010~2021년 중국석유천연가스 순이익 (단위: 10억 위안)

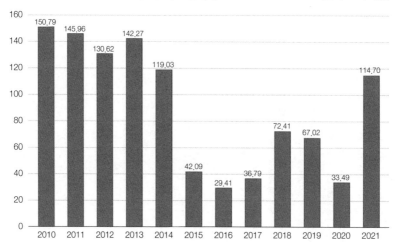

자료: PetroChina(2022.4.7). Statista, "Net profit of PetroChina from 2010 to 2021(in billion yuan)," [Graph], Retrieved June 22, 2022 from https://www.statista.com/statistics/227260/-china-national-petroleum-corporations-cnpc-net-profit.

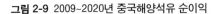

그림 2-9 2009~2020년 중국해양석유 순이익
(단위: 10억 위안)

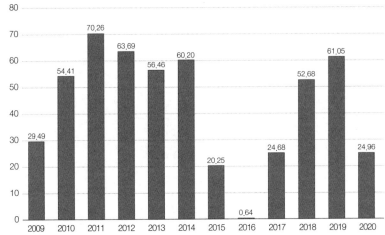

자료: China National Offshore Oil Corporation(2021.4.8). Statista, "Net profit of the China National Offshore Corporation Limited(CNOOC) from 2009 to 2020(in billion yuan)," [Graph], Retrieved June 22, 2022 from https://www.statista.com/statistics/227346/china-national-offshore-corporations-cnooc-net-income.

그림 2-10 2010~2021년 중국석유화학 영업이익
(단위: 10억 위안)

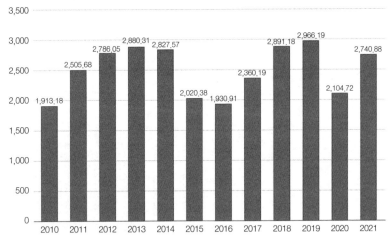

자료: Sinopec(2022.4.21). Statista, "Operating revenue of China Petroleum and Chemical Corporation (Sinopec) from 2010 to 2021(in billion yuan)," [Graph], Retrieved June 22, 2022 from https://www.statista.com/statistics/227274/sinopecs-operating-revenue.

은 조직의 기율 조사에 대한 저항, 직권남용, 국유 자산 손실 초래 등이었다. 그가 중국석유화학에 있을 때 조사와 처벌을 받은 것이 아니기 때문에 회사의 영업이익에 그렇게 큰 타격은 없었다. 중국석유화학의 2014년 영업이익은 2조 8275억 위안에서 2015년 2조 203억 위안, 2016년 1조 9309억 위안으로 감소했다.

그렇다면 이제 한국의 미세먼지 강화자산과 관련된 조직이나 집단을 살펴보자. 2017년 문재인 대통령은 취임 후 노후 석탄화력발전소의 가동을 일시 중단하라는 지시를 내렸고, 2017년 6월 30년 이상 지난 노후 발전소 10기 중 8기의 가동을 한 달 동안 중단했다. 문재인 대통령은 노후 발전소 조기 폐쇄까지 언급했지만, 한국발전산업노동조합에서 고용 문제에도 불구하고 국민 건강권 확보를 위해 정부의 미세먼지 대책을 지지한다는 입장을 표명했다. 2019년 9월 정부가 신규 석탄화력발전소 7기 건설을 발표하자 환경 단체와 야당에서 탈석탄을 촉구하며 비판하기도 했다. 2017년 이후 '미세먼지 종합대책'으로 발전, 제철, 제강, 시멘트 등 미세먼지가 주로 발생하는 업종의 배출 기준이 강화되기도 했다(≪시사인≫, 2021.6.8).

특히 한국발전산업노동조합은 석탄화력발전과 같이 대표적인 미세먼지 강화자산에 고용된 노동자의 이익을 대변하는 집단이라고 볼 수 있다. 한국의 발전소는 공기업으로 이들 노동자가 미세먼지 강화자산을 직접 소유한 것은 아니지만 이러한 자산의 가치 변화와 직접적인 연관이 있다. 즉, 석탄화력발전 자산의 가치 증감과 같은 방향으로 이들의 자산이 움직인다. 예를 들어 석탄화력발전이 늘어나면 미세먼지 강화자산의 가치가 증가하고 발전소에서 일하는 노동자들의 업무량이 증가해 임금도 오를 수 있고, 반대로 탈석탄 정책으로 발전소가 폐쇄되면 최악의 경우 실직할 수도 있다.

하지만 이들이 정부의 탈석탄 정책에 강하게 반발하지 않는 것은 국민 건강권이라는 보편적인 가치뿐만 아니라 전환 재배치 등의 정부 대책이 어느 정도 뒷받침되었기 때문이다. 정부는 2020년 9차 전력수급계획에서 2034년까지 석탄화력발전소 30기의 폐기를 결정했고, 2021년 한국동서발전 여수국가산업단지 호남발전소 1·2기, 울산기력발전소 4·5·6기가 폐기되었다. 발전소에서 근무하는 정규직 노동자, 협력업체 노동자, 비정규직 노동자 중에 전국 단위 사업장에 속한 노동자를 인근 연고지로 재배치하고 사택의 정주 여건 지원 등을 보장하기 위해 협상했다. 석탄의 운송 부문 운전과 정비 담당 기업인 한전산업개발 역시 전국 단위 사업을 하고 있어 전환 배치를 할 수 있었다. 하지만 상황이 열악한 사업장 소속 비정규직·정규직 노동자는 전환 배치 가능성이 적어 실직 위험에 처하기도 했다(≪매일노동뉴스≫, 2021.12.7). 이런 문제를 해결하기 위해 2022년 1월 전국공공산업노동조합연맹과 발전 5사, 한전KPS, 한전산업개발, 공공산업희망노동조합 등 에너지 전환과 관련된 아홉 개 노동조합은 '정의로운 에너지전환위원회'를 설립해 실질적인 활동을 개시했다.

한국에서 정의로운 에너지 전환에 대한 담론은 파리기후협약(COP21)과 전 세계적인 탄소 중립 추세에서 자신들의 이권이 걸려 있는 정부의 탈탄소와 탈석탄 정책에 반대하기보다 국민의 건강권과 신재생에너지로의 전환이 가져다주는 환경과 삶의 질 개선과 같은 가치에 동의하면서 정부 정책의 취지를 인정하고 이에 대한 대책을 촉구하는 것이다. 이는 미세먼지 강화자산과 연관된 집단이 자신의 이익이 훼손됨에도 불구하고 환경에 대한 가치와 기후변화 대책의 시급성에 동의하기 때문에 정부 정책에 강하게 반대하지 않는 것이다. 따라서 미세먼지 강화자산의 가치 하락에도 불구하고 이러한 자산 가치와 연동된 자산을 소유한 집단들이 이익보다 이념이나 가치 요인의 영향을 더 받고 있다고 볼 수 있다.

한국에서 미세먼지 취약자산을 많이 보유한 집단, 즉 대표적인 미세먼지 강화자산인 석탄화력발전소의 영향으로 생산 활동의 제약을 가장 많이 받는 석탄화력발전소 인근 지역 주민의 인식도 살펴볼 필요가 있다. 2021년 11월 3600명의 석탄화력발전소 지역 주민 중에 약 80%가 자기 지역의 석탄화력발전소를 2030년까지 모두 퇴출하고 더욱 미래 지향적인 산업으로 전환하자는 견해에 동의했다. 그리고 대통령 선거에서 지지 후보를 정할 때 후보의 기후위기 대응 공약이 중요하다는 의견이 약 83%로 압도적으로 많았고, 28.5%의 응답자는 기후변화 대응을 위해 탈석탄과 석탄화력발전소의 폐쇄가 필요하다고 밝혔다(석탄을 넘어서, 2021.12.7). 특히 석탄화력발전소의 퇴출에 동의하는 이유로 건강 문제(약 23%)와 석탄화력발전소의 경제성 악화(약 5%)보다 기후변화 대응(63%)이 훨씬 높게 나왔다는 점에서 한국의 미세먼지 취약자산과 관련된 집단이 자신의 건강과 경제적인 요인보다 기후변화 대응이라는 보다 중·장기적인 목표와 당위적 가치에 우선순위를 두고 있다고 평가할 수 있다.

종합해서 한국과 중국의 상황을 비교하면, 중국은 시진핑 정부에서 미세먼지를 저감하기 위해 2014년부터 대기오염과의 전쟁이라는 환경정책적 요인과 더불어 산시방, 석유방과 같은 PMFA 파벌에 대한 최고 지도자의 사정 작업 등 정치적인 요인에 따라 초미세먼지가 2013~2017년에 32%나 줄어들었다. 즉, 석탄과 석유의 PMFA 파벌이 붕괴하면서 이들의 자산 가치가 하락하고, 이에 따라 중앙정부의 강력한 미세먼지 저감 정책에 대항하거나 태업할 수 있는 권력도 약화되어 중국은 대기오염 저감 정책에 큰 저항이나 방해 없이 어느 정도 성과를 거둘 수 있었다. 반면에 민주주의국가인 한국은 미세먼지 강화자산인 석탄화력발전소에 고용된 노동자의 이익을 대변하는 노조에서조차 정부의 지원을 전제로 탈탄소와 석탄화력발전소 퇴출에 찬성했고, 석탄화력발전소 인근 지역의 주민 대부분은 중·장기적인 기후변화 대응이 중요하다는 것에 동의하면서 기후변화 대응 공약이 대통령 선거에서 중요한 역할을 할 뿐만 아니라 탈석탄과 석탄화력발전소의 폐쇄가 필요하다는 의견에도 대부분 동의했다. 이는 한국과 같은 민주주의국가에서 미세먼지 저감 정책의 성과는 미세먼지 강화자산과 연동된 노조의 자산 가치 하락보다 국민의 건강권과 같은 가치를 얼마나 더 중시하는지와 미세먼지에 따라 생산활동의 제약을 받는 미세먼지 취약자산 보유자인 석탄화력발전소 인근 지역 주민들뿐만 아니라 나머지 유권자들이 기후변화 대응과 석탄화력발전소의 폐지 정책을 얼마나 일관성 있게 간절히 원하고 이러한 정책이 투표 결과에 영향을 미치는지에 달려 있다.

마지막으로 이 장의 한계는 기후변화 정치를 미세먼지의 정치경제 분석 틀로 변용하면서 이러한 분석 틀로는 파악하기 어려운 미세먼지만의 특성을 놓칠 수 있다는 것이다. 즉, 미세먼지 강화자산과 취약자산을 정확하게 구별할 수 있는 준거나 기준이 기후변화 강화자산과 취약자산의 그것만큼 명확하지 않다는 것이다. 이에 따라 미세먼지 강화자산과 취약자산 각각의 전체 자산 가치와 그 변화에 따른 미세먼지 저감 정책의 성과 변화, 자산 가치와 권력 변화 사이의 매개변수인 제도 등을 자세히 다루지 못한 것이 한계다. 다른 한편 한·중 간에 월경성 환경문제의 측면에서도 상류와 하류 사이의 미세먼지 강화자산과 취약자산의 가치 재평가와 이를 초래한 상호작용, 그에 따른 정책 변화도 추가적인 연구가 필요하다.[3]

---

3 한·중 간 미세먼지와 같은 월경성 환경문제와 한·중 간 환경 협력의 제약 요인에 관해서는 다음의 연구를 참조(Shin Sang Bum, Kim S. and Kang M., 2022).

참고문헌

≪매일노동뉴스≫. 2021.12.7. "연말연시 발전 노동자 600여 명 '전환'에 떤다". https://www. labortoday.co.kr/news/articleView.html?idxno=206260.

석탄을 넘어서(전국 탈석탄 네트워크). 2021.12.7. 「석탄발전소 지역주민 인식조사 결과보고서」. http://beyondcoal.kr/41/75.

≪시사인≫. 2021.6.8. "줄어든 미세먼지, 코로나19 때문일까". https://www.sisain.co.kr/news/articleView.html?idxno=44749.

신상범. 2022. 『지구환경정치: 형성, 변화, 도전』. 명인문화사.

안새롬·윤순진. 2021. 「한국의 대기·기후 운동으로 본 대기 커먼즈 정치: 유동하고 보이지 않는 공간에 대해 말하기」. ≪공간과 사회≫, 제75호, 60~101쪽.

이상헌. 2021. 「한국의 미세먼지 정치화의 정치생태학적 해석: 국가의 '프레이밍 전략' 비판을 중심으로」. ≪환경사회학연구 ECO≫, 제25권 2호, 7~46쪽.

이현주·정여민·김선태·이우섭. 2018. 「한반도 미세먼지 발생과 연관된 대기패턴 그리고 미래 전망」. ≪한국기후변화학회지≫, 제9권 4호, 423~433쪽.

장경수·여준호. 2015. 「한국과 중국의 경제성장이 한국의 미세먼지에 미치는 영향분석」. ≪환경정책≫, 제23권 1호, 97~117쪽.

≪중앙선데이≫. 2018.3.11. "서해 근처 산둥성 석탄발전소 급증, 먼지에 짓눌린 한국". https://www.joongang.co.kr/article/22429810#home.

≪한겨레≫. 2019.11.20. "'국내 초미세먼지 32% 중국발'··· 한·중·일 첫 공동연구". https://www.hani.co.kr/arti/society/environment/917731.html.

현대경제연구원. 2019.3.15. 「미세먼지에 대한 국민 인식 조사: 미세먼지로 인한 경제적 비용 연간 4조 원으로 추정」. ≪경제주평≫, 19-10(통권 제833호), http://hri.co.kr/board/reportView.asp?numIdx=30120&firstDepth=1&secondDepth=1&thirdDepth=.

환경부. 2019. 「미세먼지 팩트 체크, 미세먼지! 무엇이든 물어보세요」.

_____. 2021.2.10. "한·중 환경당국, 미세먼지 대응상황 합동 발표··· '양국 감소세 뚜렷'". https://www.korea.kr/news/policyNewsView.do?newsId=148883873.

환경부 국가미세먼지정보센터. https://www.air.go.kr.

환경부 수도권대기환경청. https://www.me.go.kr/mamo/web/index.do?menuId=590.

≪新华网≫. 2022.6.21. "李克强在河北考察时强调 扛稳保障粮食和能源安全责任 为稳经济大盘稳物价提供坚实支撑". https://www.chinanews.com.cn/gn/2022/06-21/9785467.shtml.

≪人民网: 人民日报海外版≫. 2022.6.22. "入夏以来, 全社会用电量逐步攀升: 迎峰度夏, 电力保供有信心". http://finance.people.com.cn/n1/2022/0622/c1004-32452616.html.

Colgan, J. D., J. F. Green and T. N. Hale. 2021. "Asset revaluation and the existential politics of climate change." *International Organization*, 75(2), pp. 586~610.

Gonzalez, G. A. 2012. *The politics of air pollution: Urban growth, ecological modernization, and symbolic inclusion.* SUNY Press.

Greenstone, M. and P. Schwarz. 2018. "Is China winning its war on pollution." Report from Energy Policy Institute at the University of Chicago.

Landrigan, P. J., R. Fuller, N. J. Acosta, O. Adeyi, R. Arnold, A. B. Baldé ⋯ and M. Zhong. 2018. "The Lancet Commission on pollution and health." *The lancet*, 391 (10119), pp. 462~512.

OECD. 2016. *The economic consequences of outdoor air pollution.* Paris, France: OECD.

Shin Sang Bum and Kim M. J. 2021. "The Effectiveness of the Central Environmental Inspection in China: The Case of Air Pollution Control Inspections from 2016 to 2019." ≪한중관계연구≫, 7(2), 1~31쪽.

Shin Sang Bum, Kim S. and Kang M. 2022. "Domestic Constraints of Sino-South Korean Environmental Cooperation: The Case of Trans boundary Air Pollution." *Analyses & Alternatives*, 6(1), pp. 161~194.

Statista Database. https://www.statista.com.

제3장

미세먼지 문제에 대한 시민의 대응

원주시 리빙랩 사례[*]

신상범 연세대학교 미래캠퍼스 국제관계학과

1. 들어가며

미세먼지 문제는 단기간에 해결될 수 없는 비교적 구조적인 환경문제 중 하나다. 일반적으로 도시의 대기질을 개선하기 위해서는 일정한 시간이 필요하며 이 과정에서 산업화, 소득 상승, 사회적 가치관의 변화 등 많은 사회적·경제적·정치적 요인이 영향을 미친다. 특히 미세먼지는 한 국가의 에너지 구조와 교통·운송 체계 자체를 전환함으로써 개선될 수 있는 경우도 많고 지형, 기후 등 자연조건의 영향도 많이 받는다. 여기에 만약 미세먼지가 국경을 넘어서는 환경문제(transboundary environmental problem)이며, 그중에서도 한쪽이 일방적인 원인 제공국이며 다른 한쪽이 피해국인 상류-하류 문제일

* 실험 과정을 처음부터 끝까지 기획하고 실행하고 마무리하신 원주시 지속가능발전협의회 이소정 부장님, 엄영철 팀장님, 제현수 국장님에게 감사의 말씀을 올린다.

경우 더욱 해결하기가 어렵게 된다. 한국은 국내에서 미세먼지가 생산됨과 동시에 중국 등 외부에서 발생한 미세먼지의 직접적인 영향을 받는 사례다. 특히 후자의 경우 우리의 국내 정책이나 어떤 자체적인 선택으로 해결하기 힘들다. 한국은 후자에서 특히 전형적인 상류-하류 문제에 속하는 사례다.

이처럼 미세먼지는 구조적인 문제이며 장기적인 관점에서 접근해야 하지만 그렇다고 해서 이에 대한 대응이 불가능한 것은 아니다. 기후변화 정책은 크게 완화(mitigation), 즉 기후변화의 원인을 파악하고 그 원인을 제거하는 것과 적응(adaptation), 즉 원인이 무엇이든 간에 기후변화를 기정사실로 받아들이고 이에 대한 대책을 모색하는 것으로 나눌 수 있다. 이렇듯이 미세먼지에 대한 대응 역시 완화와 적응으로 나눌 수 있다면, 완화는 비교적 구조적이고 장기적인 대응이지만 적응은 각 행위자가 자신이 가진 조건에서 미세먼지가 불러오는 피해를 최소화하는 방안을 마련하는 대응책일 것이다. 적응은 완화와 달리 정부와 공공기관의 정책에 의존하지 않고 시민이 직접 실천할 수 있다는 점에서 장점이 있다. 반면 적응은 시민 각자가 처한 상황이 다르므로 정부와 공공기관이 제공하는 미세먼지 데이터보다 정밀하고 개인 맞춤형의 데이터를 요구한다.

이 장은 시민들이 스스로 자신이 사는 환경에서 미세먼지 농도를 최대한 체계적으로 측정하고 그 결과를 바탕으로 미세먼지에 최소한으로 노출될 수 있도록 자기 삶의 패턴을 바꾸거나 여러 대응책을 마련해 보는 실험을 소개한다. 그리고 이 실험이 기존의 정부 정책과 어떤 차이가 있는지, 실험이 성공하기 위해 어떤 조건이 필요한지 등을 논의하는 것을 목적으로 한다. 실험은 2021년 9~12월 강원도 원주시에서 진행되었으며 모두 40여 명의 시민이 참가했다. 실험 설계와 사전 준비, 실험 진행, 사후 평가와 분석은 원주시 지속가능발전협의회와 연세대학교 리빙랩연구센터가 맡았다. 실험은 리빙랩

(living lab) 방식으로 설계되고 진행되었다.

리빙랩이란 지역의 문제를 주민 스스로가 해결하는 사회적 혁신 방식이다. 이 과정에서 혁신적 기술이 사용되거나 개발되는 경우도 많지만, 기술이 아니더라도 혁신적 아이디어와 노하우로 문제를 해결하는 예도 많다. 문제의 직접 당사자인 주민, 즉 시민은 지역의 다양한 행위자들, 예컨대 지방정부, 활동가, 시민 단체, 대학, 연구소, 기업 등과 협력해 문제를 정확히 진단하고 해결책을 모색하는 실험을 진행한다. 실험이 성공하면 그 결과로 얻어진 솔루션이 지역에 적용되고 이 과정이 참가자들의 특허 출원이나 창업으로 연결되기도 한다.

미세먼지는 원주시가 겪는 가장 심각한 환경문제 중 하나다. 미세먼지는 입자가 매우 작아 대기 중에 부유하는 물질로 대기에 있는 오염물질을 수반해 인체로 흡입되어 각종 질병을 유발한다. 미세먼지는 입자 크기를 기준으로 미세먼지(PM_{10})와 초미세먼지($PM_{2.5}$)로 나눌 수 있다. 특히 초미세먼지는 입자 크기가 작아 빗물로도 걸러지지 않으며 인체의 폐부 깊숙이까지 쉽게 들어올 수 있어 건강이 미치는 악영향이 더 크다. 원주는 한국에서 미세먼지와 초미세먼지 농도가 모두 가장 높은 지역 중 하나인데 이는 원주뿐 아니라 영서 지역의 전반적인 특징이기도 하다. 그 이유는 서풍을 타고 이동하는 미세먼지가 태백산맥과 소백산맥에 막혀 동쪽으로 더 이동하지 못하고 이 지역에 정체되기 때문이다. 연도별로는 한국의 다른 지역과 마찬가지로 원주에서도 미세먼지 농도가 2016년에서 2019년까지 매우 심했으나 준비상의 이유로 당시에는 실험을 시도하지 못했고, 코로나19 사태에 따라 미세먼지 농도가 어느 정도 낮아진 2021년에 진행했다. 그러나 2021년에도 여전히 원주의 미세먼지 농도는 다른 지역에 비해 높았으며, 2022년까지도 원주 시민들은 미세먼지를 지역 발전에 장애가 되는 가장 큰 문제로 인식하고 있다.

이 장은 다음과 같이 구성되어 있다. 2절에서는 리빙랩을 정의하고, 리빙랩의 방식과 단계 그리고 각 단계에서 시민이 어떻게 참여하는지, 그리고 국내외에 어떤 사례가 있는지 등을 소개한다. 3절에서는 원주시의 미세먼지 농도를 조사·분석하고 인근 지역과 비교한다. 4절에서는 원주 시민들의 미세먼지 실험 과정을 소개하고 결과를 분석한다. 마지막으로 5절에서는 결론과 함의를 제시한다.

2. 리빙랩과 사회적 혁신

리빙랩이라는 용어가 처음 유명해진 것은 미국의 한 대학교수의 실험 때문이었지만 실제로 지금까지 리빙랩이 가장 활발히 진행된 곳은 유럽이다. 리빙랩은 경제 발전, 소득 증대, 고용 안정, 주거 문제 해결, 보건 복지, 소수자 문제 등 거시적이고 구조적인 문제를 정부의 공적 정책으로 접근하는 것이 아니라 내가 사는 내 동네(neighborhood)에서의 문제로 환원해 미시적으로 접근하는 문제 해결 방식이다. 이는 사용자 주도 혁신이라는 리빙랩의 기본 원칙 때문이다. 즉, 나의 문제를 공적 권위체를 통해 해결하는 것이 아니라 내가 스스로 해결하는 것이 리빙랩의 가장 중요한 첫 번째 특징이다. 물론 이 과정에서 주민의 자발성만으로는 문제를 해결할 수 없다. 그 대신 지역에서 주민들이 겪는 문제에 공감하고 전문 지식이나 기술을 공급해 문제 해결에 동참하는 대학, 연구 기관, 시민 단체, 그 밖의 전문 기관들이 중요한 역할을 한다. 이렇듯 지역의 다양한 행위자의 협력에 따른 공동창조(co-creation)가 리빙랩의 두 번째 특징이다. 리빙랩의 세 번째 특징은 실험과 시민과학(citizen science)의 역할이다. 리빙랩은 계획을 통한 문제 해결이 아닌 실험과 시행착

오를 통한 문제 해결을 추구한다. 이 과정에서 실험이 실패할 수도 있으므로 실험 과정, 예산 확보, 집행 과정이 전반적으로 모두 유연하다. 또한 시민이 직접 자료를 수집하고 데이터를 만들어가는 과정이 필요하다. 이렇게 해서 형성된 시민과학은 실험과 혁신을 가능하게 하는 기반이 된다.

리빙랩은 기존의 주민 청원이나 주민 참여형 예산 제도 등 주민의 직접적인 참여와 비교해 몇 가지 차이점이 있다. 첫째, 주민 소환, 주민 투표, 주민 참여형 예산 제도, 청원과 민원 등은 모두 대의제를 보완해 주는 직접민주주의적인 기제이지만 이들을 통한 주민 참여는 여전히 제한적이며 정부 의존적이다. 물론 리빙랩도 한국에서는 정부 예산으로 진행되는 경우가 대부분이지만 기존 방식에 비해 유연하고 관청보다는 대학 등 지역 전문가를 활용한다는 점에서 주민 주도의 성격이 강하다고 할 수 있다. 둘째, 리빙랩은 혁신적 아이디어와 발상 전환에 의존하는 경우가 많으므로 기존의 참여 방식과는 달리 문제 해결책이 특정 정책 영역에만 머무르지 않는다. 예를 들어 독거노인 문제에 리빙랩 방식의 실험을 설계한다고 했을 때, 이 문제를 해결하기 위해 주거비를 감당하지 못하는 청년들이 독거노인의 집에 공동 거주하게 함으로써 독거노인 문제를 해결하는 동시에 청년 주거 문제도 해결하는 경우가 있다. 이처럼 리빙랩은 실제 현장에서 문제를 해결하기 위한 아이디어를 만들어가는 과정이기 때문에 주민이 참여해서 정책을 설계하거나 문제 해결을 촉구하는 기존의 방식과는 다르다.

리빙랩은 〈그림 3-1〉에서 보듯이 여덟 단계로 구성되어 있다. 첫 번째 단계는 아이디어 토론이다. 이 단계에서는 주어진 문제를 해결하기 위해 참여자들이 다양한 아이디어를 공유하고 토론한다. 각 참가자는 문제에 대한 이해도, 지식과 기술의 동원 능력 등에서 차이를 보이지만 오히려 이러한 차이가 혁신적인 아이디어를 도출하는 데 도움이 된다. 즉, 서로 다른 배경과 관

그림 3-1 리빙랩의 여덟 단계

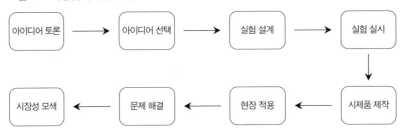

점을 가진 다양한 참가자가 모여 토론하면서 혼자서는 생각해 내지 못했을 획기적인 아이디어를 도출하는 것이 리빙랩 활동의 장점이다. 두 번째 단계는 이렇게 다양하게 전개된 아이디어 중 가장 적절하다고 생각되는 것을 최종적으로 선택한다. 첫 번째와 두 번째 단계에서 모두 일정한 형태의 거버넌스가 필요하다. 참가자 간의 관계를 최대한 수평적이고 포용적으로 만들어 줄 수 있는 규칙이 필요한데, 리빙랩에서 이러한 규칙은 주어진 것이 아니라 참가자들의 자유로운 선택으로 만들어지기도 하고 실패하기도 한다. 분명한 것은 기존의 도시 계획과 달리 참가자들의 자유로운 의사 결집으로 활동이 전개된다는 점이다.

세 번째와 네 번째 단계는 실험 설계와 실험 진행이다. 이미 도출된 아이디어를 가지고 구체적으로 어떻게 실험할지를 계획하고 실행하는 것이다. 이 과정에서 시민(주민)의 참여가 매우 중요한 역할을 한다. 실험 설계에서는 반드시 전문가의 조언과 협력이 필요하지만 그렇다고 해서 시민이 이 과정에서 수동적인 역할만을 하는 것은 아니다. 오히려 시민이 주도해 지역에 맞는 실험을 설계할 수 있고 전문가는 지식과 기술을 적용해 시민이 원하는 방향으로 실험이 진행되도록 보조한다. 이를 실험의 정치(politics of experiment)라고 한다. 이것은 특정 지역이라는 공간에서 특정 문제의 해결 국면이라는 한

정된 기간 내에 발생하는 참가자들의 상호작용으로 참가자들이 어떻게 규칙을 정하고 실험을 전개하는지에 따라 이 정치가 하향식(top down)으로 전개될지 아니면 상향식(bottom up)으로 전개될지 다르게 나타난다. 일반적으로 유럽과 비교해 동아시아에서는 좀 더 하향식 패턴을 보이지만, 같은 동아시아 내에서도 그리고 예를 들어 한국의 서울시 내에서도 많은 편차를 보인다. 즉, 리빙랩에서 실험의 정치는 기존의 정치와 비교해 덜 제도화되어 있지만 그만큼 역동적이며 다양한 양상의 정치가 가능하다.

다섯 번째와 여섯 번째는 시제품 제작과 현장 적용이다. 실험이 성공하면 적절한 솔루션이 도출되는데 이것은 시제품 형식으로 제작되기도 하고, 법이나 제도와 같은 정책으로 만들어지기도 하고, 아니면 새로운 규칙에 참가자들이 동의하는 방식으로 도출되기도 한다. 예를 들어 지역의 주차 공간 부족 문제의 경우 우선 외부 차량의 무분별한 주차를 막기 위해 주차 허가 애플리케이션을 개발해 외부 차량은 제한된 시간 동안만 주차를 허가해 주고 그 시간을 초과하면 안내 문자가 발송되는 시스템을 개발할 수 있다. 이와 함께 주민들이 스스로 주차난이 가장 심각한 요일, 시간대, 장소 등을 조사해 이에 맞는 규칙을 자발적으로 만들어 문제를 해결하는 솔루션도 가능할 것이다.

시제품, 즉 솔루션이 현장에 적용되어 문제 해결이 가능함을 입증하는 일곱 번째 단계를 지나 마지막으로 여덟 번째 단계는 시장성의 모색이다. 이렇게 문제가 해결되는 과정에서 개발된 아이디어와 기술 혁신이 창업 또는 특허 출원 등과 같이 새로운 가치의 창출로 이어지는 것이다. 물론 모든 리빙랩 사례에서 이것이 가능하지는 않으며 이것이 리빙랩의 필수 조건도 아니다. 중요한 것은 리빙랩이 이렇게 새로운 가치의 창출을 지향한다는 점이며 또한 사회적 혁신이라고 해서 구성원의 희생이나 공동체의 추가적인 재정 부담을 전제로 하지는 않는다는 것이다. 사실 리빙랩은 공적 영역이 담당해야

표 3-1 리빙랩에서 주민 참여

	설계	실행	평가
비참여			
정보 제공			
자문과 협의			
공동창조			

자료: Menny et al.(2018).

할 공공서비스를 주민이 자발적으로 기획하고 추진하는 과정이기 때문에 공공서비스를 위해 이미 세금을 납부한 시민들이 희생해 가며 문제 해결을 추진할 필요는 없다. 오히려 이 과정에서 시민들에게 새로운 비즈니스 기회가 창출된다거나 리빙랩의 경험이 시민 자신들의 향후 삶에 긍정적인 영향을 미친다면 이것이 리빙랩 참여의 중요한 동기가 된다.

리빙랩에서 가장 중요한 것은 공동창조이며 효과적인 공동창조를 위해 가장 결정적인 것은 주민 참여다. 리빙랩에서 주민 참여의 정도와 내용을 측정하고 분석하기 위해 기존 연구들은 참여의 단계와 정도, 참여 역할을 구분하는 지표들을 개발했다. 우선 〈표 3-1〉에서처럼 앞에서의 리빙랩의 여덟 단계를 세 단계로 단순화하고 각 단계마다 주민이 참여하는지, 한다면 어떤 역할을 하는지를 구분해 보았다. 어떤 경우 단순한 정보 제공, 즉 지역 상황에 대한 설명의 역할에 그치기도 하며, 다른 경우 주민들이 자문하거나 협의 과정에 직접 참여하고 더 나아가 모든 과정에 적극적으로 참여하는 공동창조의 수준까지 심화되고 확장되기도 한다. 이것은 리빙랩 사례들을 주민 참여의 관점에서 비교하고 분석할 수 있는 유용한 기준이 된다. 가장 이상적인 것은 리빙랩 실험을 설계하고 진행하며 도출된 솔루션을 현장에 적용하고 평가하는 리빙랩의 전 단계에서 주민들이 공동창조 수준으로 참여하는 것이다. 그러나 현실에서는 리빙랩 실험의 진행 환경이 되는 해당 지역이나 도시의 정치적·경제적·사회적 조건에 따라 주민 참여의 정도가 달라진다.

이와 비슷하게 한 선행 연구에서는 리빙랩에 참여하는 주민을 정보제공자(informants), 검증자(testers), 기여자(contributors), 공동창조자(co-creators)로 나누었다. 여기서 가장 바람직한 역할은 물론 공동창조자이지만 실제 유럽의 사례들을 보면 기여자의 역할이 많이 나타남을 보여주기도 한다. 또 다른 선행 연구에서는 주민 참여를 다섯 단계로 구분하는데 첫째, 정보 제공, 둘째, 자문과 협의, 셋째, 협력, 넷째, 협업, 다섯째, 역량 강화다. 여기서는 주민들이 단순히 협력 파트너로 머무는 것이 아니라 협력을 통해 질적으로 새로운 가치를 창출하고 협업의 실질적 주체가 되는 것을 바람직하게 평가한다. 이를 통해 궁극적으로 주민들의 역량이 강화되고 실제 권한이 주민들에게 부여되는 단계가 최종적으로 가장 완벽한 주민 참여 수준이다(신상범, 2022). 결국 리빙랩에서의 주민 참여는 하나의 정치 현상이다. 주민들이 문제 해결 과정을 주도하면서 사실상 정치적 결정과 집행 권한을 가지게 되며 수동적인 정책 수혜자에서 벗어나 정책을 직접 설계하고 집행하는 행위자가 된다.

리빙랩이 활발한 유럽의 많은 도시에서는 지역에서 주민, 활동가, 교수, 연구자, 전문가, 공무원 등이 협력해 지역 문제를 찾아내고 이를 해결하기 위한 창의적인 실험을 진행해 왔다. 이러한 시도는 2006년 유럽 전체의 네트워크가 결성되면서 더욱 고도화되었다. 수많은 실험의 성공과 실패에 관한 정보가 체계적으로 공유될수록 같은 실패를 반복할 확률도 줄어들고 혁신의 속도와 질도 개선된다. 이렇게 유럽에서 리빙랩은 연대(solidarity)의 물결이자 지역 문제를 주민들 스스로 찾아내고자 하는 문제의식을 강조하는 사회운동으로 발전했다. 한국에서 리빙랩은 2010년대 초·중반에 도입되었는데 리빙랩의 도입과 소개 과정에서부터 정부와 정부 관련 기관들, 특히 과학기술정보통신부, 행정안전부, 국토교통부와 그 산하 연구 기관들이 적극적인 역할을 했다. 그런데 도입 과정뿐 아니라 실제 리빙랩의 형성과 전개 과정도 아직까지는 대부분 정부 주도로 이루어지고 있다. 대부분의 리빙랩이 정부 부처가 주관하는 공모 사업의 형식으로 진행되고 있으며, 실험에 드는 예산도 대부분 중앙·지방 정부가 제공하고 있기 때문이다. 그러나 전반적으로 리빙랩은 한국에서 급속도로 확산하고 있고 유럽처럼 전국 네트워크뿐 아니라 대학 네트워크도 결성되었다. 특히 대학은 한국 리빙랩에서 중요한 역할을 하는데, 유럽에서처럼 대학이 지역에서 지식과 기술의 공급 기관 역할을 하기보다는 학생들이 교과·비교과 활동 차원에서 리빙랩 활동을 경험하고 성과를 내는 사례가 많기 때문이다.

이 장에서 사례로 분석하고 있는 원주시의 경우 2020년에 저자가 속한 대학에 리빙랩연구센터가 설립되어 원주 지역을 기반으로 활동을 시작했으며 2021년에는 '리빙랩을 하는 원주 사람들'이라는 모임이 자발적으로 결성되어 다양한 실험을 진행해 왔다. 원주는 1970년대 민주화 운동과 협동조합 운동의 중심지였으며 이후 계속해서 협동조합 등 사회적 경제가 활성화되고 있다. 또한 원주시에 소재한 네다섯 곳의 대학이 진행하는 지·산·학 협력 활동은 리빙랩을 가능하게 하는 중요한 자원이 되고 있으며 일부 대학에서는 '리빙랩과 사회혁신'이라는 수업을 진행하며 수업을 기반으로 하는 활동 모델을 만들기도 했다. 그 결과 코로나19 사태로 급증한 마스크 폐기물 문제를 해결하기 위해 버려진 마스크를 재활용해 장애인이 사용할 수 있는 생활 도구나 노인이 쓸 수 있는 돋보기 안경테로 제작해 기부하는 활동을 전개하거나, 독거노인의 우울증을 개선하기 위해 봉사자들이 찾아가 노인들의 삶을 그림엽서로 그리고, 이를 가족이나 시민 가족에게 전송하는 사회적 서비스를 제공해 우울증 개선 효과를 측정하는 실험을 진행하기도 했다. 최근까지도 다회용 배달 용기에 관한 실험 등 지역 문제의 해결을 위한 다양한 활동을 펼치고 있으며, 행정안전부가 주최하는 지역 혁신 플랫폼에 참여해 의제로 선정될 경우 지역에 있는 전문 기관들과 협업하며 리빙랩 활동을 전개하기도 한다.

3. 원주의 미세먼지 문제

2022년 5월 기준으로 원주시의 인구는 35만 9000여 명으로 강원도에서 가장 많은 인구를 보유한 도시이자 인구가 꾸준히 증가하는 몇 안 되는 도내 도시 중 하나다. 원주시의 인구 증가 원인은 기본적으로 노무현 정부 시절 수도권으로의 인구 집중을 막기 위해 추진했던 두 개의 국가 균형 발전 정책이었던 혁신도시와 기업도시를 전국에서 유일하게 모두 유치했기 때문이다(홍길종·배선학, 2021). 혁신도시와 기업도시 유치에 따른 공공 기관 이전과 기업 입주, 그에 따른 인구 유입으로 지역 경제가 활성화되었고 지역에 새로운 중심 거주 지역이 탄생했다. 하지만 이와 동시에 구도심이 공동화되면서 도시 외곽에 아파트 단지들이 확장하는 전형적인 분산형 도시 발전 패턴을 보였다. 또한 지정면, 소초면, 문막읍, 판부면 등에 입주하는 기업이 늘면서 산업공해도 증가했다. 자동차 수가 늘고 외부로부터 지속적으로 미세먼지가 유입되면서 미세먼지의 농도 역시 증가했으며, 앞서 언급한 것처럼 영서 지역의 지형 특성은 대기 정체를 유발해 미세먼지 농도를 증가시키는 역할을 했다.

2017년부터 미세먼지는 원주 시민들이 생각하는 가장 심각한 사회문제 중 하나가 되었으며 2018년 3월에는 '미세먼지 해결을 위한 원주시민포럼(미해포)'이 출범하기도 했다. 이 포럼의 출범은 원주 시민사회의 주요 활동 세력인 협동조합과 협동조합 네트워크 그리고 환경운동연합 등 환경 단체가 주

표 3-2 한국 주요 도시의 연평균 초미세먼지 농도 비교　　　　　　(단위: 년, $\mu g/m^3$)

	2015	2016	2017	2018	2019	평균
서울	23	26	25	23	25	24.40
부산	26	27	26	23	21	24.60
대구	26	24	23	22	22	23.40
인천	29	26	25	22	23	25.00
광주	26	23	24	24	23	24.00
대전	28	21	21	22	22	22.80
울산	25	23	25	23	20	23.20
세종	-	23	23	21	26	23.25
춘천	26	27	24	21	22	24.00
강릉	20	27	25	20	18	22.00
원주	**34**	**35**	**32**	**28**	**26**	**31.00**

자료: 국립환경과학원(2020).

축이 되었으며 당시에 극심한 미세먼지 문제에도 불구하고 SRF(Solid Refuse Fuel, 고형 연료 제품) 열병합발전소를 건립하려고 했던 시 당국에 대한 누적된 불만의 표출이기도 했다. 〈표 3-2〉와 〈표 3-3〉에서 보는 것처럼 원주는 미세먼지 문제가 가장 심각한 도시 중 하나였다. 〈표 3-2〉는 2015~2019년 5년간 한국 주요 도시들의 초미세먼지 농도를 보여준다. 5년 평균값을 보면 원주가 가장 높은 것을 알 수 있는데, 사실 전체 154개 도시 중 같은 기간의 평균값이 원주보다 높은 곳은 익산과 증평 두 곳뿐이고 이들의 평균값은 $32\mu g/m^3$였다. 그나마 증평은 2018~2019년 두 해의 평균값이었다. 〈표 3-3〉의 경우 같은 기간 미세먼지 농도를 보여주는데 이 역시 원주가 가장 높다. 표에는 나타내지 않았지만, 전국 154개 도시 중 원주보다 평균값이 높았던 곳은 총 13개 도시였다. 따라서 원주는 미세먼지와 초미세먼지 모두 강원도에서 가장 심

표 3-3 한국 주요 도시의 연평균 미세먼지 농도 비교   (단위: 년, $\mu g/m^3$)

	2015	2016	2017	2018	2019	평균
서울	45	48	44	40	42	43.8
부산	46	44	44	41	36	42.2
대구	46	43	42	39	39	41.8
인천	53	49	46	40	43	46.2
광주	43	40	40	41	42	41.2
대전	46	44	45	44	42	44.2
울산	46	43	43	40	37	41.8
세종	-	46	47	40	44	46.0
춘천	53	49	45	40	43	46.0
강릉	48	47	44	36	36	42.2
원주	58	52	50	43	44	51.0

자료: 국립환경과학원(2020).

각한 도시이며 한국 전체에서도 가장 심각한 도시 중 하나라고 볼 수 있다.

2015~2019년은 한국에서 미세먼지 농도가 가장 심했던 시기로 이 기간의 데이터는 이후 데이터보다 지역 간 편차 확인을 위해 더 적절하다고 볼 수 있다. 2020년부터는 코로나19 사태에 따라 전 세계적으로 전반적으로 미세먼지 농도가 급격히 낮아졌으며 한국도 마찬가지였다. 이후 현재까지 미세먼지 농도는 2020년 이전보다 전반적으로 낮아진 상태를 유지하고 있으며 문제가 극심한 지역과 그렇지 않은 지역 간의 격차도 많이 줄었다. 그러나 여전히 격차는 확인되고 있으며 원주는 여전히 농도가 높은 것으로 확인된다[에어코리아 시도별 대기정보($PM_{2.5}$)].

생명협동 운동의 전통이 강했던 원주 시민사회는 포럼(미해포) 결성을 통해 다양한 활동을 전개했지만 구체적인 대안을 마련하지는 못했다. 이는 앞서 언급한 것처럼 미세먼지가 기본적으로 구조적인 문제이고, 외부 유입 원인이 크기 때문에 원주시 자체의 노력으로 개선될 수 있는 여지가 크지 않았기 때문이다. 당시 춘천시 등 다른 지역에서 시도했거나 구상했던 방안들은 바람숲길을 조성해 정체된 공기를 이동시키는 방안이나 미세먼지 농도가 극심할 때 차량 2부제를 시행하는 방안 등이었는데, 사실 이러한 정책들도 실효성을 확인할 수는 없었다. 원주 시민사회의 요구는 시 정부가 이 문제를 공론화해 시민과 함께 해결해 보자는 것이었고, 시 정부는 미세먼지 숲 조성 등 몇몇 대응책을 시행했지만 이 과정에서 시민 참여의 적절한 통로를 마련하지는 않았다.

그러나 당시 무엇보다 시급했던 문제는 미세먼지의 농도를 정확히 측정해 믿을 수 있는 데이터를 확보하는 것이었다. 이는 원주뿐 아니라 한국의 모든 도시에 해당하는 문제였다. 한국 도시의 미세먼지 측정은 미세먼지는 대체로 2010년부터, 초미세먼지는 2015년부터 실시해 왔다. 하지만 누락된 데이터가 많아 일단 기본적으로 데이터 자체가 부실하다. 또한 측정소가 대부분 건물 옥상 등 상대적으로 높은 곳에 있어 인체에 미치는 영향을 측정하려는 목적에 부합하지 않는 경우가 많고, 측정소 자체가 부족해 더욱 세밀한 데이터를 만들지 못하고 있다. 원주시의 경우 중앙동, 반곡동(명륜동), 문막읍 세 곳에 측정소가 있으나 미세먼지는 지형, 건물 구조, 바람 등 다양한 요인의 영향을 받기 때문에 보다 많은 측정소가 필요하다. 전문가들은 원주시의 인구와 면적을 고려했을 때 약 50개의 측정소가 있어야 정확한 지역별 측정이 가능하며 이를 통해 지역별 평균 미세먼지 농도의 차이를 확인할 수 있다고 한다.[1] 해외의 경우 지역별로 미세먼지 농도의 차이를 측정하고 분석한 결과 저

---

1   미세먼지 측정 전문가와의 인터뷰(2021년 5월).

소득층이나 소외 계층이 많은 지역일수록 미세먼지에 더 많이 노출된다는 의미 있는 결론을 도출하기도 했다(Tessum et al., 2021). 결국 미세먼지 문제에 대응하기 위해 가장 중요한 것은 정밀한 데이터를 확보하고 이를 바탕으로 원주 시내 지역별로 문제를 진단하는 것이다.

4. 실험 과정과 결과 분석

1) 실험 배경과 개요

앞에서 언급한 것처럼 원주는 전국에서 미세먼지 문제가 가장 심각하다. 하지만 행정부에서 대책을 마련하려는 노력이 부족하자 원주 시민사회가 조직을 결성해 대응하기 시작했다. 몇 번의 전문가 특강과 시민들의 의견 수렴 등을 진행했으나 포럼 역시 적절한 해결책을 찾지 못했다. 결국 시민사회에서 수렴된 의견은 시민 스스로 문제 해결을 위한 모임을 구성해 노력해 보자는 것이었다. 이에 원주시 지속가능발전협의회가 주축이 되어 미세먼지 사회문제해결단을 구성하기로 합의하고 원주시와 협의해 문제 해결을 위한 리빙랩 절차를 진행하기로 했다. 리빙랩의 교육과 가이드는 연세대학교 리빙랩연구센터에서 맡았다. 원주시 지속가능발전협의회는 이미 몇 년 전부터 미세먼지 측정 시스템을 개선하는 문제에 집중하고 있었는데, 그 이유는 앞에서 언급한 대로 다른 도시와 마찬가지로 원주에서도 미세먼지 측정소가 꽤 오래전에 설치되어 변화된 도시의 현실과 맞지 않으며 보다 정밀한 측정이 필요하다는 문제의식에서였다.

실험은 다음과 같이 기획되었다. 먼저 2021년 7월에 세 차례에 걸쳐 리빙랩에 대한 사전 교육이 진행되었다. 이 교육에는 시청 공무원, 일반 시민, 학생 등이 참여했는데, 이들 대부분은 미세먼지 사회문제해결단으로서 직접 리빙랩 활동을 실행할 의사가 있는 사람들이었다. 교육에서는 리빙랩의 의미와 특징, 한국과 유럽에서 리빙랩을 통한 사회적 혁신 사례, 리빙랩 절차와 방법, 리빙랩 실행 과정에서의 문제점과 주의 사항, 원주시의 리빙랩 현황 등을 내용으로 참가자들에게 리빙랩에 대한 오리엔테이션을 제공했다. 이와 동시에 원주시 미세먼지 문제에 대한 전문가 특강도 진행했다. 이 특강에서는 미세먼지 발생의 원인, 미세먼지의 특성과 인체에 미치는 영향, 미세먼지의 올바른 측정 방법 등이 포함되었다.

　교육과 특강이 진행된 후에 40여 명의 참가자를 확정해 1차 모임을 진행했다. 1차 모임에서는 "내게 만일 미세먼지 측정기가 주어진다면?"이라는 주제로 조별 토론을 했고 이를 통해 다양한 의견을 교환했다. 각자 미세먼지에 관해 어떤 관심이 있는지, 언제 어디서 왜 어떻게 미세먼지를 측정하고 싶은지를 발표했고 전문가들이 이에 의견을 제시했다. 이 토론을 바탕으로 참가자들은 1차로 실험 계획서를 제출했고, 전문가들이 이 계획서에 검토 의견을 제시했다. 참가자들은 검토 의견을 반영해 실험 계획서를 수정하고 2차 계획서를 제출했다. 제출된 실험 계획서가 최종 승인되어 측정기가 지급되고 실험을 진행했다. 2021년 12월 초까지 모든 실험이 마감되었고 실험 결과를 공유하고 토론하는 발표회를 끝으로 모든 실험 절차가 종료되었다. 제출된 실험 계획서에 명시된 실험 주제의 예시는 〈표 3-4〉에 요약되어 있다. 실험 주제는 크게 세 가지로 나눌 수 있는데 첫째, 장소, 둘째, 행위, 셋째, 효과다. 장소는 특정 장소나 지역에 따라 미세먼지 농도의 차이를 확인할 수 있는지를 파악하는 것이고, 행위는 특정한 행위가 미세먼지 농도를 가중시키는지, 효과는 특정한 처치가 미세먼지의 감소에 도움이 되는지를 파악하는 것이다.

표 3-4 실험 주제 예시

분류	주제
장소	차량 내 미세먼지 농도 측정 및 개선 방안 실험
	농촌 지역과 도심의 미세먼지 농도 비교
	도심 지역과 부도심 지역의 미세먼지 농도 비교
	원주 시내의 주요 산책로(원주천변, 둘레길 등)의 시간대별 미세먼지 농도 측정
	아파트 단지 내 어린이 놀이터의 위치에 따른 미세먼지 농도 차이 측정
	아파트 층수별 미세먼지 농도 측정 비교
	도로 근접 주택과 도로에서 떨어진 주택의 실내 미세먼지 농도 비교
	원주시 자전거 도로 구간별 미세먼지 측정
행위	흡연 구역의 미세먼지 측정(흡연이 미세먼지 농도 증가에 미치는 영향)
	차량 공회전에 따른 미세먼지 변화 측정
	가정 내 음식 조리 전후 미세먼지 변화 측정
	화목 난로 사용에 따른 실내 미세먼지 농도 측정
	학생 활동 전후 학생 체육관 내 미세먼지 농도 변화 측정
	'중앙청소년문화의집' 내에서 상황별(학생 활동별) 미세먼지 농도 변화 측정
효과	공기청정기 작동 유무에 따른 실내 미세먼지 농도 변화 측정
	아파트 환기 시설 작동 유무에 따른 실내 미세먼지 농도 변화 측정
	공기 정화 식물의 미세먼지 농도 감소 효과 측정
	KF94 마스크와 기타 마스크의 미세먼지 투과율 비교
	가습기 작동에 따른 실내 미세먼지 농도 변화 측정
	청소 방법에 따른 실내 미세먼지 농도 변화 측정

최종 실험 결과 보고서 제출을 기준으로 볼 때 실험 참가자는 총 39명이며 이 중 약 25%가 남성이며 75%가 여성이다. 이들은 10대부터 60대까지의 연령대로 구성되었으며 이 중 30대와 40대가 75%를 차지한다. 실험은 기본적으로 개개인이 진행했으나 일부의 경우 팀으로 진행하기도 했다. 예를 들어 같은 아파트의 고층과 저층에 사는 참가자들이 있다면 이들은 팀을 구성해

실험을 진행했다. 또한 시간적인 제약 탓에 실험 참가에 제한이 있는 실험 참가자가 있다면 여러 명이 협력해 같은 장소에서의 시간대별 차이를 분담해서 측정하기도 했다.

2) 실험 결과

한 명의 참가자가 사정으로 실험을 진행하지 못한 경우를 제외하면 거의 모든 실험 참가자가 실험 계획서에 명시된 실험을 완수했다. 실험을 완수한 것 자체가 참가자들이 자신에게 꼭 필요하고 중요한 주제를 스스로 선택했음을 말해준다. 예를 들어 자동차 내부의 미세먼지를 측정하고 차량 내 대기 순환 모드의 적절한 작동을 통해 미세먼지 농도를 최소화하는 방안을 모색하려고 했던 참가자는 장시간 차량 내에 머물러 있어야 하는 직업을 가진 사람이었다. 또한 도로변에 있는 주택에 거주하는 참가자는 평소에 궁금했던 미세먼지 노출 정도를 파악하고자 했다. 이러한 각자의 동기가 실험을 완수하는 데 결정적인 역할을 했다.

실험 과정이 얼마나 체계적이었는지는 실험 참가자별로 편차가 있다. 실험 결과에 따르면 대부분의 실험 참가자가 원래 계획대로 실험을 진행했지만, 일부는 실험에 영향을 미칠 다른 조건들을 최대한 통제해 과학적 엄격성을 높이려고 노력하기도 했다. 반대로 일부는 조건을 제대로 통제하지 못해 실험 목적을 달성할 수 없었던 경우도 있으며, 실험 설계에 문제가 있어 다른 주제로 새롭게 설계할 것을 권유했으나 시간이 부족해 그대로 진행한 사례도 있었다. 그러나 실험을 주관한 기관과 운영자들은 이러한 차이를 좁히기 위해 적극적으로 노력하지는 않았다. 왜냐하면 기본적으로 이미 미세먼지 농도가 많이 완화된 2020년 이후 그리고 연중 농도가 가장 낮은 9월에 실험을

표 3-5 실험 결과 예시

사례 1: 자전거 주행 코스의 미세먼지 측정
실험 참가자가 매일 이용해 온 자전거 주행 코스의 미세먼지 농도를 날짜별, 구간별, 시간대별로 측정해 보았다. 총 28일 동안 오전, 정오, 오후로 나누어 집에서 출발해 목적지까지 이동하면서 8~9개 측정 포인트에서 미세먼지 농도를 측정했다. 이 결과 날짜와 시간대에 상관없이 특정 포인트에서 미세먼지 농도가 일관되게 높게 나타남을 확인할 수 있었다. 참가자는 자전거 주행의 시간대를 조절하는 방법이 아니라 주행 코스를 조절해 미세먼지에 덜 노출될 수 있음을 확인했다.

사례 2: 놀이터별 미세먼지 농도 측정
실험 참가자들은 두 개의 놀이터를 정해 두 놀이터 중 어떤 곳의 미세먼지 농도가 더 높게 측정되는지를 조사했다. 2인 1조가 되어 두 달 동안 주 1회 정도의 간격으로 같은 시간대에 동시에 두 놀이터의 미세먼지 농도를 측정했다. 측정 결과 놀이터별 차이가 아니라 각 놀이터에서 차량 통행량과 공사 진행 여부 등에 따라 농도가 달라지는 것이 더 의미 있게 나타남을 확인할 수 있었다.

사례 3: 도심 산책로의 미세먼지 농도 측정
실험 참가자는 원주 시내 두 산책로에서 1달 동안 미세먼지 농도를 측정했다. 첫 번째 지역은 야산으로 평지보다 고도가 높았으며 평지와 다른 수치를 보였다. 두 번째 지역은 산책로인데 바람이 잘 통하는 곳이어서 바람에 따라 미세먼지 수치가 매우 달라짐을 알 수 있었다. 따라서 고도, 바람, 지형 등 다양한 조건에 따라 미세먼지 측정값이 달라질 수 있음을 확인할 수 있었다.

사례 4: 캠핑 시 사용하는 우드스토브의 미세먼지 발생 효과 측정
캠핑장에서 우드스토브(화로대)를 설치해 숯과 나무를 태우는 과정에서 미세먼지 농도가 얼마나 높아지는지를 측정했다. 또한 우드스토브에서 떨어져 앉아 있는 거리에 따라 나타나는 미세먼지 농도의 차이를 세밀히 측정해 보았다. 측정 결과 우리가 캠핑할 때 숯이나 장작을 이용해 요리하거나 장작불 주변에서 대화도 나누고 이른바 '불멍'을 하는 등의 과정에서 미세먼지에 많이 노출된다는 것을 알 수 있었다. 또한 장작과의 거리가 가까울수록 미세먼지 농도가 더 높아짐을 알 수 있었다.

시작했으므로 이번 실험을 통해 완결적인 결론을 내리기보다는 참가자들에게 리빙랩의 의미와 주민이 주도하는 문제 해결의 가능성을 체험하게 하는 것이 더 큰 목적이었기 때문이다.

〈표 3-5〉에서 보는 것처럼 참가자들은 실험 결과 다양한 결론을 도출할 수

표 3-6 설문 문항과 결과

문항 1	나는 이번 리빙랩 활동을 계기로 리빙랩에 대해 긍정적으로 생각하게 되었다.				
	매우 그렇다	그렇다	보통이다	그렇지 않다	매우 그렇지 않다
	23	8	-	-	-
문항 2	나는 이번 활동을 계기로 지역 문제 해결에 있어서 시민의 참여가 중요하다는 생각을 하게 되었다.				
	매우 그렇다	그렇다	보통이다	그렇지 않다	매우 그렇지 않다
	27	4	-	-	-
문항 3	나는 리빙랩이라는 사용자 주도 혁신이 기존 중앙 및 지방정부의 행정보다 더 지역 문제 해결에 있어서 효과적이라고 생각한다.				
	매우 그렇다	그렇다	보통이다	그렇지 않다	매우 그렇지 않다
	21	8	2	-	-
문항 4	나는 이번 활동을 계기로 우리 지역의 다른 문제 해결을 위한 리빙랩 실험에도 참여할 의사가 있다.				
	매우 그렇다	그렇다	보통이다	그렇지 않다	매우 그렇지 않다
	19	9	3	-	-
문항 5	나는 지역 문제 해결에 있어서 정당과 의회가 중요한 역할을 한다고 생각한다.				
	매우 그렇다	그렇다	보통이다	그렇지 않다	매우 그렇지 않다
	14	10	6	1	-
문항 6	나는 차기 대선에서 누가 대통령이 되느냐가 내 지역의 문제 해결과 주민의 삶의 질 향상에 중요한 영향을 미친다고 생각한다.				
	매우 그렇다	그렇다	보통이다	그렇지 않다	매우 그렇지 않다
	16	9	4	2	-
문항 7	이번 활동에서 가장 아쉬웠던 점이나 불만이었던 점은?				
	• 미세먼지 문제가 심한 시기 혹은 계절에 실험을 다시 했으면 한다. • 실험 기간 중 전문가의 도움을 받을 수 있었으면 좋겠다. • 실험 기간이 길었다면 더 의미 있고 흥미로운 실험을 많이 했을 것이다.				

주: 응답자는 31명이다.

있었으며 대부분 크고 작은 대안을 마련하는 데 함의를 제공해 주는 결론이었다. 예를 들어 향후 놀이터의 입지는 도로에서 될 수 있으면 떨어진 곳으로 정할 필요가 있다거나, 자전거 주행 코스를 만들 때 미세먼지 농도를 고려해 코스를 설계한다거나, 주차장에서의 공회전과 같은 행위가 미세먼지 농도를 증가시키므로 이를 금지하는 규칙을 만들어야 한다는 등의 정책적 함의를 제공해 줄 수 있었다. 또한 정책이 아닌 개인의 생활 방식이나 습관의 변화 그리고 특정 효과의 유무 등 개인의 선택으로 미세먼지 문제에 적극적으로 대응해야 할 필요성을 발견하는 사례도 많았다.

실험 이후 참가자들을 상대로 설문 조사를 실시했다. 문항은 〈표 3-6〉과 같이 7개이며 모두 31명이 응답했다. 응답자들은 대체로 이번 실험을 계기로 리빙랩을 긍정적으로 생각하게 되었으며, 리빙랩의 효과성을 높이 평가하고, 향후 리빙랩에 적극적으로 참여할 의사가 있다고 했다. 반면 내 지역의 문제 해결을 위해 정당, 의회, 대통령 선거와 같은 기존의 정치 제도들 역시 여전히 중요하게 생각한다고 응답했다. 이는 리빙랩이 중요하고 의미 있다고 생각하지만 그렇다고 해서 그것이 기존 정치 제도를 완전히 대체할 수 있다고 생각하지는 않음을 의미한다. 그리고 7번 문항에서는 대체로 실험의 시기와 기간이 조정되어야 하며, 실험이 진행되는 과정에서 전문가의 도움을 요청할 수 있었으면 좋겠다는 의견 등이 제시되었다.

3) 분석과 의의

이상의 실험 과정을 시민 참여의 관점에서 분석한다면 〈표 3-7〉에서 보는 것처럼 이 사례는 미세먼지 문제 해결을 위한 리빙랩 실험의 설계, 실행, 평가의 모든 단계에 시민들이 적극적으로 참여한 경우다. 먼저 설계의 경우 참여자들은 각자가 가진 궁금증과 문제의식을 바탕으로 자유롭게 실험을 설계했으며 전문가의 조언을 바탕으로 설계를 수정하거나 새로운 주제를 택해서 실험 계획을 스스로 완성했다. 실행의 경우에도 지급된 미세먼지 측정기를

표 3-7 참여의 정도

	설계	실행	평가
비참여			
정보 제공			
자문과 협의			
공동창조	○	○	○

사용해 실험 계획에 맞추어 실험을 진행했고 이를 바탕으로 스스로 데이터를 만들었다. 마지막으로 평가의 경우 평가회를 개최해 참여자들의 실험 결과를 공유하고 이에 대한 자신의 평가와 동료 평가를 진행했다. 따라서 시민들은 단순히 지역 문제에 대해 정보를 제공하거나 자문을 하는 정도의 참여가 아니라 실제로 리빙랩의 전 과정을 주도적으로 수행했다고 할 수 있다. 이는 공동창조의 수준으로 참여한 경우로 리빙랩에서 가장 이상적인 수준과 내용의 시민 참여 방식이다. 물론 리빙랩의 기획 자체를 시민들이 한 것은 아니지만 이미 그 전에 시민들이 자발적으로 문제를 제기하고 대안을 모색하는 활동을 전개해 온 것이 바탕이 되었기에 지역 기관들이 리빙랩 활동을 기획할 수 있었음은 분명하다.

이 실험이 가지는 의의는 다섯 가지로 설명할 수 있다. 첫째, 이 실험은 한국에서 진행된 리빙랩 실험 중에서 예외적으로 다수의 시민이 참여해 다수의 실험이 동시에 전개된 사례다. 한국에서 리빙랩은 주로 정부가 주관하는 공모전 형식으로 진행되는 경우가 많다. 공모전이 기획되면 지역에서 관심 있는 활동가, 주민, 지역 소재 대학생 등이 자신이 생각하는 문제와 아이디어를 가지고 개별적으로 혹은 팀을 이루어 공모전에 참여한다. 공모전에 당선된 팀이나 개인은 주최 측의 재정 지원과 다양한 조언을 받아 자신이 계획한 실험을 정해진 기간 내에 수행하고 결과를 보고하고 공유한다. 따라서 특정 지역에서 리빙랩 공모전이 열리면 다양한 문제를 제기하고 다양한 팀이 구성되어 각자 실험을 진행하는 것이 일반적인 방식이다. 하지만 이번 미세먼지 실험은 한 지역에서 공통된 한 주제를 가지고 다수의 팀이 구성되어 각자 방식대로 문제를 설정하고 실험을 설계해 본 사례로 의미가 있다. 이러한 형식의 실험은 지역의 대표적인 문제를 다루는 리빙랩 활동에 다수가 집단으로 참여함으로써 문제를 공론화하고 해결책의 실현 가능성을 높이는 효과가 있다. 또한 만약 해당 지역에 이러한 경험을 공유할 만한 플랫폼이 있다면 실험이 지속되고 더욱 확대될 가능성도 있다.[2]

둘째, 시민들은 결과 발표회에서 리빙랩의 경험을 통해 지역 문제를 해결할 때 청원이나 민원 같은 소극적이고 수동적인 방식이 아니라 자신이 직접 문제 해결을 주도하는 새로운 방식이 가능하다고 느낀 점이 가장 인상 깊었다고 했다. 이것은 리빙랩을 통해 새로운 형태의 정치 참여가 가능함을 의미한다. 한국의 민주주의는 대통령 선거처럼 직접민주주의적 요소와 대의제와 같은 간접민주주의적 요소를 다 가지고 있는데 막상 시민이 직접적으로 정치에 참여하는 통로는 제한적이다. 일반 시민의 직접적인 정치 참여는 주로 투표나 청원, 국민 참여 예산제에 참여, 주민 소환 때의 투표 등에 국한되어 있다. 그 밖에는 시민이 스스로 정치 집단을 조직하거나 일인 시위를 하는 등의 방식이 있으나 역시 제한적이다. 반면에 리빙랩은 정치를 문제 해결 중심으로 접근하며, 지역 문제 해결과 가치 창출이라는 두 개의 인센티브가 있고,

---

2   원주의 리빙랩 플랫폼 중 하나로 연세대학교 리빙랩연구센터가 있다. 이 센터의 홈페이지에
     미세먼지 리빙랩 활동과 그 밖의 다양한 리빙랩 활동이 소개되어 있다(https://llw.yonsei.
     ac.kr).

이것을 타자로부터 제공받는 것이 아니라 자신이 스스로 만들어낸다는 점에서 정치의 유용성과 효능감이 제고될 가능성이 있다. 여기서 문제는 이러한 실험의 정치와 시민과학이 어떻게 기존 정치를 제도적으로 보완할 수 있는지를 모색하는 것이다.

셋째, 이 사례는 거시적이고 구조적 문제를 미시적이며 즉각적인 문제로 환원해 접근하는 방법을 사용했다는 점에서 의미가 있다. 앞서 언급한 것처럼 미세먼지 문제는 개인의 선택으로 쉽게 해결될 수 있는 문제가 아니며 자연적·지리적 조건, 기후, 경제 발전의 정도나 경제구조, 인접국과의 관계 등에 영향을 받는다. 이 중에 지리적 조건처럼 인간의 선택으로 도저히 바꿀 수 없는 조건들도 있으며, 경제 발전의 정도나 경제구조처럼 바꿀 수는 있으나 시간이 오래 걸리는 조건들도 있다. 이 실험은 기후변화의 두 정책인 완화와 적응에서 적응에 해당하는 대응 전략에 초점을 맞추어 각자 자신이 속한 조건에서 최대한 미세먼지에 덜 노출될 만한 방안을 마련하는 것을 목적으로 했다. 이 실험 결과는 미세먼지 농도의 지역별 차이를 보여주는 연구보다 직접적으로 실행 가능한 대안과 함의를 제공한다. 전자의 경우 연구와 실험 결과 특정 지역의 미세먼지 농도가 이웃 지역보다 일관되게 높게 관찰될 경우, 이 연구와 실험이 주는 적용 가능한 정책적인 함의는 거주지를 이전하는 것 정도일 것이다. 그러나 이 실험의 결과로 얻게 된 정보는 실험 참가자가 다양한 대응 전략을 수립할 수 있도록 도와준다. 즉, 같은 지역에 사는 사람들도 직업, 생활 방식, 동선, 생활 반경 등에 따라 다양하게 대응 전략을 마련할 수 있다.

넷째, 이 실험은 글로벌(global) 문제를 로컬(local)에서 대응하는 글로컬(glocal) 방식의 문제 해결을 시도했다는 점에서 의미가 있다. 오늘날 팬데믹이나 기후변화 등의 글로벌 위기에서 보듯 모범적이어야 할 주요 선진국들이 적절한 리더십을 보여주지 못했으며 그렇다고 해서 국제기구들이 잘 작동하지도 않았다. 코로나19가 확산되었지만 국가들은 서로 협력하지 않았고 세계보건기구는 백신 불평등과 같은 문제에 적절히 대응하지 못했다. 정작 글로벌 문제를 해결하기 위한 의미 있는 실험과 도전들은 전 세계 곳곳의 로컬에서 진행되고 있다. 해양 쓰레기를 수거하는 혁신적인 로봇 배 기술을 개발하고, 마을 재생에너지 발전소를 만들어 탄소 중립에 기여하며, 팬데믹에 따라 손상된 도시의 회복탄력성(resilience)을 높이는 로컬의 다양한 활동이 국제체제 수준에서의 협력보다 의미 있는 결과를 만들고 있다. 사실상 우리가 글로벌 문제에 대한 유일하게 실행 가능한 해결책은 로컬에서 각자 실천하는 것밖에 없다고 볼 수도 있다. 기후변화 문제에서 보듯이 각국이 제시한 탄소 중립 계획을 모두 차질 없이 이행한다고 해도 파리협정(Paris Agreement)에서 논의한 온도 목표에 도달하지 못한다는 것이 기정사실화되었다. 그러나 막상 전 세계 곳곳의 로컬에서는 이와 상관없이 자체적으로 온실가스를 줄이기 위한 노력을 끊임없이 전개하고 있다. 이 실험 역시 이러한 글로컬 방식의 문제 해결에 속하는 사례라고 볼 수 있다. 한국과 중국 간의 미세먼지 문제에 관한 논의와 협력은 거의 진행되지 못하고 있으나 그러한 국가 간 노력과 상관없이 로컬에서는 이 문제에 적극적으로 대응하려는 자체적인 시도가 진행된 것이다.

다섯째, 이 실험은 리빙랩의 핵심 특징 중 하나인 시민과학 형성의 전형적인 사례다. 즉, 미세먼지 문제의 심각성을 파악하는 과정에서 정부가 기존에 제시하는 데이터에 의존하지 않고 스스로 미세먼지 농도를 다양하게 측정해 데이터를 만들어본 것이다. 운영진은 실험을 위한 준비 과정에서 학문적으로 의미 있는 수준의 데이터를 만들기 위해 어떻게 미세먼지 농도를 측정해야 하는지 등에 대해 구체적으로 안내해 주지 않았다. 그러나 많은 실험 참가

표 3-8 자전거 도로 미세먼지 측정 사례　　　　　　　　　　　　　　　　(단위: $\mu g/m^3$)

측정일	측정 장소	측정 시간	측정 결과	
			미세먼지	초미세먼지
10월 1일	북원주 IC 다리 밑	07:15	48	28
	배말타운(아파트)	07:50	77	52
	대왕염소탕	08:15	48	35
	날으는자전거	08:41	55	37
	금대리주차장	08:49	39	28
	금대야영장 입구	08:58	40	26
	집(도착)	09:27	52	38
10월 2일	집(출발)	05:58	65	36
	새벽시장	06:15	81	48
	영진2차아파트	06:28	58	39
	북원주 IC 다리 밑	07:11	54	33
	배말타운(아파트)	07:55	72	48
	대왕염소탕	08:21	50	33
	날으는자전거	08:52	51	38
	금대리주차장	09:15	44	35
	금대야영장 입구	09:30	47	28
	집(도착)	09:45	62	35

자들은 스스로 판단해 체계적인 측정을 시도했고 그 결과 역시 잘 보여주었다. 〈표 3-8〉은 한 실험 참가자가 자신이 매일 이용하고 있는 자전거 도로의 구간별 미세먼지 상황을 실험 기간인 28일 동안 오전과 오후로 나누어 측정한 결과 중 일부다. 〈표 3-9〉의 실험 참가자는 원주시가 발표하는 미세먼지 수치(실험 지역과 가장 가까운 측정소의 값)와 자신이 직접 측정한 값이 얼마나 차이가 나는지를 확인하고자 했다. 〈표 3-10〉은 측정 당일의 기상 조건에 따라

표 3-9 원주시 측정값과 리뱅랩 실험 참여자가 직접 측정한 값과의 차이   (단위: $\mu g/m^3$)

날짜	발표 수치	p1	p2	p3	p4	p5	p6	p7	p8	p9	p10	p11
10/19 중앙동	PM_{10}	76	36	38	37	35	35	37	57	42	48	51	39
	$PM_{2.5}$	43	22	21	21	23	20	21	22	21	22	22	21
10/29 중앙동	PM_{10}	15	22	16					43	21	26	31	
	$PM_{2.5}$	5	8	10					11	12	13	14	
11/01 중앙동	PM_{10}	35	72						75				
	$PM_{2.5}$	18	37						35				
11/03 중앙동	PM_{10}	29	71	57					73	76	78	83	73
	$PM_{2.5}$	20	33	31					34	34	33	36	32
11/04 중앙동	PM_{10}	58	82	100	102	114	109		121	114	107	123	
	$PM_{2.5}$	33	50	56	54	54	52		54	55	59	58	
11/15 중앙동	PM_{10}	39			31	23		19	23				
	$PM_{2.5}$	17			12	11		12	12				
11/20 중앙동	PM_{10}	116	192	175	174			169	181	172	173	180	167
	$PM_{2.5}$	68	91	94	90			86	81	86	85	86	85
11/21 중앙동	PM_{10}	101	140	134	169	172	180	175	195	183	178	164	167
	$PM_{2.5}$	61	75	77	81	81	85	80	82	82	87	90	95

미세먼지 농도가 어떻게 달라지는지를 탐구하려고 했던 사례다.

앞서 언급한 것처럼 미세먼지 측정은 원주시뿐 아니라 전국적으로 개선되어야 할 사항이다. 측정소의 위치와 높이 등이 개선되어야 하고 보다 많은 측정소가 설립되어야 한다. 이 상황에서 시민들이 측정한 데이터는 중요한 역할을 할 수 있다. 물론 측정 과정이 체계적으로 통제되었는지, 측정기의 질은 신뢰성이 있는지, 측정 결과가 체계적으로 기록되었는지 등에 대해서는 향후 이러한 실험이 더 확대되어 진행될 때 반드시 보완해야 할 점이다. 실제로 한 참가자는 동시에 같은 장소에서 두 개의 측정기를 놓았는데도 두 개 사이

표 3-10 미세먼지 농도 측정 당시의 기상 조건　　　　　　　(단위: $\mu g/m^3$, ℃, %, m/s)

구분	날짜	미세먼지	초미세먼지	기온	습도	바람
1	10월 05일	32	13	25.2	57.0	1.5
2	10월 12일	10	4	18.2	56.0	0.3
3	10월 19일	26	20	12.0	72.0	1.7
4	10월 21일	25	5	14.0	78.0	0.0
5	10월 26일	48	33	10.0	72.0	0.3
6	10월 27일	85	50	16.0	55.0	1.0
7	11월 02일	38	28	10.2	75.0	0.5
8	11월 05일	49	28	10.5	70.0	0.4
9	11월 09일	6	6	4.8	82.8	1.1
10	11월 16일	64	31	7.0	63.3	0.7
11	11월 19일	76	67	12.6	76.6	0.7
12	11월 20일	104	98	10.0	75.9	0.5
13	11월 26일	35	24	2.9	60.8	0.9
14	11월 28일	42	32	7.0	65.0	1.0

에서 값이 차이가 났다고 설명하기도 했다. 즉, 미세먼지 농도는 여러 조건에 민감하므로 전문적인 장비를 동원해 시간대별로 자세히 측정해 오류를 줄이는 작업이 필요하다. 실험 참가자들은 실험을 통해서 이를 인식하게 되었다. 결국 시민들이 데이터 창조 과정에서의 문제점들을 전문가들과 함께 스스로 터득하고 오류를 줄여나가면서 정확한 데이터를 만드는 과정 자체가 시민과학 형성의 바람직한 모습일 것이다.

5. 나오며

이 장에서는 미세먼지에 대한 대응 전략 수립을 목적으로 시민들이 리빙랩 방식의 실험을 설계하고 실행한 결과를 보고함으로써 시민 차원의 대안 모색이 어떻게 가능하며 그것이 주는 이론적·정책적 함의가 무엇인지를 살펴보았다. 시민들은 자신들이 평소 궁금했던 사항들을 중심으로 실험 계획을 수립하고 실험을 진행했으며 그 결과 의미 있는 정보와 함의를 얻을 수 있었다. 또한 실험 과정에서 참여자들은 시민의 자발적 문제 해결 가능성, 체계적인 측정을 위한 방법, 데이터 창조의 중요성 등을 인식하게 되었고 향후 지속적인 실험을 통해 더 정확하고 다양한 대안이 나올 수 있음에 공감하게 되었다. 실제로 향후 보다 정확하고 체계적인 측정을 통해 유치원 통학 시간 조정, 학교 야외 체육 활동 시간 조정, 공원과 산책로 수정 설계 등 다양한 정책 대안을 제시할 수 있을 것이다. 또한 미세먼지뿐 아니라 지역이 가지고 있는 다양한 문제를 이와 같은 리빙랩 활동을 통해 해결하는 방안을 모색해 볼 수 있다.

실제로 이 실험과는 별도로 지역의 문제를 공유하고 해결책을 모색하는 리빙랩 활동 기획이 원주에서 여러 번 시도되었다. 예를 들어 2021년 6~7월에 '우산마을공동체 사회적협동조합'과 연세대학교 리빙랩연구센터가 주관해 원주시 우산동 주민들 30여 명이 참여해 리빙랩 토론과 실험 기획을 진행했다. 주민들은 다양한 의제를 가지고 해결책을 모색하고 이 과정에서 다른 지역 사례도 조사하고 어떤 전문가의 도움이 필요하며 누구와 어떤 협의가 필요한지 등을 구체적으로 파악할 수 있었다. 이 프로젝트에서도 역시 참여자들은 시민과학의 중요성을 인식하게 되었다. 예를 들어 어떤 조는 지역의 인근 공장에서 나오는 악취 문제를 제기했는데 이 악취가 어느 시간대에 어떤 계절에 가장 심한지 그리고 주변 지역 중 어느 방향에 있는 지역에서 더 심하게 느끼는지 등에 대한 데이터가 만들어져야 한다는 점을 인식하게 되었다. 이 프로젝트에서는 실제 실험을 실행하지 않았지만, 기획 단계에서 시민들이 직접 데이터를 만들어 문제의 진단과 해결 과정에 이용해야 한다는 점을 깨닫게 된 것이 매우 중요하다.

한국 사회에서 언론을 통해 전개되어 온 미세먼지 담론 중 가장 지배적인 주제는 중국 문제였다. 그러나 앞서 언급한 대로 미세먼지와 환경문제 해결을 위한 국가 간 협력은 일반적으로 매우 어렵고 특히 상류-하류 문제라면 더욱 힘들다. 이것은 상대가 중국이어서 힘든 것이 아니라는 의미다. 결국 우리가 할 수 있는 것은 한국과 중국이 각자 알아서 미세먼지를 줄여나가는 것이고, 이 과정에서 서로의 정보를 왜곡하지 말고 양측의 노력을 서로 격려해 주어야 한다. 그리고 한국에서 자체적으로 미세먼지를 줄이는 시도 중 한 방법으로 이 장에서 제시하는 시민 참여형 리빙랩은 미세먼지를 줄이는 노력은 아니지만 이에 적절한 대응 전략을 마련한다는 점에서 중요한 사례가 될 수 있다.

참고문헌

국립환경과학원. 2020. 『대기환경연보 2019』.

신상범. 2022. 『지구환경정치: 형성, 변화, 도전』. 명인문화사, 357쪽.

에어코리아 시도별 대기정보(PM$_{2.5}$). n.d. https://www.airkorea.or.kr/web/sidoQualityCompa re?itemCode=10008&pMENU_NO=102.

홍길종·배선학. 2021. 「강원혁신도시와 원주기업도시의 인구이동 특성 분석」. ≪한국경제지리학회지≫, 제24권 3호, 300~312쪽.

Menny, Mascha., Yuliya V. Palgan and Kes McCormick. 2018. "Urban Living Labs and the Role of Users in Co-Creation." *GAIA*, 27, pp. 68~77.

Tessum, Christopher W., David A. Paolella, Sarah E. Chambliss, Joshua S. Apte, Jason D. Hill and Julian D. Marshall. 2021. "PM$_{2.5}$ polluters disproportionately and systemically affect people of color in the United States." *Science Advances*, 7, pp. 1~6.

제2부

—

미세먼지와 국내 정치 및 정책

제4장

미세먼지와 대한민국

논의와 대응

한희진 부경대학교 글로벌자율전공학부, 미세먼지 특성화 사업단

1. 들어가며

미세먼지(PM_{10})와 초미세먼지($PM_{2.5}$)는 공기역학적인 지름이 각각 10μm와 2.5μm 이하의 먼지를 의미한다. 대기오염물질은 생성원에서 직접 배출되는 1차 대기오염물질과 대기에서 반응해 생성되는 2차 대기오염물질로 구분되는데 일반적으로 지름이 2.5μm보다 큰 먼지(황사, 흙먼지, 자동차 브레이크의 마모 먼지 등 1차 대기오염물질)는 마찰 등의 기계적 기작에 따라 발생한다고 알려져 있다. 지름이 2.5μm보다 작은 먼지는 일반적으로 화학반응을 통해 생성된다. 경유 자동차의 엔진 연소에서 생기는 검댕(1차 대기오염물질)이나 대기에서 기체상 황산화물이 반응해서 생기는 황산염 입자(2차 대기오염물질)가 대표적인 예다(김용표, 2017).

미세먼지 고농도 현상은 시정을 악화시켜 교통과 운항에 장애를 초래하고 실외 기계와 건물 설비의 고장 원인이 되는 등 사회·경제적 피해와 비용을 유

발한다. 또한 미세먼지에 따른 대기질 문제는 건강과 직결되어 국민의 관심이 매우 높아지고 있다. 미세먼지는 세계보건기구가 규정한 1급 발암물질이고 초미세먼지는 특히 호흡기와 심혈관계 질병을 유발하는 등 인체 위해성이 크다. 한국처럼 고령화가 심화하는 상황에서 향후 사망자 수도 증가할 것으로 보인다(한국공학한림원 외, 2017). OECD 보고서(2016)에 따르면 미세먼지 등 대기오염의 증가로 2015년을 기준으로 약 22조 원의 의료 비용이 발생했으며, 이러한 비용은 2060년에는 약 200조 원으로 증가할 것으로 추정된다. 이 보고서는 특히 한국을 거론하며, 2060년에 이르면 대기오염이 원인이 된 조기 사망자의 수가 중국 다음으로 많을 것으로 경고한 바 있다. 이렇듯 미세먼지는 국민 개개인의 건강뿐 아니라 사회 전체의 안녕에도 위험과 비용으로 작용한다.

이 장에서는 미세먼지에 대한 국내 논의 전개 과정과 정부의 제도적·정책적 대응을 주로 다룬다. 미세먼지가 우리 사회에서 어떻게 주요 환경문제로 대두되었으며 정부와 사회는 이 문제에 어떻게 대응해 왔는지, 그리고 정부의 법적·제도적 노력이 어떠한 성과를 보였으며 문제 해결을 위한 개선 방안은 무엇인지도 논의한다. 한국 사회가 직면한 미세먼지의 원인에는 중국과 북한 등 국외 요인도 작용하나 이 장에서는 한국 정부의 국내 미세먼지 정책을 중심으로 이러한 질문을 고찰하고자 한다.

2. 미세먼지 문제의 대두와 현황

미세먼지는 비단 한국의 문제만은 아니다. 역사적으로 산업화와 경제 발전 과정에서 대기오염은 숱한 인명 피해를 낳았다. 앞서 언급한 대로 1952년 영국 런던에서 5일간 이어진 스모그로 4000여 명이 사망에 이르자 세계 각국 정부는 대기오염에 관심을 기울이기 시작했다. 선진국에서는 1990년대 초반부터 미세먼지의 심각성을 본격 인식하고 환경기준을 강화했으며 종합적 대기오염 관리를 위한 측정망 구축, 대기질 모델링, 건강 피해 영향 조사 등을 실시했고 이를 토대로 저감 대책 마련에 나섰다(진윤정·이창민, 2016).

한국은 제2차 세계대전과 한국전쟁 이후 발전국가(developmental state)라고 일컬어지는 경제 발전과 성장 모형 아래 근대화와 산업화 궤도에 진입했다. 경제 관료가 중심이 되어 경제·산업 정책을 하향식으로 조정하고 조율하며 경제성장과 발전을 전략적으로 주도했다. 이러한 경제성장 모형 아래서 한국은 비약적인 경제와 사회 발전을 이루었다. 빠른 성장, 산업화, 도시화는 국토 및 환경 파괴와 자원 남용이라는 문제를 초래했다.

경제적 근대화에 따른 삶의 질 향상도 환경 부하를 가중시키는 요인이 되었다. 일례로 미세먼지를 내뿜는 오염원 중 하나인 자동차의 국토교통부 총 등록 대수를 보면 1960년대는 약 3만 대, 1970년대는 12만 6000여 대에 불과했으나, 2017년 말 그 수는 무려 2252만 8295대(안영인, 2018.4.9)로 비약적으로 증가했다. 산업화 시대 경제성장과 생활수준의 향상은 대기오염이라는 외부효과를 담보로 이루어진 것이다. 그러나 GDP 상승과 생활수준의 향상을 대가로 한 미세먼지 등 대기오염은 곧 국민의 건강과 생활 터전의 안전과 건전성을 위협하는 환경문제로 대두되었다.

특히 1980년대로 접어들며 한국의 경제 수준이 향상되자 환경 보존의 중요성에 대한 인식이 싹트고 환경 관련 비정부기구들이 결성되면서 대기오염의 심각성에 대한 사회적인 논의와 개선 요구도 증가했다. 이에 한국 정부는 1984년부터 공기 중의 모든 먼지의 총량(총부유분진: Total Suspended Particle, TSP)을 측정하기 시작했고 이는 2000년까지 이어졌다. 서울에서는 1995년도부

그림 4-1 1988년 서울의 미세먼지 문제를 다룬 신문 기사

자료: ≪경향신문≫[2018.4.25(1988.4.25)].

터 미세먼지를 측정하기 시작했다. 또한 정부는 대기오염이 환경문제로 본격 대두된 1980년대 중반 이후부터 차량 2부제, 아황산가스 농도를 줄이기 위한 저황유 공급, 서울 시내 보일러 용량 2톤 이상의 업무용 건물에 대한 액화천연가스(Liquefied Natural Gas, LNG) 의무 사용 등의 다양한 대기오염 대책을 고안해 실시해 왔다(≪크리에이티브 이코노미≫, 2020.2.19).

1988년 4월 25일 자 ≪경향신문≫은 "서울 南山(남산)이 잘 안 보인다"라는 제목의 기사에서 서울의 경우 5~6년 전부터 맑은 날씨인데도 안개가 낀 듯이 시야를 흐리게 하는 현상이 빈번히 발생하고 있다고 보도하고 있다. 기사는 1952년 5일 동안 4000여 명을 사망에 이르게 한 런던형 스모그와 1970년에

130만 평 면적에서 수령 100년짜리 소나무들을 고사시킨 LA형 스모그를 소개하며 폐해를 상세히 설명했다. 이 기사는 특히 "살인 스모그"라는 선정적인 표현까지 쓰며 스모그 문제의 심각성을 제기하고 한국의 행정 당국이나 학계 등에서 문제에 대한 연구와 이해가 거의 없다고 비판하고 있다[≪경향신문≫, 2018.4.25(1988.4.25)]. 이러한 미디어의 보도는 1980년대 대기오염에 대한 관심이 한국 사회에서 막 태동했음을 보여준다.

환경부의 『한국환경연감』 자료에 따르면 1984년 첫 관측에서 서울의 연평균 총먼지는 210μg/m^{3}이었고, 1985년에는 216μg/m^{3}로 증가했다(안영인, 2018.4.9). 1986년 아시안게임과 1988년 서울 하계 올림픽은 한국이 전쟁이 남긴 잿더미에서 비약적인 성장을 이룬 아시아의 신흥 경제국임을 세계에 보여주는 쇼 케이스였으나, 개최 전부터 서울의 대기질에 대한 우려를 자아내기도 했다. 이에 중국이 2008년 베이징 하계 올림픽을 앞두고 대기오염을 유발하는 공장과 산업 시설을 외부로 옮기고 교통정책 등을 통해 대기질을 개선하고자 노력했던 것처럼 20년 전의 한국도 올림픽 기간 중 연탄 공급을 중단하는 등 특별 조치가 취해졌다. 서울에서 아시안게임이 열린 1986년부터 먼지가 줄기 시작해 올림픽이 열린 1988년에는 179μg/m^{3}를 기록했고, 이후에는 더욱 급격히 줄어 1994년에는 78μg/m^{3}를 기록했다(안영인, 2018.4.9).

또한 1980년대 총먼지를 측정하는 방법에 보다 세분화하고 정교해진 측정 방식이 도입되면서 대기질도 점차 개선되었다. 1995년에 서울에서 미세먼지 측정이 시작되고 2000년대 들어 전국적인 미세먼지 측정이 시작되었다. 초미세먼지의 경우 서울은 2002년부터, 전국적으로는 2015년부터 관측을 시작했다. 1995년 서울의 연평균 미세먼지 농도는 78μg/m^{3}였다. 2000년대 초까지 70μg/m^3 안팎을 오르내리던 서울의 미세먼지 농도는 이후 빠르게 줄어들어 2012년에는 관측 사상 가장 낮은 41μg/m^{3}를 기록했다. 이후 2017년까지는 다시 조금 늘어나는 경향을 보이기도 했지만 대체로 $45\mu g/m^3$ 안팎을 기록하고 있다.

이는 크게는 한국 환경정책의 역사적 전개 과정과 관련이 깊다. 한국의 경우 1977년 '환경보전법'이 제정되고 1980년 보건사회부 산하에 환경청이 신설되며 제도화의 길에 들어섰다. 그러나 실제 환경정책을 위한 포괄적인 법적 기반이 마련된 것은 1990년 '환경정책기본법'이 제정되고 같은 해 환경청이 환경처로 승격되면서부터라고 할 수 있다. 또한 1985년 한국 최초의 환경단체인 공해문제연구소가 설립되고 1990년대 환경운동이 조직되고 활성화되는 단계에 진입하며 한국의 환경정치와 정책 지형에서 대기오염 등 각종 환경문제에 대한 주의와 사회적 관심이 환기되었다(신상범, 2018: 541~543).

이와 같이 한국의 미세먼지에 대한 관심은 1980년대에 서서히 늘기 시작해 1990년대에는 과학적·제도적 대응을 본격 시작했다고 볼 수 있다. 이에 따라 전반적으로 1990년대 중반 이후 미세먼지가 줄어드는 추세다. 2002년부터 관측을 시작한 초미세먼지 농도도 2000년대 초반보다는 크게 감소한 것을 볼 수 있다. 즉, 다른 대기오염물질을 제외하고 대기 중 먼지만을 기준으로 볼 때 총먼지 측정을 시작한 1984년부터 현재까지 전반적으로 대기질이 개선되었다고 결론지을 수 있다(안영인, 2018.4.9).

1995년 환경기준이 도입된 이래로 미세먼지의 연평균 농도는 2001년부터 꾸준히 감소하는 경향을 보였다. 2012년 이후에는 감소 추세가 잠시 주춤했으며, 고농도 사례 일수도 2003년부터 2016년까지 대체로 감소했다. 그러나 한국의 경제 발전 정도가 더욱 성숙 단계로 접어들고 우리 사회 구성원들의 환경에 대한 인식과 요구가 증가하면서 미세먼지 문제에 대한 정보량과 매체의 보도량도 증가해 왔다. 미세먼지는 또한 장기간에 걸쳐 진행되는 기후변화 문제와는 달리 일상에서 국민이 직접 호흡하는 공기로부터 체감할 수 있는 문제다. 정부가 미세먼지 예보·경보제를 시행하고 정보 양도 증가하면서 실제 오염도 악화와 비교해 국민이 체감하는 오염도는 점차 악화되었다. 전반적 미세먼지 농도가 개선되어 왔음에도 불구하고 고농도 미세먼지 발생 일수가 증가하면서 국민들이 체감하는 미세먼지 상황은 악화되어 왔다(국회 예산정책처, 2019). 나아가 생활수준 향상에 따라 복지와 삶의 질이 강조되고 안전과 건강에 대한 요구가 증가하면서 정부가 대기오염 정책과 규제를 강화하고 미세먼지 문제를 더욱 적극적으로 개선해야 한다는 요구도 자연스럽게 증가했다.

문제가 많이 개선되었음에도 불구하고 여전히 다른 선진국들에 비해 한국의 미세먼지 문제는 심각하다. 2019년 글로벌 환경 비정부기구인 그린피스(Greenpeace)와 대기오염 조사 기관인 에어비주얼(AirVisual)이 조사해 발표한 「2019 세계 대기질 보고서(2019 World Air Quality Report)」에 따르면 OECD 회원국 가운데 한국이 초미세먼지 오염 농도 1위를 기록했으며 대기질이 나쁜 OECD 100개 도시 가운데 한국 도시가 61개(안성, 여주, 당진, 아산, 증평, 진천, 익산, 김제, 장성, 담양, 영주, 상주, 원주, 평창 등)가 포함되어 있을 정도로 우려스러운 수준을 보였다. 이는 2018년 조사 결과인 44개 도시에서 17개나 증가한 결과다. 한국의 수도권 지역의 미세먼지 농도는 OECD 국가의 주요 도시들과 비교해 두세 배 정도 높으며, 오염물질을 배출하는 사업장의 미세먼지 배출 기준 초과 횟수도 연간 700여 건에 달한다(이현주 외, 2018: 424).

미세먼지 오염원으로는 국내 배출량 중 제조업의 연소공정이 가장 큰 배출원(65%)을 구성하며, 자동차와 선박 등의 이동오염원(25%), 생산공정(6%)이 뒤를 잇는다. 수도권의 경우 도로이동오염원, 공업 도시는 제조업 연소와 생산공정 등이 배출원이다. 발전 부문(에너지산업 연소)에서 발생하는 미세먼지 배출량은 약 4% 정도나 대기 중 화학반응에 따른 2차 생성 초미세먼지

그림 4-2 연도별 대기오염물질 배출량 (단위: 톤/년)

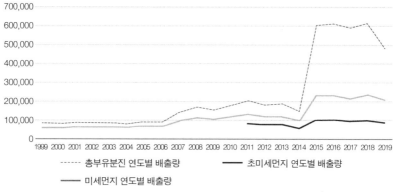

자료: 환경부 국가미세먼지정보센터(2019).

표 4-1 2019년 배출원별 미세먼지와 초미세먼지 (단위: 톤)

배출원 대분류	부문별 배출량	
	미세먼지	초미세먼지
에너지산업 연소	3,365	2,813
비산업 연소	1,177	857
제조업 연소	52,932	27,118
생산공정	6,699	5,139
도로이동오염원	6,719	6,182
비도로이동오염원	17,265	15,989
폐기물 처리	267	228
기타 면오염원	599	539
비산먼지	105,037	17,272
생물성 연소	13,806	11,482
합계	207,866	87,618

자료: 환경부 국가미세먼지정보센터(2019).

를 고려하면 14%까지 확대된다(진윤정·이창민, 2016).

이러한 국내 오염원과 더불어 국외 영향 등도 고려 사항이 된다. 국내 미세먼지 오염에 대한 중국 등 국외 영향은 30~50% 수준에 달한다. 중국발 미세먼지와 황사의 영향은 물론 계절과 기상 조건에 따라 달라진다. 고농도 발생 때는 60~80%까지 국내 미세먼지 오염도에 영향(진윤정·이창민, 2016)을 미쳐 한반도의 미세먼지 해결을 위해 중국과의 공조가 필요함을 시사한다.

북한 변수 역시 간과할 수 없다. 의학저널 ≪랜싯(The Lancet)≫이 2017년 발표한 보고서에 따르면 2015년 한 해 동안 전 세계에서 인구 100만 명당 초미세먼지에 따른 조기 사망자가 가장 많은 나라는 중국이나 인도가 아닌 북한이다(Watts et al., 2017). 2015년 기준으로 북한 인구 100만 명당 750명 정도가 초미세먼지 같은 대기오염 탓에 조기에 사망했다. 이는 중국보다 많고 한국의 두 배 수준이다. 북한의 대기오염은 한국과 마찬가지로 중국의 영향을 받으며 석탄과 바이오 연료의 사용이 국내 요인으로 작용하고 있다.

북한의 미세먼지가 한국의 미세먼지에 미치는 영향은 연구마다 다르나 한 연구는 평균적으로 수도권 초미세먼지의 14.7%는 북한의 영향으로 볼 수 있다고 분석했다. 초미세먼지 성분별로는 질소산화물과 유기탄소가 수도권에 미치는 영향이 큰 것으로 나타났다. 또한 북한의 영향은 초미세먼지는 1월에 영향이 크고(수도권 지역 초미세먼지의 약 20%) 유기탄소는 1월과 12월 수도권 지역 유기탄소의 40% 이상이 북한에서 넘어오는 것으로 추정되었다(배민아 외, 2018). 이는 미세먼지 해결을 위해 중국뿐 아니라 북한과의 협력도 필요함을 시사한다.

한반도는 겨울철 대기의 정체가 심해 대기오염이 심화되며 최근 기후변화에 따라 심각한 대기오염을 발생시키는 기상 조건의 빈도가 크게 증가 추세에 있다(이현주 외, 2018). 이는 지구온난화가 지속되면 작은 대기오염 배출도

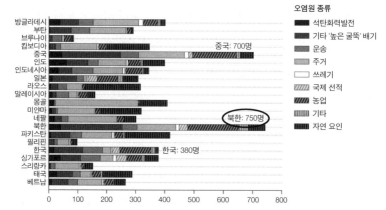

자료: 안영인(2018.4.9).

축적되어 고농도 미세먼지 현상을 야기할 수 있음을 의미하는 것으로 대기
오염 배출 저감 노력과 기후변화를 늦추기 위해 온실가스 배출량을 저감하
려는 노력이 동시에 진행될 필요가 있음을 시사한다.

3. 미세먼지에 대한 정부 대응: 법적·제도적 대응을 중심으로

앞서 언급한 것처럼 대기질이 지속적으로 개선되어 왔음에도 불구하고 고
농도 미세먼지와 같은 문제는 여전히 지속되고 있다. 이 절에서는 한국 정부
가 미세먼지에 대응하기 위해 어떠한 법적·제도적 노력을 기울여 왔는지 개
괄한다. 미세먼지와 같은 환경문제의 해결 방법은 크게 국내적 대응과 국제
적(국외적) 대응으로 나눌 수 있다. 국내적 대응은 다시 정부가 구심점이 되어
법적·제도적 노력을 통해 환경문제에 관한 규제와 권한을 강화하고 관리하

며 이에 소요되는 재정, 기술, 인력을 투입하는 방법이 있다. 이러한 전통적인 정부 중심의 규제, 관리와 더불어 다양한 시장 기제를 활용하는 방안도 있을 수 있다. 국제적 대응으로는 환경문제의 해결을 위해 주변국과 국제사회와 공조하고 조약과 국제기구 등을 통해 문제 해결을 모색하는 방법이 있다. 미세먼지의 국제정치와 국제 협력 등은 다른 장에서 다루므로 이 장에서는 한국 정부가 국가 수준에서 어떠한 법적·제도적·재정적 대응 노력을 전개해 왔는지 논의한다.

한국의 산업화 초기인 1960~1970년대는 명확한 대기 관리 정책이 부재했고, 1980년대부터 비로소 대기질 문제에 대한 관심과 인식이 확대되면서 정부는 대기오염물질의 배출을 저감하기 위해 연료 정책과 배출원 관리 정책을 도입하기 시작했다. 연료 정책의 경우 석유제품에서 황 함량을 낮추는 저황유 보급 정책, 석탄과 석유를 액화석유가스(Liquefied Petroleum Gas, LPG), 천연가스(도시가스), 등유로 전환하는 정책 등이 있다. 배출원 관리 정책에는 서울과 수도권에 집중적으로 배치되었던 생산 시설을 다른 지역으로 이전하거나 생산 시설에서 배출 허용 기준을 강화해 농도를 줄이도록 하는 정책 등이 포함된다(진윤정·이창민, 2016).

〈표 4-2〉에서 한국개발연구원(Korea Development Institute, KDI) 경제정보센터가 취합한 시계열 자료를 보면 한국 정부는 지난 30~40여 년 동안 대기질 개선과 미세먼지 저감을 위해 다양한 정책을 도입하고 집행해 왔음을 알 수 있다. 대기오염을 유발하는 특정 물질의 저감과 규제 정책, 자동차, 항공, 선박 등 대기오염물질을 배출하는 부문에 대한 정책, 대기오염과 미세먼지 문제에 관한 종합적이고 포괄적인 관리에 이르기까지 수많은 정책이 환경부 등 정부 부서를 중심으로 도입되어 왔다.

미세먼지를 포함한 대기질 문제를 해결하기 위한 정부의 접근법은 대기오

표 4-2 한국의 대기환경 정책 시계열(2021~1991년)

날짜	제목
2021.01.19	제1차 항만지역 등 대기질개선 종합계획(2021~2025년)
2020.10.30	미래자동차 확산 및 시장 선점전략
2019.11.26	미세먼지 고농도 시기 대응특별대책
2019.11.01	**미세먼지 관리종합계획(2020~2024년)**
2019.06.27	항만·선박 분야 미세먼지 저감강화방안
2019.06.27	대기오염물질 배출사업장 관리종합대책
2017.02.24	친환경차 충전인프라 구축방안
2016.06.03	**국민안전과 건강보호를 위한 미세먼지 관리특별대책**
2015.06.24	대기오염물질 비산배출저감사업장 신고제 도입
2015.02.05	친환경자동차 구매지원 확대계획
2014.05.13	**대기질 통합예보센터 운영계획**
2013.08.26	대기오염예보제 추진계획
2013.03.14	제2차 황사피해방지 종합대책(2013~2017년)
2011.09.28	공공건물 온실가스 감축 및 에너지절약 추진효율성 제고방안
2010.02.25	특정유해대기물질 배출시설 시설관리기준 도입
2007.03.20	제1차 황사피해방지 종합대책(2008~2013년)
2007.03.20	2007년 황사피해방지 종합대책
2006.03.10	2006년 황사피해방지 종합대책
2005.11.23	대기오염측정망 기본계획(2006~2010년)
2005.10.31	**수도권 대기환경 관리기본계획(2005~2014년)**
2005.04.28	대기분야 신거버넌스 운영계획
2005.03.08	2005년 황사피해방지 종합대책
2005.01.26	**수도권 미세먼지 저감대책**
2004.04.30	반월·시화공단 악취저감대책
2004.02.24	2004년 황사피해최소화 종합대책
2002.03.27	수도권 대기질 개선방안: 푸른하늘21 특별대책
2001.10.25	월드컵 대비 대기분야 특별지도·단속계획

날짜	제목
1999.12.01	21세기 자동차 배출가스 관리종합대책
1998.06.02	대도시 오존오염 개선대책
1998.03.25	굴뚝자동측정망(Tele-Monitoring System, TMS) 체제구축방안
1997.08.27	악취오염 관리종합계획
1997.08.17	도로먼지 저감대책
1996.06.25	자동차 분야를 중심으로 한 미세먼지 관리대책
1996.04.16	운행차 배출가스 관리강화계획
1996.01.19	1996년 대기보전 주요업무계획: 자동차 배출가스 저감중점추진
1995.10.04	대기보전 주요업무 추진계획
1995.04.06	휘발성 유기화합물 배출시설 단계적 규제방안
1995.03.02	경유중량차의 단계별 저공해화 추진전략
1994.09.07	대기환경정책 개선방안: 환경라운드와 지방자치제 실시 대비
1994.08.24	오존(질소산화물)에 대한 종합대책
1994.08.19	오존경보제 도입방안
1994.08.02	자동차매연 신고제도 개선
1993.11.23	항공기를 이용한 서해안 대기오염물질 측정계획
1993.11.18	동절기 매연추방운동 추진계획
1992.12.14	**대기질개선 종합대책**
1992.10.28	아황산가스 저감종합대책
1992.02.20	환경정화수 심기 운동 추진계획
1991.07.27	배출업소 단속 강화계획: 대기배출 허용기준 강화

자료: KDI 경제정보센터(데이터 출력일: 2022.3.21).

염에 대한 규제와 관리를 강화하는 방향의 법적·제도적인 접근법을 들 수 있다. 대표적 제도로 법률 및 정책의 신설과 조직 구성이 있다. 미세먼지를 규율하는 법률로는 '대기환경보전법', '미세먼지의 저감 및 관리에 관한 특별법', '수도권 대기환경개선에 관한 특별법'(2020년 4월부터 이 특별법은 폐지되고 '대기

관리권역의 대기환경개선에 관한 특별법'이 시행됨), '항만대기질특별법' 등이 있다. 이 중 '항만대기질특별법'을 제외하고 대부분 환경부 소관이며 '대기환경보전법'을 중심으로 특정 지역이나 물질을 세분화해 파생된 법률로 볼 수 있으며 유사하고 중복되는 부분도 있다(이혜경·배재현, 2019). 지방정부 차원에서 시·도지사는 '수도권 대기환경 관리기본계획', '미세먼지 관리종합계획' 등 법정 계획과 연계해 시행 계획을 수립해 이행한다.

또한 미세먼지에 대한 대중의 관심이 늘면서 정부는 '미세먼지 저감대책'(2005년), '미세먼지 종합대책'(2013년), '미세먼지관리특별대책 및 세부이행계획'(2016년 6월, 7월), '과학기술기반 미세먼지 대응전략'(2016년), '수도권 고농도 미세먼지 비상대책'(2016년), '미세먼지 관리종합대책'(2017년), '봄철 미세먼지 대책보완사항'(2018년), '비상·상시 미세먼지 관리강화대책'(2018년) 등의 정책을 도입해 왔다.

몇몇 정책을 구체적으로 살펴보면 정부는 2013년 12월 '미세먼지 종합대책'을 수립했다. 이 대책의 주요 내용은 첫째, 미세먼지 예보제 확대와 경보제 실시, 둘째, 한·중·일 국제 협력의 강화, 셋째, 친환경 자동차 보급 확대, 제작차 배출 허용 기준의 단계적 강화, 교통 수요 관리 강화, 넷째, 사업장 배출 허용 기준 강화, 대기오염물질 총량 관리 강화, 질소산화물 저배출 보일러 등 교체 지원, 다섯째, 오염 측정망 확충 등을 포함한다. 이 '종합대책'에는 미세먼지를 저감하기 위한 다양한 정책을 포괄적으로 다루고 있으나 사업장 관리 외에는 다소 구체성이 부족한 지원과 협력 강화 등의 일반적인 내용을 담고 있다(김용표, 2017).

2016년 6월 정부 합동 '미세먼지 관리특별대책'은 미세먼지의 규제 강화를 본격화했다. 경유차 배기가스의 관리를 강화하고, 친환경차의 보급을 확대하며, 석탄화력발전소의 미세먼지 저감 등 수송과 발전 부문에서 집중 감축을 주요 내용으로 했다. 노후 경유차의 경우 조기 폐차와 운행 제한을 추진하고, 노후 석탄화력발전소 10기를 폐기하고, 기존 발전소와 신규 발전소의 배출 기준을 강화하는 방침이 포함되었다(진윤정·이창민, 2016).

다만 배출량의 60% 이상을 차지하는 제조업에 대해서는 단기적이고 직접적인 규제가 어렵다고 보고 단계적 기준을 강화하고 적용 범위를 확대함으로써 접근하기로 했다. 이 정책은 2020년까지 미세먼지 저감의 방향성을 제시했으나 중점 이행 계획의 미세먼지 저감 효과가 목표를 달성하기에 불충분하며 실효성이 부족하다는 부정적 평가가 지배적이었다. 또한 친환경차와 충전 인프라에 총예산의 80% 이상이 투입될 계획이나 두 부문에서의 미세먼지 저감 효과는 미미하며 노후 발전소 폐기보다는 가동 중인 발전소의 배출량 저감이 필수적임에도 이를 소극적으로 다루었다고 비판받았다(진윤정·이창민, 2016).

한국 정부는 중앙뿐 아니라 지방정부 수준에서도 미세먼지를 저감하기 위한 계획과 정책을 도입해 시행해 왔다. 심각한 미세먼지로 많은 인구가 영향을 받는 서울시에서는 2003년부터 자동차 저공해 사업을 본격 추진해 시내버스를 CNG(Compressed Natural Gas, 압축천연가스) 시내버스로 100% 전환해 누적 52만여 대를 달성하는 등 마무리 단계에 진입했으며 무공해차 보급 중심으로 정책이 변화하고 있다. 동시에 서울시는 친환경 보일러 보급(48만 대), 사업장 대기오염물질 총량 규제와 노후 방지 시설의 교체 지원(236개소) 등의 방안을 추진해 왔다. 특히 2022년 3월에는 미세먼지 농도를 저감하기 위해 대형 사업장의 감축률을 상향하고 도로 물청소를 확대하는 등 대책을 강화했다(≪가스신문≫, 2022.6.14). 그러나 아직까지 미흡한 점들도 있다. '대기환경보전법'에서 일정 규모 이상의 시설에 방지 시설을 만들고 배출 허용 기준을 준수하도록 규정하고 있으나 서울시 소재 세탁소의 0.5%(6276개소 중 34개소), 인쇄소의 0.04%(5452개소 중 2개소)만 신고 대상에 해당된다. 지금까지 휘발성 유기화합물 대책이 규제 대상 시설을 관리하는 데 머물렀던 것에서 나아가 규제 밖의 배출원에 대한 저감 대책을 마련할 필요가 있다(≪가스신문≫, 2022.6.14).

다양한 정책을 도입하는 동시에 정책의 효과적인 집행을 위한 예산 투입도 병행되었다. 2005년 '수도권 대기환경관리 기본계획'이 수립되어 인구가 집중된 수도권에 10년 동안 이어진 '제1차 기본계획' 기간 동안 3조 원이 넘는 예산이 투입되면서 미세먼지와 이산화질소 농도를 줄이기 위한 노력이 시작되었다. 2015년부터 10년간 지속되는 '제2차 기본계획' 기간에는 더 늘어난 4조 5000억 원을 투입하며 미세먼지, 이산화질소, 초미세먼지, 오존 농도를 저감하는 정책을 재정적으로 지원한다. 이 '기본계획'도 '미세먼지 종합대책'과 비슷하게 천연가스 버스 도입, 경유 자동차의 제어장치 부착, 사업장 대기오염물질 총량관리제도(배출권 거래제도를 포함함), 노후 차량 조기 폐차, 도로 청소 등 다양한 방안들을 포함하고 있다(김용표, 2017).

또한 정부는 법률과 정책에 의거해 미세먼지 문제를 주관하는 조직을 구성하고 강화해 왔다. 2019년 2월 '미세먼지 저감 및 관리에 관한 특별법'이 시행되면서 그에 따라 미세먼지 대응의 컨트롤 타워라고 할 수 있는 '미세먼지 특별대책위원회'가 국무총리실 소속으로 출범해 미세먼지 대책의 추진 실적을 점검 및 평가하고 관계 부처 사이의 역할을 조율하는 임무를 수행해 왔다. 그러나 이 위원회가 출범하고 한 달여 뒤인 2019년 4월 정부는 미세먼지 범국가기구 설립을 위한 추진단을 발족해 4월 말 대통령 직속의 '국가기후환경회의'가 출범하는 등 혼선을 빚기도 했다.

또한 국민들이 미세먼지에 대한 정확한 정보를 습득하고 활용함으로써 미세먼지 등 대기오염에 대한 사회의 대응 능력을 총체적으로 강화할 필요성이 제기되면서 그에 따른 제도가 수립되었다. '대기환경보전법' 제7조에 따르면 대기오염이 국민의 건강, 재산, 그리고 동식물 생육과 산업 활동에 미치는 영향을 최소화하기 위해 정부는 대기 예측 모형 등을 활용해 대기오염도를 예측하고 그 결과를 방송사, 신문사, 통신사 등 보도 관련 기관을 이용하거나 그 밖에 일반인에게 알릴 수 있는 적정한 방법을 통해 발표해야 한다. 미세먼지 예보제는 2013년부터 시범 시행에 들어갔으며 2014년 2월부터 환경부와 기상청이 공동으로 예보를 발령했다. 미세먼지 예보는 처음부터 시작되었고 초미세먼지 예보는 2014년 5월부터 포함되었다. 이 예보제는 전국을 18개 권역으로 나누어 해당 권역의 다음 날 미세먼지 농도를 예보하며 이에 따라 국민들의 적절한 대응과 행동 요령이 권고된다. '좋음', '보통', '나쁨', '매우 나쁨'의 4단계 예보에 따라 국민 행동 요령이 권고되는 것이다. 이는 대기질 오염 예측 기술을 이용해 국민에게 정보를 미리 제공함으로써 예상되는 피해를 최소화하도록 하는 정책이다.

'대기환경보전법' 제8조 4항과 '대기환경보전법 시행령' 제2조 3항은 미세먼지 대기오염 경보 단계를 대상 오염물질의 농도에 따라 주의보와 경보로 구분한다. 미세먼지 경보제는 고농도 미세먼지가 발생했을 때 신속하게 국민에게 알려 조치 사항을 실천하도록 돕는 제도로 지방자치단체장(특별시장, 광역시장, 특별자치시장, 도지사, 특별자치도지사)은 환경기준을 초과해 주민의 건강과 재산이나 동식물의 생육에 심각한 위해를 끼칠 우려가 있다고 인정되면 그 지역에 대기오염 경보를 발령할 수 있도록 했다. 정부는 일반 국민과 취약층 등 계층별로 대응 요령을 만들고 환경부는 초미세먼지 재난 위기관리 표준 매뉴얼을 제정하는 등 대기오염이 심각한 수준에 달하는 경우의 행동 요령을 국민에게 알리기 위한 정책을 도입해 왔다.

미세먼지 정책이 전반적으로 강화되면서 정부는 미세먼지 관련 정보와 데

표 4-3 에어코리아 측정망 현황(2021년 12월 기준)

측정망 종류	공개 대상 항목	설치 목적	측정소 수
도시 대기 측정망	이산화황, 일산화탄소, 이산화질소, 오존, 미세먼지, 초미세먼지	도시 지역의 평균 대기질 농도를 파악해 환경기준 달성 여부를 판정함	505개 (161개 시·군)
국가 배경농도 측정망		국가적인 배경농도를 파악하고, 외국으로부터의 오염물질 유입·유출 사태와 장거리 이동 현황 등을 파악함	11개(7개 시·군)
교외 대기 측정망		광범위한 지역의 배경농도를 파악함	27개(25개 시·군)
도로변 대기 측정망		자동차 통행과 유동 인구가 많은 도로변의 대기질을 파악함	56개(23개 시·군)
항만 대기 측정망		항만 지역 등의 대기오염물질 배출원을 효과적으로 관리함	15개(12개 시·군)

자료: 에어코리아.

이터를 공개하게 되었는데, 대표적으로 한국환경공단이 운영하는 에어코리아가 그 사례다. 2002년 한일 월드컵 개최를 준비하면서 국립환경과학원이 2002년 4월부터 경기장 주변 16개 지점의 대기 정보를 공개하기 시작한 것이 그 출발점이다. 한국환경공단은 2003년 12월부터 기존에 구축된 대기 측정망 인프라를 이용해 국민에게 양질의 대기환경 정보를 제공하자는 취지에서 전국 모든 측정소를 대상으로 정보를 공개하는 방안을 마련하기 시작했다. 2005년 12월부터는 웹상으로 전국의 실시간 대기오염도를 알려주고 있다(에어코리아). 에어코리아는 전국에 설치된 614개의 측정망에서 측정된 대기환경기준 물질의 측정 자료를 다양하게 분석하고 국민에 실시간으로 제공해 대기오염에 따른 피해 예방에 기여해 왔다.

이와 더불어 '미세먼지 저감 및 관리에 관한 특별법' 개정을 통해 국가미세먼지정보센터의 설립 근거가 마련되고 2019년 12월 개소해 미세먼지 정책의 기초가 되는 배출량 산정, 발생 원인 규명, 정책 효과 분석 업무를 수행하고 있다. 이 정보센터는 특히 여러 기관에서 분산적으로 생산해 관리하는 자료를 모아 유기적으로 연계해 미세먼지 문제의 해결책을 모색한다. 또한 정책 실행이 실제 배출량 감소에 미치는 영향과 개선 효과를 정량적으로 산출해 정책 수립을 지원한다. 이 센터의 홈페이지에서는 국민이 이용할 수 있는 데이터를 제공하고 있다.

또한 2016년 11월에 과학기술에 기반한 미세먼지 대응 전략을 뒷받침하기 위해 과학기술정보통신부, 환경부, 보건복지부가 공동으로 미세먼지 범부처 프로젝트 사업을 추진하기 시작했다. 그 결과 2017년 9월부터 미세먼지 범부처 프로젝트 사업단(일명 PM센터)의 연구가 시작되었다. 미세먼지와 관련된 주요 사업의 운영에는 환경부뿐 아니라 산업통상자원부, 기획재정부, 과학기술정보통신부, 국토교통부, 산림청, 외교부, 교육부, 보건복지부 등 범정부적 수준에서 참여하는 추세이나 여전히 환경부가 상당 부분 주도하고 있다(이혜경·배재현, 2019).

임기 초반인 윤석열 정부의 미세먼지 정책을 소개하기에는 아직 이르기에 지난 문재인 정부의 미세먼지 대응을 통해 한국 정부의 가장 최근의 대응 노력과 방향성을 살펴보려고 한다.[1] 2017년 문재인 정부는 미세먼지 저감을 환경 부문의 최우선 공약으로 내세웠다. 이에 따라 2018년 8월 '미세먼지 저감 및 관리에 관한 특별법'을 제정해 2019년 2월부터 시행했다. 문재인 정부는 미세먼지, 기후변화, 에너지 정책 간의 연계성을 고려하며 이전 정권보다 통합적인 관점에서 미세먼지 문제에 접근하고자 했으며 배출원 강화를 통한 오염원 집중 관리, 보호 서비스 강화를 통한 민감 계층과 고농도 미세먼지에 취약한 계층의 보호 필요성을 강조했다(이명선, 2019).

---

[1] 이 원고는 2022년 6월 집필되었다.

2020년에는 '미세먼지 관리종합계획'(2020~2024년)이 선포되었다. 이에 따라 '미세먼지특별법' 조항으로 고농도 미세먼지에 대한 비상 저감 조치가 가능해졌으며, '대기환경보전법'상 배출 기준 강화와 배출 총량제 적용 지역의 확대 등 제도적 노력이 강화되었다. 이의 달성을 위해 정부, 산업계, 국민 등의 통합 노력이 필요하다.

미세먼지 문제를 주관하는 조직의 예로 문재인 정부에서 2019년 '미세먼지 저감 및 관리에 관한 특별법'이 본격적으로 시행되면서, 이를 근거로 미세먼지 저감 및 관리를 위해 미세먼지특별대책위원회의 구성과 운영에 대한 사항이 정해졌다. 모두 40여 명의 당연직 위원과 위촉직 위원으로 구성된 위원회는 '종합계획'을 수립하고 변경하며 추진 실적을 점검하고 평가하는 등의 기능을 부여받았다.

이 위원회는 미세먼지와 관련된 주요 정책의 계획과 이행을 심의하는 조직으로 정부 부처의 장관급 당연직 위원과 대학, 연구소, 산업계, 시민사회의 전문가인 위촉직 위원으로 구성되었다. 특히 위촉직 위원은 미세먼지와 대기오염 전문가인 교수, 민간·생활 부문에서 미세먼지 저감과 개선을 위한 자문이 가능한 민간과 시민사회 대표로 구성되며 임기는 3년이다. 2019년 2월 1차 회의가 소집된 이래 2021년 11월까지 총 7차에 걸쳐 회의를 가졌고 민간위원만 참여하는 회의도 다섯 차례 열렸다. 이는 제한적이나마 각계각층의 의견과 피드백을 반영해 참여적 거버넌스를 통해 계획하고 이행한 결과를 개선하려는 시도의 일환으로 볼 수 있다.

문재인 정권의 막바지에 환경부는 2022년의 주요 정책 목표로 포용적인 환경 서비스를 확대하고자 미세먼지 농도 개선 추이를 안착시키기 위해 산업·발전 부문에 적극적인 재정 지원 및 기술 개발을 통해 2024년까지 배출량을 2019년 대비 30% 이상 감축한다는 목표를 설정했다. 수송·생활 부문에서는 노후 경유차 조기 폐차 확대(2021년 34만 대에서 2022년 35만 대로 확대), 경유차 재구매 방지 대책 마련과 함께 가정용 친환경 보일러 보급(2021년 23만 대에서 2022년 61만 대로 확대), 가스히트펌프(Gas Engine Heat Pump, GHP) 냉난방기 개조 사업(2021년 10억 원에서 2022년 47억 원으로 확대)을 확대하는 방침을 발표했다. 더불어 실내·정주 환경 개선을 위해 실내 공기질 통합 지수를 마련하는 방안을 밝혔다.

또한 국제적으로는 한반도 대기질에 큰 영향을 미치는 중국과 함께 '청천 계획'을 지속적으로 추진해 예방·저감 사업의 협력을 이어가고 아시아 13개 국 간 환경 위성 자료의 공동 활용 플랫폼 구축을 완료하는 등 미세먼지 대응을 위한 국제 공조를 한층 더 강화한다고 밝혔다. 2019년 3월 환경부가 발표한 '중국과의 공동 대응 협력 및 고농도 미세먼지 긴급조치 강화'에 따르면 중국과 고농도 미세먼지의 비상 저감 조치의 공동 시행을 지속적으로 협의하고 한·중 인공강우 기술 교류와 공동 실험을 추진하기로 했다. 이와 더불어 도로 청소차의 운행 확대, 거리에 물 분사 등 즉각적으로 시행이 가능한 미세먼지 저감 수단을 총동원하고, 비상 저감 조치의 발령 일수에 따라 단계별로 관련 조치를 강화해 고농도가 지속될 때 저감 효과를 제고한다는 방침을 발표했다.

문재인 정부에서는 세 차례의 범정부 대책, 미세먼지 계절관리제 도입 등으로 정부 출범 시기에 정체되었던 초미세먼지 농도(전국 평균 2016년 26μg/m^3, 2017년 25μg/m^3)를 관측 이래 최저 수준(2021년 전국 평균 18μg/m^3)으로 개선했다(≪환경일보≫, 2022.1.11). 특히 사업장 대기오염물질 총량 할당 등으로 굴뚝 자동 측정 기기 부착 사업장의 배출량이 2020년과 비교해 2021년 5% 감소했다. 미세먼지 계절 관리 기간인 동절기 동안 최대 46기의 석탄화력발전소 가동이 중지되었고 노후 경유차 조기 폐차로 배기가스 5등급인 노후 차량 수가

2020년 12월 168만 대에서 2021년 12월 131만 대로 22% 줄었다(≪한겨레≫, 2022.1.5).

이처럼 문재인 정부에 이르기까지 미세먼지 정책들이 확대되면서 어느 정도 효과를 보았다고도 할 수 있다. 2021년 국내 초미세먼지의 연평균 농도는 2015년 측정 이래 가장 낮은 수치를 기록했다. 그러나 코로나19 발생 이후의 미세먼지 감소는 일정 부분 팬데믹에 따라 일시적으로 경제·사회 활동이 정체된 데 영향을 받은 측면도 있다. 국내의 경제활동이 위축되었고 중국 역시 경제활동이 축소되면서 초미세먼지의 농도가 낮아져 국외 유입에 따른 대기오염도 개선된 측면이 있다.

이렇듯 미세먼지가 사회의 주요 환경문제로 대두된 이래 한국 정부는 다양한 법적·제도적 방안을 도입해 문제를 해결하고자 노력해 왔다. 필요한 법률과 시행령을 만들고, 미세먼지 문제를 통합적으로 관리하고, 부처 간의 정책 조율을 위한 거버넌스 조직을 만들고, 국민에게 미세먼지에 대한 정확한 정보를 공개하기 위한 플랫폼을 만들었다. 이러한 정부의 정책적 노력은 미세먼지 농도의 개선, 국민의 인식과 대응력 강화, 미세먼지에 대응하는 과학기술의 발전, 데이터의 축적 등 다양한 결실로 이어지게 되었다.

그러나 여전히 미세먼지 문제의 해결에는 여러 한계가 놓여 있다. 우선 미세먼지의 가장 큰 배출원인 사업장 규제를 놓고 정부는 소극적인 자세로 일관하고 있다. 미세먼지 예산의 편성을 보면 배출원 규제에 대한 정부의 태도를 어느 정도 읽을 수 있다.

환경부가 편성한 2020년 미세먼지 예산은 2조 2000억 원으로 이는 2019년 추경 1조 9000억 원보다 증액된 수치다. 그러나 예산의 분야별 비중을 보면 79%가 도로오염원 저감에 책정되었고, 사업장 저감에는 14%, 기타 사업에는 7%가 할당되었다(≪오마이뉴스≫, 2019.10.31). 2019년 여수국가산업단지의 대기오염물질 배출 조작 사건, 포스코와 현대제철의 고로 대기오염물질 불법 배출 사건 등 사업장의 미세먼지 관리·감독에 문제가 드러났음에도 불구하고 사업장 저감 부문 예산은 고작 3000억 원만이 배정되었다. 5만 2000개가 넘는 45종의 사업장을 관리·감독하기에는 적은 예산이라는 분석이다. 또한 도로오염원 부문 미세먼지 예산 1조 7000억 원의 62%가 전기차와 수소차 보급 사업을 위한 구매 보조 예산과 인프라 구축에 책정되었다. 전기차와 수소차 구매 보조 예산의 80%가 승용차에 지원되는데, 실제 수도권과 대도시의 도로오염원은 경유차이며, 그중에서도 배기가스 5등급의 노후 대형 경유차가 문제가 된다. 따라서 예산 배정이 실제 미세먼지 배출원을 겨냥하고 있지 않다는 문제를 드러내고 있다(같은 글).

즉, 제1배출원인 사업장의 관리 강화 방안을 구체적으로 마련할 필요가 있으며 적정한 예산을 할당할 필요가 있다. '대기관리권역의 대기환경개선에 관한 특별법'은 모든 총량 관리 사업장에 대해 굴뚝 자동 측정 기기 부착을 의무화하고, '대기환경보전법' 개정안은 2020년 4월부터 굴뚝 자동 측정 기기로 측정한 결과의 공개 범위를 확대하도록 했다. 환경부 추산으로 이 조항의 시행 1년 후 현재보다 세 배 많은 2000여 곳이 추가 설치 대상이 될 것이라고 하는데, 이를 감안해도 전체 사업장의 5% 정도만 설치 의무의 적용을 받는 것에 불과하다. 나머지 95% 사업장은 자가 측정이나 사업장이 의뢰한 사설 측정 업체가 배출 허용 기준의 준수 여부를 점검하고 그 결과를 지방자치단체에 보고하는 이른바 '셀프 단속'에 머무는 것이다(이혜경·배재현, 2019).

이미 지자체에서 측정 대행업체의 부실 측정과 배출 사업장과의 유착 관계가 반복해서 문제가 되고 있다. 지방자치제도가 1990년대 초반 시행되면서 대기를 포함한 환경 사무의 상당 부분도 중앙에서 지방으로 이양되었다. 미세먼지의 최다 배출원인 사업장에 대한 주요 규제 권한(대기오염 배출 시설의 허가, 개선 명령, 조업 정지 등)도 지방으로 이양되었다. '환경오염시설의 통합 관리에 관한 법률'에 따라 대기오염물질이 연간 20톤 이상 발생하는 사업장의 허가는 여전히 환경부가 맡고 있으나 중소 사업장의 경우 대기 관리 사무는 지방으로 이양되었다. 그러나 지자체가 실질적으로 대기 관리를 할 수 있는 부서나 인력을 갖추고 있지 못하거나 있더라도 역량과 규모의 측면에서 제약을 가진 경우가 많아 불법행위가 지속되고 있다(이혜경·배재현, 2019). 따라서 지자체의 미세먼지 관리·감독 역량 등을 포함한 환경 사무의 총체적 역량 강화가 필요하다.

또한 미세먼지 정책과 거버넌스 조직 등의 반복과 중복은 국민들에게 피로감을 주고 있다(이혜경·배재현, 2019). 미세먼지 통계 등 데이터 역시 다양한 기관에서 분산적으로 운영되고 있다. 이는 미세먼지 문제의 통합적이고 유기적인 관리를 저해하는 비효율로 작용할 가능성이 크다. 예를 들어 국가미세먼지정보센터(환경부 소속으로 '미세먼지 저감 및 관리에 관한 특별법'에 근거함), 국가대기질통합관리센터(환경부 소속으로 '대기환경보전법'에 근거함), 온실가스정보센터(환경부 소속으로 '저탄소녹색성장기본법'에 근거함) 등 여러 기구의 역할을 조율하고 통합하는 방안이 필요하다.

마지막으로 정부가 국가미세먼지정보센터나 에어코리아 등을 통해 미세먼지와 관련된 지식과 정보를 국민에게 알리고 예보와 경보를 통해 대응 방안을 강구하도록 촉구하고 있지만 여전히 미세먼지는 개개인들에게 어려운 과학의 영역이자 전문가의 영역이라는 인식이 강하다. 이에 시민들에게 보다 가깝게 미세먼지 지식을 소통하는 방안이 고안되어야 한다. 〈그림 4-4〉는 부산시 지하철 역사 내 설치된 미세먼지 측정소다. 실내 미세먼지를 실시간으로 측정해 데이터를 공개함으로써 시민들에게 미세먼지에 대한 관심과 경각심을 유발하며 현재 상태가 어떤지에 대한 정보를 제공한다. 이처럼 일상

그림 4-4 부산시 지하철 역사 내 미세먼지 측정소

자료: 저자가 제공함.

에서 시민들이 접할 수 있는 미세먼지 정보가 확대되어야 하며 환경교육 역시 강화되어야 한다.

4. 나오며

이 장에서는 그동안 한국 사회에서 미세먼지가 어떠한 과정을 통해 주요 환경문제로 대두되었으며, 정부는 어떠한 법적·제도적 노력을 투입하며 미세먼지 문제에 대응해 왔는지를 다루었다. 또한 다양한 법률, 시행령, 정책 등이 어떠한 성과를 보였으며 미세먼지 문제를 해결하기 위해 어떠한 문제점이 개선되어야 하는지에 대한 논의도 제공했다. 이 장에서는 중앙정부의 정책 방안들에 초점을 두었지만, 정책의 성공적인 집행과 효과 창출을 위해서는 배출원인 사업장부터 개인에 이르기까지 다양한 사회 구성원의 참여와 역할이 필요하다. 정부는 미세먼지 문제가 공유지의 비극으로 전락하지 않도록 실효성 있는 정책을 설계하고 다양한 주체와 소통하고 협력해 각 층위에서 요구되는 바람직한 행동을 유도함으로써 문제 개선을 위한 리더십을 발휘해야 한다.

참고문헌

≪가스신문≫. 2022.6.14. "서울시 초미세먼지 농도, 역대 최저 기록". http://www.gasnews. com/news/articleView.html?idxno=105423.

≪경향신문≫. 2018.4.25(1988.4.25). "오래전 '이날'". https://m.khan.co.kr/national/national-general/article/201804250106001/amp.

국회 예산정책처. 2019. 「미세먼지 대응 사업 분석」. ≪NABO브리핑≫, 제65호(9월 9일).

김용표. 2017. 「초미세먼지 문제 해결을 위한 연구 및 정책 방향」. *Journal of Korean Society for Atmospheric Environment*, 제33권 3호, 191~204쪽.

배민아·김현철·김병욱·김순태. 2018. 「수도권 초미세먼지 농도모사: (V) 북한 배출량 영향 추정」. ≪한국대기환경학회지≫, 제34권 2호, 294~305쪽.

신상범. 2018. 「결론: 한국 환경정치의 과제」. 신범식 외 엮음. 『지구환경정치의 이해』. 사회평론아카데미, 537~572쪽.

안영인. 2018.4.9. "예전에는 미세먼지 없었다?··· 80~90년대는 더 심했다". SBS 뉴스, https:// news.sbs.co.kr/news/endPage.do?news_id=N1004704814.

에어코리아. n.d. https://airkorea.or.kr.

≪오마이뉴스≫. 2019.10.31. "미세먼지 못 잡는 2020년 환경부 미세먼지 예산". https://n. news.naver.com/mnews/article/047/0002245296.

이명선. 2019. 「미세먼지와 인체위해성 대응을 위한 정부의 정책동향」. ≪젠더리뷰≫, 이슈브리프, 제53호, 54~60쪽.

이현주·정여민·김선태·이우섭. 2018. 「한반도 미세먼지 발생과 연관된 대기패턴 그리고 미래 전망」. ≪한국기후변화학회지≫, 제9권 4호, 423~433쪽.

이혜경·배재현. 2019. 「미세먼지 행정의 현안과 개선과제」. ≪NARS 현안분석≫, 제57호.

진윤정·이창민. 2016. 「심각해진 미세먼지, 정부의 대책은?」. ≪포스코경영연구원 이슈리포트≫ (2016.12.15).

≪크리에이티브 이코노미≫. 2020.2.19. "[취재파일] 미세먼지는 과거부터 우리와 함께했다". https:// post.naver.com/viewer/postView.nhn?volumeNo=27539761&memberNo=48207535 &vType=VERTICAL.

≪한겨레≫. 2022.1.5. "초미세먼지 측정 이래 '2021년 하늘' 가장 맑았다". https://www.hani. co.kr/arti/society/environment/1026062.html#csidxe8a6cd42ab901f780d92b547d2ae d9e.

한국공학한림원·한국과학기술한림원·대한민국의학한림원. 2017. 「미세먼지 문제의 본질과 해

결 방안: ① 미세먼지, 무엇이 문제인가?」. ≪이슈페이퍼≫, 2017-02. 경성문화사.

≪환경일보≫. 2022.1.11. "2022년 환경정책 화두는 '탄소중립'". http://www.hkbs.co.kr/news/articleView.html?idxno=662318.

IQAir, Air Visual. 2019. "2018 World Air Quality Report: Region & City $PM_{2.5}$ Ranking." https://www.iqair.com/world-most-polluted-cities/world-air-quality-report-2018-en.pdf.

OECD. 2016. "The economic consequences of outdoor air pollution." Paris, France: OECD. http://dx.doi.org/10.1787/9789264257474-en.

Watts, N. et al. 2018. "The Lancet Countdown on health and climate change: from 25 years of inaction to a global transformation for public health." *The Lancet*, 391(10120), pp. 581~630.

제5장

중국의 미세먼지와 대기오염물질 저감 정치와 정책

조정원 원광대학교 한중관계연구원 동북아시아인문사회연구소

1. 들어가며

2013년부터 중국에서 미세먼지를 비롯한 대기오염물질이 한국으로 넘어오면서 월경성 대기오염이 발생했고, 2019년에는 사상 최악의 월경성 대기오염이 발생하기도 했다. 그에 따라 한국의 중앙정부 부처와 환경과 관련된 연구 기관들은 중국으로부터 날아오는 미세먼지가 한국의 월경성 대기오염에 어느 정도로 영향을 미치는지에 대해 연구하며 월경성 대기오염의 원인을 규명하고자 했다. 2016년 5월 2일부터 6월 12일까지 환경부와 국립환경과학원이 미국 항공우주국(National Aeronautics and Space Administration, NASA)과 함께 진행한 '한미 협력 국내 대기질 공동 조사'에서 서울올림픽공원에서 측정된 초미세먼지($PM_{2.5}$)의 기여율은 국내 52%, 국외 48%였고 국외의 경우 중국 내륙이 34%를 차지했다.[1] 2019년 11월 20일에 공개된 한·중·일의 동북아 장거리이동 대기오염물질 공동연구에서는 2017년 연평균 기준으로 중국

발 초미세먼지가 한국의 세 개 도시(서울, 대전, 부산)에 미친 영향이 32%였다 (최재규, 2019.11.20: A12면). 상술한 것처럼 중국의 미세먼지가 한국의 월경성 대기오염에 적지 않은 영향을 주고 있음이 입증되면서 한국의 정부, 학계, 기업 등은 중국의 미세먼지를 비롯한 대기오염물질 저감에 관심을 가지게 되었다.

2020년 1월 중국 후베이성 우한을 기점으로 확산된 코로나19 사태에 따라 중국이 발생지의 봉쇄를 불사하는 제로 코로나 정책을 추진하면서 중국발 월경성 대기오염은 팬데믹 이전보다 감소했다. 그러나 중국의 코로나19 사태가 진정되고 제로 코로나 정책을 완화해 경제활동과 산업활동이 정상화되면 중국의 대기오염물질 배출량도 다시 늘어나 한국으로 넘어오는 대기오염이 재발할 수 있다. 중국발 월경성 대기오염의 완화와 개선은 중국의 각급 정부의 정치와 정책이 자국의 대기오염물질 저감을 유도할 수 있어야 한다.

1949년 10월 1일 중화인민공화국 성립 이후 중국공산당(이하 공산당)의 일당 통치가 지속되고 있는 중국은 공산당 지도부와 중앙정부가 정치와 정책 수립 및 실행에서 중요한 역할을 맡고 있다. 공산당 지도부와 중앙정부가 대기오염물질 저감 정치와 정책에서 미세먼지에 관심을 갖게 된 건 2011년부터다. 2001년부터 2010년까지 공산당 지도부와 중앙정부는 이산화황, 질소산화물의 배출량 저감과 통제에 초점을 맞추었으나 2011년부터 미세먼지를 중심으로 중국의 국내 대기오염의 범위가 확산되기 시작했고 이러한 흐름은 한국과 일본으로의 월경성 대기오염으로 이어졌다(薛文博 外, 2021: 55). 2013년

---

1   2016년 환경부, 국립환경과학원, 미국 항공우주국의 공동 연구에서 중국의 미세먼지 기여율을 지역별로 살펴보면 산둥성 권역 22%, 베이징 권역 7%, 상하이 권역이 5%를 기록했다 (이상보·안준영, 2017: 3).

중국 국무원은 '대기오염방지 행동계획'을 시작으로 미세먼지를 중심으로 진행되는 대기오염의 확산을 통제하려는 정책들을 시행하고 있으며 이에 지방정부들도 호응하며 대기오염 확산의 완화와 방지, 대기오염물질 저감을 위해 노력하고 있다(中央人民政府, 2013.9.10). 그리고 중국 정부는 대기오염물질 저감과 월경성 대기오염 완화를 위해 한국과 일본의 정부, 기업, 연구 기관과 협력하고 있다. 그러나 중국의 대기오염물질 저감을 위한 정치와 정책은 여러 장애 요인 탓에 문제의 근본적인 개선을 유도하지 못하고 있다.

이 장에서는 한국의 월경성 대기오염 발생 요인으로 작용하고 있는 중국의 대기오염물질 저감을 위한 정치와 정책에 대해 설명한다. 이를 위해 중국 중앙정부 중심의 대기오염물질 저감 정치의 구조를 소개하고, 시진핑 시대 중국의 대기오염물질 저감 정책들의 목적과 주요 내용을 분석한다. 그리고 중국의 대기오염물질 저감 정치와 정책의 장애 요인들을 소개함으로써 중국의 대기오염물질 배출량의 획기적인 저감이 왜 어려운지를 설명할 것이다. 이를 토대로 결론에서는 중국의 대기오염물질 저감을 위한 정치와 정책이 향후 어떤 방향으로 전개될지 예측하고 한국과 중국이 중국의 국내 대기오염물질 저감과 월경성 대기오염 완화를 위해 어떻게 협력해야 할지 제안하고자 한다.

2. 중국의 대기오염물질 저감 정치의 구조

2013년 3월 시진핑을 중심으로 하는 공산당 제5세대 지도부가 등장하면서 중국의 대기오염물질 저감을 위한 정치에서 시진핑은 가장 중요한 행위자를 맡고 있다. 공산당 총서기와 국가주석을 겸직하고 있는 시진핑은 대기오염에 대한 체계적인 분석과 종합적인 대책을 마련해야 하며, 이를 위해 대기오염 발생 원인에 대한 연구와 적극적인 과학기술 개발을 강조한 바 있다. 그리고 시진핑 주석은 2019년 1월에 '중국의 생태 문명 건설의 새로운 단계 상승 추진(推动我国生态文明建设迈上新台阶)'을 내놓으면서 대기질 개선을 포함한 친환경 문명 건설 방안을 제안했다(공상철, 2019: 120). 시진핑은 '중국의 생태 문명 건설의 새로운 단계 상승 추진'에서 대기환경 개선의 중요성을 강조했다. 이를 위해 대기오염물질 배출 기준 시행, 석탄 소비 감소, 태양광과 풍력 등 청정에너지 발전을 통해 중국의 수도권(베이징, 톈진, 허베이성), 장강 삼각주, 펀웨이(汾渭)평원의 대기질 개선을 추진할 것이라고 했다(习近平, 2019.1.31). 시진핑의 대기오염물질 저감과 대기환경 개선에 대한 의지를 뒷받침하기 위해 중국 국무원은 주도적 역할을 수행하고 있다. 중국 국무원은 2016년 11월 25일에 내놓은 '13차 5개년 규획 기간 생태환경보호규획("十三五" 生态环境保护规划)'에서 친환경 과학기술의 혁신을 위해 수준 높은 연구 역량을 갖춘 전문가를 활용하는 생태·환경 보호 과학기술 혁신 플랫폼의 운영과 이를 위한 적극적인 지원을 명시했다(中央人民政府, 2016.11.24). 국무원 국가발전개혁위원회(이하 국무원 발개위)는 기후변화와 대기오염 저감 관련 정책 어젠다 세팅과 정책 실행의 컨트롤 타워 역할을 맡고 있다. 국무원 발개위의 주도하에 대기오염물질 저감 정책의 수립과 실행은 중앙정부의 여러 부처가 업무를 나누고 공조해 시행하고 있다. 생태환경부는 대기오염 관련 정책들의 시행과 감독, 대기오염 저감을 위한 국제 협력을 맡고 있고 대기오염 개선을 포함한 생태·환경 개선과 관련된 과학기술 연구에 매년 거액의 예산을 투입해 지원하고 있다.[2]

---

2 중국 생태환경부는 2021년 기초연구와 실험실 지원을 위해 1560만 위안을 지출했고, 응용

자동차의 대기오염물질 저감을 위한 신에너지자동차(新能源汽车: 배터리 전기
자동차, 플러그인 하이브리드, 수소자동차, 이하 친환경차)의 보급과 연구·개발은 과
학기술부가 전담하고 있다. 과학기술부는 수소연료전지와 수소자동차 분야
전문가인 완강(万钢) 박사가 2007년부터 2018년 3월까지 장관을 지내며 중앙
정부의 재정부와 공업정보화부, 국무원 발개위와 베이징, 상하이, 선전을 비
롯한 주요 대도시의 지방정부와 공조를 통해 친환경차를 구입하는 소비자들
을 위한 보조금 지급과 자동차 번호판 등록비 면제를 시행했다(조정원, 2019:
235). 완강 박사는 상하이 퉁지대학에서 실험역학으로 석사학위를 받은 후에
1985년 독일의 클라우스타르 공과대학의 기계 전공 박사과정에 진학해 1991
년에 박사학위를 받은 후 독일 자동차 업체 아우디(Audi)에서 엔지니어로 근
무했다. 그는 아우디 엔지니어로 근무하며 중국 국무원에 청정에너지 자동
차를 개발해 선진국의 자동차 산업을 추월하자고 제안했고, 완강의 제안을
접한 중국 과학기술부는 그에게 귀국과 중국에서의 인력 양성을 부탁했다.
완강은 2000년 성탄절에 귀국해 2001년부터 퉁지대학 교수로 재직하며 연료
전지 자동차의 연구·개발과 인력 양성에 매진했다(张向永·宋清知, 2015.10.23).
그 후에 중국 과학기술부 장관으로 재직하며 중국의 과학기술 정책과 친환
경차 정책의 설계 및 추진에 참여했다.[3] 완강은 장관에서 물러난 후에도 중
국인민정치협상회의 부주석, 중국과학기술협회 주석, 해외 화교들을 중심으
로 만들어진 공산당의 협력 정당인 중국치공당(中国致公党) 주석, 지난대학 이
사장을 맡고 있다. 중국의 국내외 전기자동차 전문가와 기업인들의 모임인

연구 지원에 2억 3398만 900위안을 지출했다(生态环境部, 2022: 24).

3 "万钢", 百度百科(2022). https://baike.baidu.com/item/%E4%B8%87%E9%92%A2 (검색일:
2022.6.28).

중국전기차100인회(China EV 100)에도 참여하며 친환경차 정책 추진과 대외 협력을 지원하고 있다.[4] 그가 중국의 대기오염 저감 정책에서 중요한 부분인 친환경차 정책을 입안하고 전담하는 정책 창도자(Policy Entrepreneur)의 역할을 맡게 된 데는 중국이 개혁·개방 이후 과학기술과 산업 발전의 필요성이 커졌지만 선진 기술을 이해하고 활용하는 전문가가 부족했기 때문이다. 또한 완강 박사는 자신의 연구 분야인 수소연료전지 자동차뿐만 아니라 배터리 전기자동차, 플러그인 하이브리드 등의 친환경차 분야에 전문성을 가졌고 미국과 유럽 선진국들의 친환경차 정책에 대한 이해가 깊어 중국의 친환경차 판매량을 세계 최고 수준으로 끌어올리는 일에 중요한 역할을 수행할 수 있었다.[5] 중국의 미세먼지 저감을 위한 정치와 정책에서 엔지니어가 정책 창도자의 역할을 맡아 관련 정책의 입안과 실행에 적극적으로 참여하는 모습은 앞으로도 재현될 가능성이 있다.

　과학기술부는 완강 장관이 물러난 후에도 국무원 발개위, 재정부, 공업정보화부와 협력하며 친환경차 구입 보조금 정책의 수립과 실행을 맡고 있다(中央人民政府, 2022.1.1). 대기오염을 저감하기 위한 연구와 개발에 필요한 생태환경부의 예산 배정, 친환경차 보급을 위한 소비자 대상 구입 보조금에 대한 재정 지원과 감독은 재정부가 맡고 있다. 공업정보화부는 대기오염 저감 설비, 친환경차, 태양광발전과 풍력발전 등 대기오염물질 저감과 관련된 산업을 육성하는 정책을 담당하고 있다. 교통운수부는 생태환경부 등 중앙정부 부처들과 더불어 디젤화물차의 퇴출 지원과 디젤화물차 운전자들의 배기가스 자가진단장치(On-Board Diagnostics, OBD)의 정상적인 사용 여부를 감독하

4　같은 글.
5　2021년 중국의 친환경차 판매량은 352만 대로 세계 1위를 기록했다(王连香, 2022.3.29).

표 5-1 중국 정부의 대기오염물질 저감 정치와 정책의 업무 분담

행위자와 정부 부처	주요 업무
시진핑 주석	• 대기환경 개선을 위한 정책과 방향을 제시함. • 대기오염물질 저감과 대기환경 개선을 위한 적극적인 연구·개발을 강조함.
국무원 국가발전개혁위원회	• 국가주석이 제시한 대기오염물질 저감과 대기환경 개선 정책의 의지와 방향을 구현하는 정책을 수립하고 실행함. • 대기오염 저감과 관련된 어젠다와 정책 실행의 컨트롤 타워 역할을 수행함.
생태환경부	• 중국의 대기오염 저감 정책의 주무 부처. • 각 지역의 대기오염물질 저감 상황을 감독함. • 자동차가 야기하는 대기오염 관련 제도를 시행하고 감독함. • 대기오염 저감과 관련된 기초연구와 응용연구를 지원함. • 대기오염 저감과 관련해 국제 협력을 수행함.
완강 박사	• 중국 친환경차 정책의 도입과 실행을 적극 추진하는 정책 창도자의 역할을 맡음.
과학기술부	• 2007년부터 중국의 친환경차 보급 정책의 주무 부처 역할을 수행함.
재정부	• 대기오염 저감 연구·개발과 친환경차 보급에 필요한 재정을 지원하고 감독함.
공업정보화부	• 대기오염물질 저감과 관련된 산업을 육성하는 정책을 수립하고 실행함.
교통운수부	• 노후 디젤화물차의 퇴출을 지원함. • 디젤화물차의 배기가스 자가진단장치의 훼손 여부를 감독함.

자료: 生态环境部(2022: 4~6)를 저자가 정리함.

고 있다.

중국 정부의 대기오염 저감을 위한 정치와 정책은 권위주의적 환경주의 (authoritarian environmentalism)를 구현한 대표 사례다. 권위주의적 환경주의 는 유능함과 도덕성을 갖춘 관료들로 구성된 정부의 주도하에 환경 개선 정 책을 강력하게 추진하고 국민 참여는 정부가 필요로 하는 대중 동원에만 허 용하는 것을 의미한다(이재영, 2018: 179). 중국과 같이 공산당 일당 체제의 권 위주의 국가는 정기적으로 선거를 실시하고 여러 정당이 활동하는 민주주의 국가들보다 환경문제에 보다 신속하고 전체적으로 대응할 수 있고, 국가가 필요하면 개인의 자유를 제한하며 정책 목표를 달성하고자 한다(조정원, 2020:

224). 중국은 국무원과 생태환경부를 비롯한 환경정책과 관련된 중앙정부 부처들이 각급 행정구역의 지방정부에 환경정책을 하달하고 지방정부들은 중앙정부의 정책을 반영해 실행한다. 지방정부도 성급 행정구역에서는 성장이, 일반 지급시에서는 시장의 정책 마인드와 의지가 환경정책의 성과를 좌우할 수 있다. 가령 다롄은 1998년 중국 정부로부터 10대 환경도시 중 하나로 선정되었으며, 2001년에는 유엔환경계획(United Nations Environment Programme, UNEP)으로부터 세계 500대 도시의 하나로 선정되었다. 이러한 성과는 1993~2000년 다롄 시장을 지낸 보시라이(薄熙來)가 1990년대 초부터 주거지와 공장지대를 분리해 주거지 내의 공장을 시 외곽으로 이전하는 정책을 추진하고, 다롄시 환경과학연구소의 청정 생산 도입, 일본 지방 도시들과의 자매결연을 통해 일본의 환경산업 관련 투자를 유치하며 다롄의 환경을 개선해 냈기에 가능했다(신상범, 2005).

3. 시진핑 시대 중국의 대기오염물질 저감 정책

시진핑 중심의 공산당 5세대 지도부의 대기오염물질 저감 정책은 공산당 4세대 지도부 임기의 마지막 해인 2012년에 국무원이 제정한 '중점지역 대기오염방지 12차 5개년 규획(重点区域大气污染防治'十二五'规划)'에서 제시한 미세먼지를 중심으로 광역 대기오염 대응을 강화하고 자동차를 비롯한 오염원의 대기오염물질을 저감하는 데 초점을 맞추고 있다. 2013년 국무원이 내놓은 '대기오염방지 행동계획'은 각종 오염원의 종합적인 통제와 배출량이 많은 오염물질의 저감에 초점을 맞추었다. 이를 위해 '행동계획'에서는 대기오염 예방을 위한 산업구조 조정과 산업의 고도화 추진, 청정에너지의 공급 증가, 에너지 절약과 환경보호, 자연환경과 주거 환경을 감안한 산업 공간 배치의 최적화, 비상 감시 체계 구축, 대기오염이 야기하는 기상 변화에 대한 적절한 대응, 정부, 기업, 사회의 대기오염에 대한 명확한 책임 부여, 전 국민의 환경보호 참여 동원을 제시했다(中央人民政府, 2016.11.24).

국무원의 '행동계획' 시행에도 불구하고 중국의 수도권은 대기오염물질 저감에 실패했다. 수도권의 대기오염물질 저감 실패는 수도 베이징의 공장을 한국의 경기도 격인 허베이성으로 이전했지만 허베이성에서 배출되는 대기오염물질이 베이징으로 넘어가는 것을 막을 수 없었기 때문이다. 중국 환경보호부(현재 생태환경부)는 이러한 어려움을 완화하고자 2016년부터 2017년까지 '징진지 대기오염방지 강화조치(京津冀大气污染防治强化措施 2016~2017年)'를 시행했다. 2017년에는 대기오염 중점 관리 지역인 수도권, 장강 삼각주, 펀웨이평원의 가을과 겨울의 대기오염 종합 관리 정책 시행, 부처 간 협력을 통한 대기오염 발생 원인과 대책영도소조와 국가대기오염공동관리연합센터를 운영해 중국의 미세먼지 농도 감소와 대기오염물질 배출량 저감을 추진했다(中央人民政府, 2016.11.24). 이러한 정책들의 시행으로 베이징의 2017년 미세먼지 연평균 농도가 $58\mu g/m^3$를 기록하면서 2013년의 $90\mu g/m^3$보다 $32\mu g/m^3$ 감소했고, 2017년 중국의 주요 도시들의 미세먼지 연평균 농도도 2013년에 비해 35% 감소했다(薛文博 外, 2021).

2018년에 중국 국무원은 '푸른 하늘 보호에서의 승리를 위한 3년 행동계획(打赢蓝天保卫战三年行动计划)'을 내놓으면서 미세먼지의 연평균 농도, 이산화황과 질소산화물의 배출량 저감, 대기질 우량 일수를 핵심 관리 지표로 정하고 산업구조와 에너지 소비구조, 운송 구조의 변화, 권역별 대기오염 예방 관리 강화를 시작했다.

이와 함께 중국 정부는 내연기관 자동차의 운행 증가에 따른 질소산화물,

표 5-2 중국의 자동차 대기오염물질 배출 기준의 변천 과정

자동차 대기오염물질 배출 기준	전국적인 시행 시기	주요 내용
국1(国一)	2001년 7월 1일	• 일산화탄소 배출 제한치: 1킬로미터당 3.16그램 • 탄화수소 배출 제한치: 1킬로미터당 1.13그램
국2(国二)	2004년 7월 1일 (베이징: 2004년 1월 1일)	• 일산화탄소 배출량: 국1 대비 30% 감소 • 탄화수소와 탄산화물 배출량: 국1 대비 55% 감소
국3(国三)	2007년 7월 1일	• 오염물질 배출량을 저감하기 위한 엔진, 배기 시스템, 차량 자가진단장치와 3원 촉매의 성능 향상 • 각종 대기오염물질의 배출량: 국2 대비 40% 감소
국4(国四)	2010년 7월 1일	• 각종 대기오염물질의 배출량: 국3 대비 50~60% 감소
국5(国五)	2018년 1월 1일	• 질소산화물 배출량: 국4 대비 25% 감소 • 비메탄 탄화수소와 미세먼지에 대한 배출 기준 추가
국6a(国六a)	2020년 7월 1일	• 일산화탄소 배출 제한치: 국5 대비 50% 감소
국6b(国六b)	2023년 7월 1일	• 총탄화수소 배출 제한치: 국5 대비 50% 감소 • 비메탄 탄화수소 배출 제한치: 국5 대비 48.53% 감소 • 질소산화물 배출 제한치: 국5 대비 41.67% 감소

자료: 法人杂志(2020.7.3: 1); 조정원(2020: 231).

이산화황, 일산화탄소(Carbon Monoxide, CO), 탄화수소(HydroCrabons, HC) 등 대기오염물질의 발생을 줄이려고 하고 있다. 이를 위해 중국 정부는 1999년 중국 최초의 자동차 대기오염물질 배출 기준인 '국1(国一)'을 제정해 2001년에 전국적으로 시행했다(조정원, 2020: 231). 그리고 〈표 5-2〉에서 보는 것처럼 2001년부터 2023년까지 자동차의 대기오염물질 배출 기준을 지속적으로 강화하고 있다.

중국 생태환경부는 경유차 운행에 따른 질소산화물 등의 대기오염물질 배출을 저감하기 위해 2019년 7월 1일부터 '제6단계 중형 디젤차 오염물질 배출 기준치와 측량 방법[重型柴油车污染物排放限值及测量方法 中国第六阶段, 이하 국6(国六)]'을 실시하고 있다. 2019년 7월 1일부터 2019년 12월 31일까지 중국 수도

표 5-3 중국의 자동차 배기가스 배출 기준 국5, 국6a, 국6b 간 비교   (단위: mg/km)

배출량	국5		국6	
	가솔린 차량	경유 차량	a	b
일산화탄소	1,000	700	700	500
비메탄 탄화수소	68	-	68	35
질소산화물	60	180	60	35
미세먼지	4.5	4.5	4.5	3.0
매연 입자 수	-	6.0×10^{11}/km	6.0×10^{11}/km	6.0×10^{11}/km

자료: 知乎(2020).

권, 장강 삼각주(상하이, 장쑤성 남부, 저장성 북부), 펀웨이평원, 청두, 충칭에 국
6을 우선 실시해 자동차 매연 입자 수(particle number) 한계치를 1킬로미터당
6×10^{12}개로 적용하고, 국6이 전국적으로 실시되는 2020년부터는 매연 입자
수 한계치를 1킬로미터당 6×10^{11}개로 강화하기로 했다(조정원, 2020: 231). 그
리고 2023년 7월 1일부터 전국적으로 시행하는 배출 기준인 국6b에서는 국
6a보다 미세먼지 배출 제한치를 33% 줄일 예정인데, 이는 중국의 자동차 미
세먼지 배출에 따른 겨울과 봄의 스모그가 불러오는 호흡기 질환의 발생 가
능성을 최대한 낮추기 위한 조치다(같은 글, 232).

이와 함께 국무원 발개위, 생태환경부, 상무부, 국가에너지국, 국가철도국,
중국철도총공사 등의 정부 부처와 기관들은 2019년부터 '디젤화물차 오염관
리 공방전 행동계획(柴油货车污染治理攻坚战行动计划)'을 실시해 디젤화물차의 대
기오염물질 배출량을 저감하려고 했다(生态环境部, 2019.1.4). 이 '행동계획'에
서는 중국 수도권, 장강 삼각주, 펀웨이평원, 네이멍구자치구의 중서부를 중
점 지역으로 지정해 관리하고 디젤유와 차량 요소수의 품질을 개선해 이산
화질소의 배출 농도를 저감하고자 했다(같은 글, 4~5). 그리고 생태환경부, 교

통운수부, 시장관리감독총국이 공조해 디젤화물차의 배기가스 자가진단장치의 훼손을 금지하고 장치 훼손이 적발될 경우 해당 화물차 운전자를 엄벌하기로 했다(같은 글, 10). 이와 함께 생태환경부, 재정부, 상무부, 교통운수부, 공안부가 협력해 2020년 12월까지 중국 수도권과 주변 지역, 펀웨이평원에서 자동차 대기오염물질 배출 기준이 국3(国三) 이하인 디젤화물차를 100만 대 이상 퇴출하고 디젤화물차의 대기오염물질 저감을 유도하기 위해 철도의 화물 운송 증대도 병행하기로 했다(같은 글, 11~16).

이렇듯 중국은 정부 부처 간에 협력해 미세먼지를 비롯한 대기오염물질의 저감을 추진 중이나 만족할 만한 성과를 얻는 데 어려움을 겪고 있다.

4. 중국의 대기오염물질 저감 정치와 정책의 문제점

1) 부처 간 업무의 분산과 공조에 따른 어려움

부처 간의 협력과 거버넌스가 요구되는 특성은 중국 중앙정부와 지방정부의 환경정책 추진 과정에서 공통적으로 나타난다. 부처 간의 협업은 특정 부처로의 과도한 권한 집중을 막고 부처 간의 업무를 분산해 보다 효과적인 정책 실행에 도움이 될 수도 있다. 그러나 중국 환경정책의 궁극적인 목표 중 하나인 대기환경 문제 해결에 효과적인 거버넌스라고 보기는 어렵다. 중국 생태환경부는 예산과 인력 측면에서 국무원 발개위, 재정부, 과학기술부에 비해 빈약하다. 이러한 상황은 각지 지방정부 차원에서도 차이가 없다. 지방정부의 환경보호국은 예산과 인력이 발전개혁위원회, 경제와정보위원회, 재정국, 규획및국토자원관리국에 비해 약세인 상황에서 벗어나지 못하고 있다.

그렇기 때문에 환경오염 감독과 감시에 필요한 인력을 충분히 확보하는 데도 어려움을 겪고 있다. 그에 따라 주요 도시의 환경정책 실행에서도 환경보호국은 주도적인 역할을 하지 못한다. 미국 환경보호청과 같이 환경과 관련된 예산과 전문 인력, 행정 권한에서 독립성을 가지고 우위를 점하는 중앙정부 부처가 등장해 환경정책을 체계적으로 수립하고 실행하는 것이 보다 효율적이다. 그러나 현재 중국의 중앙의 국가주석 중심의 정치체제, 지방의 성장과 시장 중심의 정치체제에서는 미국 환경보호청과 같은 환경 관련 부처가 조직되어 운영되기는 쉽지 않을 것이다.

2) 경유차 운행에 따른 질소산화물 배출량 저감의 어려움

〈표 5-4〉에서 2016~2020년 중국의 자동차 주요 대기오염물질 배출량 추이를 보면 미세먼지와 일산화탄소는 계속 줄고 있고, 탄화수소도 2019년에 전년 대비 약 48% 감소했지만, 디젤차에서 많이 배출되는 질소산화물의 배출량 저감에는 어려움을 겪고 있다. 2019년 중국의 자동차 질소산화물 배출량은 635만 6000톤으로 전년 대비 72만 7000톤이 늘어난 반면에 2020년에는

표 5-4 중국의 자동차 주요 대기오염물질 배출량 추이   (단위: 년, 만 톤)

	2016	2017	2018	2019	2020
일산화탄소	3,419.3	3,327.3	3,089.4	771.6	769.7
탄화수소	422.0	407.1	368.8	189.2	190.2
질소산화물	577.8	574.3	562.9	635.6	626.3
미세먼지	53.4	50.9	44.2	7.4	6.8

자료: 生态环境部(2017: 6); 生态环境部(2018: 3); 生态环境部(2019: 3); 生态环境部(2020: 3); 生态环境部(2021: 1); 조정원(2020: 226).

626만 3000톤으로 전년 대비 9만 2000톤 감소에 그쳤다. 이는 중국의 운전자들 사이에 엔진 출력이 좋은 디젤차에 대한 선호가 지속되고 있고, 특히 디젤 화물차 사용이 계속되면서 질소산화물 배출량을 획기적으로 줄이기 어렵기 때문이다.

3) 태양광과 풍력의 기저전원 역할 수행의 어려움

중국 국가에너지국의 통계에 따르면 2021년 중국의 신규 태양광발전 설비 용량은 5493만 킬로와트(KW)로 전년 대비 14.3% 증가했고, 같은 해 중국의 태양광발전 설비 용량은 3억 656만 킬로와트로 전년과 비교해 20.9% 증가했다(*REUTERS*, 2022.1.27). 반면에 같은 해에 중국의 신규 풍력발전 설비 용량은 4757만 킬로와트로 전년 대비 34% 감소했지만, 그중 신규 해상풍력발전 설비 용량은 1690만 킬로와트로 해상풍력발전 설비 용량이 사상 최고치를 기록했다(같은 글). 중국 국가에너지국이 2022년 1월 28일 공개한 통계를 보면 중국의 풍력발전 설비 용량은 3억 2800만 킬로와트, 태양광발전 설비 용량은 3억 600만 킬로와트로 중국의 전체 발전설비 용량에서 각각 13.8%, 12.9%를 차지한다(≪北极星风力发电网≫, 2022.1.29).

이와 같이 중국의 태양광발전과 풍력발전 설비 용량은 중국의 전체 발전 설비 용량의 26.7%를 차지하고 있지만 대량의 전력을 안정적으로 공급하는 기저전원의 역할을 수행하지 못하고 있다. 그리고 2021년에 코로나19 사태로 어려움을 겪던 중국의 산업활동이 회복되면서 중국 기업의 전력 수요 증가에 태양광발전과 풍력발전으로는 효과적으로 대응할 수 없었다. 특히 중국 동북 지역은 풍력발전의 비중이 지속적으로 높아졌지만 전력 공급을 안정적으로 관리하는 데 어려움을 겪었다. 〈표 5-5〉에서 보는 것처럼 2015년

표 5-5 **풍력발전이 중국 동북 지역 공업용 전력 사용에서 차지하는 비율** (단위: 년, %)

연도	2015	2016	2017	2018	2019	2020	2021 (1~5월)
비율	9.3	11.4	14.0	16.3	18.5	21.1	33.9

자료: 张启迪(2021.9.29).

에는 풍력발전이 중국 동북 지역의 공업용 전력 사용에서 차지하는 비중이 9.3%에 불과했으나 매년 비중이 꾸준히 늘어 2020년에는 21.1%, 2021년 1월 부터 5월까지는 33.9%에 도달했다.

그러나 중국 동북 지역의 풍력발전량은 기복이 심한 문제를 안고 있다. 가령 2018년 100억 킬로와트시(KWh)를 기록했으나 2020년 7월에는 60억 킬로와트시 밑으로 감소했고, 2021년 5월에는 120억 킬로와트시를 기록했다가 같은 해 7월에는 80억 킬로와트시 밑으로 줄어들었다(张启迪, 2021.9.29). 이처럼 불안정한 중국 동북 지역의 풍력발전량은 2021년 3분기 중국 동북 지역의 전력난의 발생 원인으로 작용했다.

반면에 중국 석탄 산업은 시진핑 시대의 구조조정과 청정에너지 발전 증대 정책에 따른 현장 인력 감소, 채굴과 생산의 자동화 지연을 겪으며 국내 석탄 생산량과 공급량을 늘리기 쉽지 않았다. 그에 따라 중국은 2021년 3분기에 전력난을 피할 수 없었고 이를 타개하고자 석탄화력발전소의 가동률을 다시 높이는 방향으로 정책을 전환했다. 중국은 원자력발전의 비중이 전체 발전량에서 차지하는 비중이 낮기 때문에 기저전원으로서 석탄화력발전의 역할이 여전히 중요하다. 그리고 중국의 배터리 전기자동차 판매량과 전기자동차 충전소가 늘면서 전기자동차 충전과 운행에 필요한 전기를 석탄화력발전소에서 조달할 가능성을 배제할 수 없다. 석탄 산업이 지역의 주요 산업인 산시성 성장을 지낸 리샤오펑(李小鵬)이 교통운수부 장관으로 이동한 후에도 샨시성의 전기자동차 정책에서 주요 전력 공급원은 여전히 석탄화력발전소이기 때문이다. 실제로 리샤오펑은 2021년 3월 전국인민대표대회에서 석탄화력발전소들을 전력 수요가 있는 제철소, 야금 공장, 전기자동차 충전소 등에 연결해 전기를 공급하는 '석탄의 전기로의 변환(煤改电)' 계획을 밝힌 바 있다(于振海 外, 2016.3.10). 그에 따라 중국의 발전 산업에서 대기오염물질을 획기적으로 저감하기는 어려울 것으로 예상된다.

5. 나오며

중국은 중앙정부의 주도하에 석탄화력발전소의 가동 감소, 석탄 난방에서 가스 난방으로의 대체, 태양광과 풍력 등 신재생에너지의 발전량 증대, 배터리 전기자동차의 보급, 인체에 유해한 질소산화물을 많이 배출하는 디젤화물차의 대기오염물질 배출 통제 등을 통해 미세먼지를 비롯한 대기오염물질의 저감을 추진해 왔다. 그러나 태양광발전과 풍력발전이 대규모 전기를 안정적으로 공급하는 기저전원으로 만드는 데 따르는 기술적 어려움과 코로나19 확산 이후 기업들의 해외 수출용 전력 수요 증대에 따라 2021년 3분기에 전력난에 직면했다. 그에 따라 중국의 각급 정부는 석탄화력발전소의 가동을 줄이는 정책을 중단하게 되었다. 그리고 디젤화물차를 비롯한 디젤차에서 많이 발생하는 질소산화물의 배출량이 2020년 626만 3000톤으로 전년 대비 9만 2000톤 감소했지만 중국의 자동차 운전자들이 디젤차를 지속적으로 선호하는 탓에 질소산화물의 배출량을 큰 폭으로 줄이는 데도 어려움을 겪고 있다.

중국 중앙정부와 지방정부는 기업들의 자동차 휘발유와 디젤유의 대기오염물질 함량 저감, 배터리 전기자동차와 수소자동차의 충전 인프라 확산, 석탄화력발전소의 대기오염 저감 기술과 설비 개발을 통해 대기오염물질의 저감을 지속적으로 시도할 것이다. 대기오염물질의 저감과 관련된 산업과 기술의 성공 여부가 중국의 미세먼지 정치와 정책의 성패를 좌우하게 될 것으로 예상된다.

참고문헌

공상철. 2019. 「원톄쥔의 중국 생태문명 담론에 관한 고찰」. ≪중국문학≫, 제101집, 119~136쪽.

신상범. 2005. 「중국의 지방 환경정책 연구: 대련시의 사례」. ≪아세아연구≫, 제48권 3호, 169~ 196쪽.

이상보·안준영. 2017. "한·미 공동연구 결과, 미세먼지 국내영향 52%… 국외보다 높아". 환경부 보도자료(2017.7.19), 3쪽.

이재영. 2018. 「중국 권위주의적 환경주의 모델 비판: 중국의 기후변화와 환경 거버넌스의 한계」. ≪중국학연구≫, 제85집, 177~218쪽.

조정원. 2019. 「중국의 사회·기술시스템 전환은 왜 어려운가?: 신에너지자동차 정책을 중심으로」. ≪현대중국연구≫, 제20집 4호, 101~157쪽.

_____. 2020. 「중국의 13차 5개년 규획 기간의 대기오염물질 배출과 대기오염물질 저감 정책: 자동차를 중심으로」. ≪현대중국연구≫, 제22집 3호, 217~262쪽.

최재규. 2019.11.20. "고농도 시기 초미세먼지 中책임비중 빠져… 체감과 큰 차이". ≪문화일보≫, A12면.

百度百科. 2022. "万钢". https://baike.baidu.com/item/%E4%B8%87%E9%92%A2 (검색일: 2022. 6.28).

法人杂志. 2020.7.3. "从国一到国六: 燃油车越来越难". ≪新浪财经≫, 1쪽. https://finance.sina.com. cn/chanjing/cyxw/2020-07-03/doc-iirczymm0373414.shtml (검색일: 2020.11.12).

≪北极星风力发电网≫. 2022.1.29. "中国海上风电装机跃居世界第一!". https://news.bjx.com.cn/html/ 20220129/1202289.shtml (검색일: 2022.6.23).

生态环境部. 2017. 『中国移动源环境管理年报 2017』, 3쪽.

_____. 2018. 『中国移动源环境管理年报 2018』, 3쪽.

_____. 2019. 『中国移动源环境管理年报 2019』, 3쪽.

_____. 2019.1.4. "关于印发'柴油货车污染治理攻坚战行动计划'的通知", 1~16쪽. (검색일: 2022.6.23).

_____. 2020. 『中国移动源环境管理年报 2020』, 1~30쪽.

_____. 2021. 『中国移动源环境管理年报 2021』, 1~30쪽.

_____. 2022. 「生态环境部门预算 2022」, 24쪽.

薛文博·许艳玲·史旭荣·雷宇. 2021. 「我国大气环境管理历程与展望」. ≪中国环境管理≫, 2021年 第5期, 52~60쪽.

习近平. 2019.1.31. "推动我国生态文明建设迈上新台阶". ≪求是网≫. http://www.qstheory.cn/dukan/

qs/2019-01/31/c_1124054331.htm (검색일: 2020.11.10).

王连香. 2022.3.29. "中国新能源汽车市场持续突破 2021年产销同比增长超160%". ≪人民网≫. http://
finance.people.com.cn/n1/2022/0329/c1004-32387050.html (검색일: 2022.6.23).

于振海·高凤·刘云伶·王菲菲. 2016.3.10. "山西省省长: '四创联动' 推进供给侧结构性改革". ≪新华网≫.
http://www.gov.cn/xinwen/2016-03/10/content_5051908.htm (검색일: 2016.5.21).

张启迪. 2021.9.29. "张启迪: 东北为何拉闸限电最严重? 关键在于风电占比较高". ≪界面≫. https://
www.jiemian.com/article/6653420.html (검색일: 2022.6.12).

张向永·宋清知. 2015.10.23. "万钢 万水朝东 百炼成钢". ≪中国共产党新闻网≫. http://dangjian.peo
ple.com.cn/n/2015/1023/c117092-27733163.html (검색일: 2022.4.2).

中央人民政府. 2013.9.10. 「国务院关于印发大气污染防治行动计划的通知」. http://www.gov.cn/zwgk/
2013-09/12/content_2486773.htm (검색일: 2022.6.21).

_____. 2016.11.24. 「国务院关于印发 '十三五' 生态环境保护规划的通知」. http://www.gov.cn/zhengce/
content/2016-12/05/content_5143290.htm (검색일: 2022.6.23).

_____. 2022.1.1. 「关于 '财政部 工业和信息化部 科技部 发展改革委关于2022年新能源汽车推广应用财政
补贴政策的通知' 的解读」. http://www.gov.cn/zhengce/2022-01/01/content_5665984.htm
(검색일: 2022.6.27).

知乎. 2020. "国六a/b区别详解, 全国各地实施日期大全, 留给大家的时间不多了". https://zhuanlan.zhi
hu.com/p/83784817 (검색일: 2020.9.13).

REUTERS. 2022.1.27. "中国2021年新增太阳能发电装机容量达到创纪录的5,493万千瓦: 国家能源局".
https://www.reuters.com/article/中国2021年新增太阳能发电装机容量达到创纪录的5%2C493
万千瓦-国家能源局-idCNL4S2U70H7 (검색일: 2022.6.21).

제6장

기후변화와 호주 미세먼지 정책의 미래

송영 연세대학교 미래캠퍼스 국제관계학과

1. 들어가며

이 장은 기후변화에 따른 산불이 호주 미세먼지 정책에 어떻게 영향을 주고 있는지 광범위하게 논의하고, 미세먼지가 건강에 미치는 영향과 대기질 측정 정보가 호주의 대기질 정책 방향과 결정에 어떤 역할을 하는지 분석했다. 이를 바탕으로 한국의 대기질 정책에 시사점을 도출하고자 했다.

기후변화, 산불, 대기질 관계는 복합적이다. 기후변화와 미세먼지는 직접적인 연관성이 없어 보이지만, 기후변화에 따라 발생하거나 대규모로 번진 산불은 미세먼지 등 대기오염을 유발한다. 발화 요건은 점화, 연료, 확산에 도움이 되는 온도와 습도 등 세 가지 요소를 포함한다. 주로 석탄, 석유, 가스 등 화석연료의 연소에 따라 발생하는 기후변화는 이러한 요인에 직간접적인 영향을 미칠 수 있다(Climate Council, 2019.11.13). 일부 산불은 주로 번개를 요인으로 자연적으로 시작되며, 나머지는 우발적이거나 방화 등 인간이 일으킨다. 전 세계적으로 화재의 4%만이 자연적으로 시작되는 것으로 추정되지만 인화와 번개로 발생하는 화재의 비율은 지역마다 크게 다르다. 예를 들어 미국에서는 화재의 84%가 인간의 실화나 방화로 발생하지만, 캐나다에서는 대부분의 산불 발생 원인이 번개(55%)다. 호주에서는 장기간 지속된 강우 부족과 가뭄이 대규모 산불의 원인으로 지목되기도 한다(Wang et al., 2022). 산불은 온실가스 배출의 주요 동인이며 열악한 대기질에 따른 연간 조기 사망자 330만 명 중 5~8%의 원인이 된다(Lelieveld et al., 2015). 또한 산불은 대기오염 물질의 방출을 방해해 기온을 상승시키고 결과적으로 대기질을 악화시킨다. 또한 기후변화는 매연, 대기의 화학반응 등 대기질에 영향을 미치는 기상요소에 변화를 가져온다. 예를 들어 지상 오존(ground level ozone)과 더불어 입자상 오염물질의 증가는 기후변화에 따라 큰 영향을 주고 있다. 또한 산불과 모래 폭풍의 강도와 빈도와 함께 호흡기 알레르기를 일으키는 대기 물질에도 변화를 주고 있다(Hyde et al., 2017).

　기후변화가 입자상 오염물질에 미치는 영향은 복잡한 현상을 보이고 뚜렷하게 드러나지 않아 지상 오존과 비교해 간접적인 것으로 여겨진다. 입자상 오염물질은 오염원으로부터 직접 배출되거나 대기 중 화학반응으로 생성된 물질로 이루어져 있다. 이 구성은 기상요소와 다양하게 반응한다. 강수 빈도와 수직 범위 대류와 난기류가 만나는 혼합 지점이 특히 입자상 오염물질에 영향을 가장 크게 미친다(Kinney, 2008). 예를 들어 잦은 강수 빈도 더불어 이러한 혼합 지점이 넓다면 입자상 오염물질은 감소한다. 반면에 기온과 입자상 오염물질의 관계는 긴밀하지는 않은 편이지만, 일부 문헌에서는 온도 상승이 황산염 에어로졸과 휘발성 유기물 기체가 기체에서 화합 물질로 변환되는 단계에서 입자상 오염물질이 2차적으로 발생할 수 있으며, 기온 상승은 질소산화물의 농도가 높은 지역에서 질산염 에어로졸을 감소시킨다는 사실

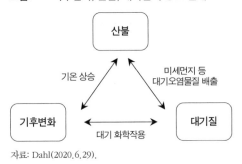

그림 6-1 기후변화, 산불, 대기질의 상호 관계

산불

기온 상승   미세먼지 등
대기오염물질 배출

기후변화   대기질

대기 화학작용

자료: Dahl(2020.6.29).

을 밝혔다(Heald et al., 2008; Pye et al., 2009).

기후변화와 동반되는 기온 상승은 자연환경 변화에도 영향을 미친다. 그중 자연발화에 따른 산불은 미세먼지를 동반해 생태계뿐만 아니라 경제와 사회에 전반적으로 문제를 야기한다. 호주에는 1억 3400만 헥타르의 산림이 있으며, 이는 호주 육지 면적의 17%에 해당한다. 기후변화에 따른 기온 상승과 건조성 기후는 먼지 폭풍과 산불을 잠재적으로 증가시키며 이에 따른 산불 연무는 미세먼지뿐만 아니라 호흡기 질환 유발원과 발암물질을 발생시킨다. 미세먼지 예측 모델링에 따르면 호주 전역에 걸쳐 기후변화에 따른 미세먼지(미세먼지 입자와 황산염 에어로졸)가 연간 6000명의 조기 사망(5% 증가)으로 이어질 것이라고 분석했다(Fang et al., 2013). 이러한 기후변화, 산불, 대기질의 관계는 상호적이며 복합적인 연관성을 갖고 있다(〈그림 6-1〉 참조).

호주는 연중 대부분 대기질이 좋고 미세먼지 피해도 거의 없는 편이다. 하지만 2019~2020년 호주 시드니의 여름은 초대형 산불(bushfire)에 따른 연무로 가득했다. 엄청난 피해를 가져온 이 산불을 호주에서는 '검은 여름(Black Summer)'이라고 불렀고, 산불 발생에 따른 미세먼지는 호주 사회에 큰 충격을 주었다. 2019년의 「호주 북부 계절성 산불 예측 보고서(Northern Australia

Seasonal Bushfire Outlook)」는 계속된 이상 고온과 낮은 토양 습도가 산불의 위험성을 높이고 있다고 지적했다. 퀸즐랜드주 록햄튼(Rockhampton) 남부부터 뉴사우스웨일스주 경계까지, 퀸즐랜드주 맥케이(Mackay)와 케이프요크(Cape York) 내륙까지 산불 위험도가 보통보다 상당히 높다고 밝혔다. 실제로 퀸즐랜드주 중부 곳곳에서 보통 8월에 시작하는 산불이 6월부터 발생하기 시작했고 2019년 12월 무렵 최고조에 달했다(Withey, 2019.6.27). 산불은 여섯 개 주로 번져 호주 전체 숲의 14% 넘게 전소되는 현실에 직면하게 되었다(Withey, 2019.6.27).

산불은 호주의 경제, 사회, 정치에 직간접적으로 여러 영향을 미쳤다. 먼저 산불 발생에 따른 대기오염으로 호흡기 환자와 사망자가 대폭 늘어났다. 대기오염에 따른 사망자가 445명으로 추정되고, 심장과 호흡기 질환으로 입원한 사람은 3340명, 천식으로 응급치료를 받은 사람은 1373명으로 집계되었다. 산불 탓에 2019년 말부터 2020년 초까지 7억 1500만 톤의 이산화탄소가 공기로 배출되었고(Mallapaty, 2021), 초미세먼지 대기질 농도도 '매우 나쁨' 혹은 '위험'을 기록했다(Graham et al., 2021). 또한 소방대원 10명을 비롯해 산불과 관련된 사망자가 28명에 달했다. 뉴사우스웨일스주에서만 주택 2448채, 가건물 5469채, 시설물 284곳이 전소되었고, 전체적으로 보면 주택 1013채, 가건물 2042채, 시설물 194곳이 피해를 입었다(Australian Institute for Disaster Resilience, n.d.).

다른 나라와 마찬가지로 호주 역시 기후변화의 영향을 받고 있고, 최근 더 심화되고 있다. 호주에서 기온이 높았던 역대 10년 사례 중 9년이 2005년 이후 발생했고(Bureau of Meteorology, 2019a), 호주 남동부 지역에서 강우량이 줄면서 더 위험한 산불이 발생할 가능성이 높아지고 있다(Bureau of Meteorology, 2019b). 산불 연무는 지역적인 피해뿐만 아니라 375킬로미터 넘게 퍼져나가

그림 6-2 미국 나사의 월드뷰

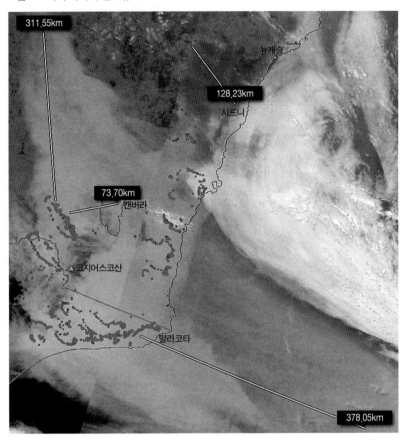

주: 미국 나사의 월드뷰(Worldview), RCN.900.118.0075.
자료: Royal Commission(2020).

넓은 지역에서 피해를 유발했다(〈그림 6-2〉 참조). 2020년 2월 20일 호주심의
회(Royal Commission)는 전국적으로 인명, 재산, 야생동물의 엄청난 손실과 환
경 파괴를 초래한 2019~2020년의 극심한 산불에 대한 감사를 시작했다.

호주는 연방정부, 주정부, 준주정부가 각각 독립적인 권한을 갖는 국가로

환경정책을 수립해 집행하고 있다. 2절에서는 연방정부, 주정부, 준주정부가 시행하고 있는 대기환경 정책을 알아보고, 대기질 측정 방법 및 현황과 정책 결정 과정에서의 역할에 대해 분석했다. 3절은 사례연구로 2019~2020년 여름에 일어난 산불에 대한 대응으로 수립된 미세먼지 감소 대책을 다루었다. 이 절에서는 호주 수도 준주가 발표한 산불 연무와 대기질 향상 전략을 중점적으로 살펴보고, 미세먼지 정책을 기후변화 대응의 일환으로 평가했다. 결론에서는 호주의 미세먼지 정책이 한국 기후변화 정책에 시사하는 바를 제시하려고 한다.

2. 호주 대기환경 정책 현황

호주의 대기질은 우수한 편이지만 지상 오존이나 미세먼지 등 대기오염물질은 호주의 일부 도시 지역에서 국가 대기질기준에 근접하거나 초과하고 있다. 정책 주체들이 실효적인 대안을 제시하는 데 소극적인 편이다. 이는 호주에서는 정부별 책임이 강조되기 때문이기도 하다. 호주의 대기환경 정책은 연방정부, 주정부, 준주정부 간에 책임을 명확히 구분하는 편이고 일관성 있는 정책의 수립과 시행을 위해서는 정부 간 협력이 중요하다. 예를 들어 연방정부는 '연료품질표준법(Fuel Quality Standards Act 2000)'과 '모터차량기준법(Motor Vehicle Standards Act 1989)' 등 대기질 문제의 해결을 주도하고 해운이나 항공과 관련된 국제 협약 등의 국내 조치를 이행하는 역할을 한다. 여기서 모터차량기준법은 신차와 관련해 안전, 환경, 기타 기준에 대한 최소의 안전기준을 마련하고, 이러한 정도에 부합하는 중고차를 수입하는 기준을 제정하기 위해 마련한 범지역적인 규정이다.

호주 대기환경 정책의 주요 골자는 중앙정부와 지방정부가 협의해 정해지며, 정부 간 협력은 대기질 향상에 중요한 영향을 미치고 있다. 1992년 체결된 정부간환경협정(The Inter-Governmental Agreement on the Environment, IGAE)은 대기질을 포함한 환경문제 관리에 대한 정부 간 협력 기반을 제공하고자 호주의 연방정부, 주정부, 준주정부, (기초자치단체 수준의) 지방정부 간에 체결되었다. 정부간환경협정의 일환으로 1994년 '국가환경보호위원회법(National Environment Protection Council Act)'을 제정했고, '특별환경목표'를 달성하기 위한 '국가환경보호(주변 대기질)조치[National Environment Protection (Ambient Air Quality) Measure, NEPM AAQ]'를 제정했다.

호주 대기질 관리 정책의 기조는 1998년에 제정한 국가환경보호조치이며, 대기오염이 인간 건강 등에 미치는 악영향을 최소화하기 위한 목표를 제시한다. 이는 일반적인 여섯 종류의 대기오염물질에 대한 기준과 의무 모니터링 및 보고 요건을 수립해 전반적인 대기질을 평가하고 문제를 파악하고 관리하는 정책을 개발하는 데 크게 기여했다. 이를 위해 주정부와 준주정부가 입법·정책·행정 프로그램을 시행하고, 지방정부도 지역의 대기오염을 관리하고 교육과 인식 개선 프로그램을 제공하고 있다. 이를 바탕으로 효과적인 대기환경 정책을 시행하기 위해서 국가청정대기협약(National Clean Air Agreement)이 연방정부와 주정부 간에 체결되었다. 여기서는 국가청정대기협약을 통해 연방정부, 주정부, 준주정부의 대기환경 정책을 분석하고 호주 대기환경 정책이 다루는 주요 쟁점을 탐색했다. 이어서 대기질 측정 방법과 현황을 살펴보고, 정책 결정 과정에서 현재 대기오염물질 정보의 역할과 쟁점을 분석했다.

1) 국가청정대기협약

2014년 4월 호주 환경부 장관은 대기질 개선과 미래의 정책 방향을 제시할 수 있는 범정부 차원의 협약을 제안했다. 이 제안은 기업과 지역사회의 지지를 이끌어냈고, 대기질 개선을 위한 지속적인 조치의 필요성을 재확인하는 계기가 되었다. 이에 따라 호주 환경부 장관은 2015년 12월 국가청정대기협약을 발표했다. 협약에서는 대기질 개선을 위한 정부와 민간의 협력과 보건·환경·경제적 이익을 도출하기 위한 정책 우선순위를 제시한다. 또한 주 정부에게 상황에 따라 지역 대기질 문제와 우선순위를 관리할 수 있는 유연성을 제공했다. 중앙정부와 지방정부의 협의에 따라 결정된 계획은 각 정부의 역할과 의무를 명시하고 있으며, 지속적인 책임 관리를 위해 2년마다 검토한다.

이 대기협약은 기준(standards), 배출 감소 조치(emissions reduction measures), 파트너십과 협력활동(partnerships and cooperation), 지식, 교육, 인식의 향상(better knowledge, education and awareness)이라는 네 가지 원칙을 제시하며, 기존의 정책들을 보완하는 데 집중했다. 특히 협약은 향후 2년 동안 대기오염과 관련된 주요 활동을 포함하며, 기존의 국가오염물질목록(National Pollutant Inventory)을 개선했다.

2015~2017년 계획을 시행해 첫째, 미립자 물질과 관련된 대기오염 기준을 강화했고, 둘째, 2018년 1월부터 신규 실외 전력 장비와 해양 엔진(정원 장비와 선회 모터)과 관련된 오염 배출 기준을 도입했다. 이를 근거로 2018~2020년 계획은 보다 구체적으로 오염물질 규제를 보완했다. 이산화황, 이산화질소, 오존, 연료 품질, 국가오염물질목록과 관련된 국가대기질표준을 검토하고, 신규 목재 난로의 배출과 효율성 표준의 채택을 완료하며, 국가 차원의 비도

표 6-1 국가청정대기협약의 주정부와 준주정부 시행책

	주요 내용	
	2015~2017년	2018~2020년
배출 기준	• 미세먼지 신고 기준을 강화하기 위해 주변 대기질기준의 다양화를 모색함. • 뉴사우스웨일스주 정부 주도: 2016년 중반까지 호주 전역에서 국가환경보호위원회에서 주변 대기질기준의 오염 입자 보고 표준을 강화해 실행함.	• 국가환경보호(주변 대기질) 측정에서 연평균 미세먼지 기준과 관련해 건강에 미치는 영향에 대한 최신 과학적 증거를 검토함. • 뉴사우스웨일스주 정부와 빅토리아주 정부: 세계보건기구의 대기질표준 지침(2005년)의 업데이트가 예상됨(2019년)에 따라 건강에 미치는 영향에 대한 최신 과학적 증거를 검토하기 시작함.
배출 기준	• 이산화황, 이산화질소, 오존 등 주변 대기질 기준에 대한 대책을 검토해 기준을 강화함. • 빅토리아주 정부 주도: 2016년 중반까지 국가환경보호위원회가 이산화황, 이산화질소, 오존의 보고 표준을 변경해야 할지 여부를 결정함.	• 국가환경보호 종합검토(주변 대기질) 이산화황, 이산화질소, 오존 기준을 측정함. • 빅토리아 정부: 2019년 말까지 강화된 대기질표준 기준을 국가환경보호위원회에 제출해 검토함.
배출 기준	• 연료품질표준법 2000을 검토함. • 연방정부: 2016년 중반까지 검토 보고서를 완료함.	• 연료품질표준법 2000에 따라 제정된 입법 수단을 검토함. • 연방정부: 2018년 동안 규제 영향 보고서와 공개 협의로 연료품질표준을 개선하기 위한 항목을 평가해 2019년 10월 1일까지 완료함.
배출 기준	• 대기 독성 물질과 디젤 차량 배출에 관한 국가환경보호조치의 필요성을 검토함. • 연방정부 주도: 2016년 대기 독성 물질과 디젤에 관한 국가환경보호조치의 필요성을 검토함.	• 대기 독성 물질과 디젤 차량 배출에 관한 국가환경보호조치의 필요성을 검토함. • 연방정부: 관할 구역의 국가환경보호조치와 관련된 요구 사항에 대한 설문 조사를 통해 2018년에 검토를 완료함. 국가환경보호조치를 변경하거나 취소해야 한다고 결론 나는 경우 1994년 국가환경보호위원회법의 수정 사항에 따라 진행할 예정임.
배출 감소 조치	• 비도로용 점화 엔진과 장비의 배출을 감소함. • 연방정부 주도: 2017년까지 배출 기준의 수립을 목표로 환경부 장관의 결정을 이행함.	
배출 감소 조치	• 목재 난로에 따른 배출량을 감소함. • 연방·지방 정부: 2017년부터 환경부 장관과의 협의하에 결정된 목재 난로의 배출 감소 조치를 시행함.	• 목재 난로에 따른 배출량을 감소함. • 연방·지방 정부: 2018년에 새로운 목재 난로 배출과 효율 표준의 채택을 완료하고 모범 사례 관리 접근 방식 정보를 지속적으로 공유함.
배출 감소 조치	• 비도로용 디젤엔진의 배기가스를 관리함.	• 비도로용 디젤엔진의 배기가스를 관리함.

	주요 내용	
	2015~2017년	2018~2020년
	• 뉴사우스웨일스주 정부: 2016년까지 주 환경보호청의 디젤 및 해양 배출 전략을 시행함. • 연방정부와 뉴사우스웨일스주 정부 주도: 국가 차원으로 2016년까지 비도로용 디젤엔진과 선박 엔진의 배출 관리 가능성을 평가함.	• 연방정부와 뉴사우스웨일스주 정부: 2019년 말까지 비도로용 디젤엔진의 배출 감소를 위한 국가 차원의 관리 방식을 평가함.
파트너십 및 협력 활동	• 대기질 향상을 위해 비정부 이해관계자와의 파트너십을 탐색함. • 연방·지방 정부: 대기질 관리에 대한 효과적인 비규제 접근 방식을 구현하기 위해 비정부 부문과 협력함(진행 중). • 연방정부 주도와 관련 부문과의 협력: 호주 기반시설 지속가능성위원회 등과 신규 기반시설 개발 및 업그레이드, 대기질 관리를 통합하는 방법을 조사하기 위한 주요 부문에 참여함(2015년 중반부터 진행). • 연방정부: 청정대기챔피언이니셔티브(Clean Air Champions initiative), 깨끗한 공기 문제에 대한 인식을 함양하고자 관련 업계, 시민사회와 협력함(2016년 중반까지 1년 계획).	• 대기질 향상을 위해 비정부 이해관계자와 협력함. • 연방·지방 정부: 비정부 부문과 협력해 대기질을 관리하고 더 나은 대기질 결과를 위해 효과적인 비규제 접근 방식을 식별할 기회를 모색함(진행 중).
	• 관할 구역에서 대기질 관리와 모니터링 도구를 구현하는 데 정보와 경험의 교환을 개선함. • 연방·지방 정부: 잠재적으로 호주와 뉴질랜드의 환경보호청장 교류와 그 밖에 적절한 미래 포럼을 통해 정보 교환을 제안함.	
지식, 교육, 인식의 향상	• 연구원, 정책 입안자, 커뮤니티를 위해 대기질과 관련된 데이터와 정보 제공을 개선함. • 기상국 주도: 국가대기질 데이터서비스를 제안함. 전국적으로 일관된 대기질 데이터와 통계를 연 4회 제공함(2017년 중반부터 진행). • 연방정부 주도: 2015년 초부터 6년간 국가환경과학프로그램(깨끗한 공기와 도시 경관 허브)을 지원함.	• 연구원, 정책 입안자, 커뮤니티를 위한 대기질과 관련된 데이터와 정보 제공을 개선함. • 연방정부: 2015년 초부터 6년간 국가환경과학프로그램(깨끗한 공기와 도시 경관 허브)을 지원함.
	• 국가오염물질목록을 개혁함. • 연방정부 주도: 2016년 중반까지 2년간 데이터 가용성과 유용성을 개선해 정부의 효율성을 높이고 프로세스를 간소화하며 비즈니스에 대한 부담을 감소시킴.	• 국가오염물질목록을 개혁함. • 연방정부 주도: 2016년 11월 결정된 국가환경보호위원회의 조치에 따라 국가오염물질목록 검토를 2018년 말까지 완료함.

자료: Australian Government, Department of the Environment and Energy(n.d.).

로용 디젤엔진 배출 관리에 대한 가능성을 평가하기로 했다.

이와 같이 국가청정대기협약은 먼저 정책의 순위와 방향을 제시하고, 구체적인 조치는 중앙정부가 협력을 제공해 지방정부에서 계획하고 실행한다. 〈표 6-1〉은 협약의 원칙에 따른 조치가 지방정부에서 구체화되었는지를 보여주는 실례다.

2) 대기질 측정 방법과 현황

호주 주정부와 준주정부들은 지역의 대기질을 모니터링하고 정보를 제공한다. '국가환경보호조치'는 이러한 대기질의 일관적인 표준을 정한다. 국가환경보호조치는 1994년 국가환경보호위원회법과 각 관할 구역의 법률에 따라 제정되었으며 일산화탄소, 이산화질소, 오존, 이산화황, 납, 미세먼지(PM_{10}), 초미세먼지($PM_{2.5}$)의 여섯 가지 오염물질에 대한 최대 농도 기준을 제시한다 (〈표 6-2〉 참조).

대기질 모니터링 기지는 대기오염 수준과 기상 조건을 측정하는 여러 장비로 구성되어 있고 오염물질 유형별로 다른 유형의 기기가 필요하다. 주정부와 준주정부는 국가환경보호조치의 요구 사항에 따라 관할 구역 전체에 대기질 모니터링 기지를 배치하고 산불 등 화재 사건을 모니터링하기 위한 휴대용 모니터를 보유하고 있다. 또한 일부 주정부와 준주정부는 국가환경보호조치에서 요구하는 모니터링 기지를 보완하기 위해 추가 네트워크를 구축했다. 가령 빅토리아주 정부는 주 안의 라트로브밸리(Latrobe Valley) 지역사회와 함께 대기질 모니터링 네트워크를 공동으로 설계했다(Royal Commission, 2020).

이처럼 민간 부문과 산업체도 대기질 모니터링에 참여하고 있다. 빅토리

표 6-2 대기오염물질 기준

대기오염물질	평균 측정 기간	최대 농도 기준
일산화탄소	8시간	9.00ppm
이산화질소	1시간	0.12ppm
	1년	0.03ppm
광화학 산화제 혹은 오존	1시간	0.10ppm
	4시간	0.08ppm
이산화황	1시간	0.20ppm
	1일	0.08ppm
	1년	0.02ppm
납	1년	$0.5\mu g/m^3$
미세먼지	1일	$50\mu g/m^3$
	1년	$25\mu g/m^3$
초미세먼지	1일	$25\mu g/m^3$
	1년	$8\mu g/m^3$

주: ppm=part per million.
자료: Royal Commission(2020).

아주 정부가 공동 설계한 네트워크와는 별개로 개인 대기질 모니터링 네트 워크는 호주 정부에서 부분적으로 자금을 지원하는 라트로브밸리에서 운영 되고 있다. 탄광이나 납 제련소 등이 주요 산업으로 있는 지역사회에서는 산 업체의 지원을 받아 모니터링 기지를 운영하고 있다(Royal Commission, 2020). 모든 대기오염물질이 대기질 모니터링 기지에서 측정되는 것은 아니다. 주 정부와 준주정부는 현지 상황에 따라 각 구역에서 어떤 오염물질을 측정할 지 결정한다. 예를 들어 호주 수도 준주는 지역에 이산화황의 출처가 없기 때 문에 이를 측정하지 않는다. 또한 2004년 이후로 대부분의 주정부와 준주정 부에서 유연 휘발유 사용을 단계적으로 폐지해 납을 모니터링하지 않는다.

하지만 퀸즐랜드 타운스빌(Townsvill)과 마운트이사(Mount Isa), 호주 남부의 포트피리(Port Pirie)에서는 특정한 지역 산업을 이유로 주변의 납 수준을 계속 측정하고 있다. 지역 특성뿐만 아니라 측정 자원도 모니터링에 영향을 미친다. 태즈메이니아주 정부는 제한된 자원 탓에 미세먼지와 초미세먼지만 공개 보고하고 있으며, 국가환경보호조치에 따른 다른 오염물질은 태즈메이니아주에서 매우 낮은 수준이다(Royal Commission, 2020).

일반적으로 주정부와 준주정부는 국가환경보호조치의 표준을 기준으로 대기질 정보, 대기질 경보, 공중 보건 조언을 제공한다. 하지만 국가환경보호조치는 정기적으로 검토되지 않으며 2011년에 마지막 검토가 완료된 실정이다(Royal Commission, 2020). 2011년 검토에서는 오염물질 기준을 포함해 국가환경보호조치를 변경하기 위한 여러 권장 사항을 제시했다. 당시 검토에서는 이산화황, 오존, 이산화질소에 대한 표준을 업데이트할 것을 권고했다. 호주 정부는 2015년에 미립자 물질에 대한 기준을 검토했으며, 2016년에 미세먼지와 초미세먼지에 대한 보다 엄격한 보고 표준을 도입했다. 또한 다른 주요 오염물질에 대한 기준을 적극 검토하고 있다고 밝혔다(2019년 8월 7일에 제안된 변형에 대한 공개 협의가 종료됨). 호주 정부는 국가환경보호조치의 다음 검토는 2025년에 예정되어 있다고 밝혔다.

국가환경보호조치와 같은 국가환경보호위원회법을 정기적으로 검토할 것을 요구하는 법적 요건은 없는 실정이다. 이에 대해 호주심의회는 국가환경보호조치나 국가환경보호위원회법은 5년을 주기로 검토되어야 하며 검토에서 발생하는 모든 변경 사항을 적시할 것을 건의했다. 국가환경보호조치에 대한 5년 또는 10년 등의 정기적이고 고정된 검토 기간은 커뮤니티에 오염물질의 영향에 대한 최신 과학적 증거와 건강 연구를 고려한다는 확신을 줄 수 있기 때문이다.

표 6-3 호주의 주정부와 준주정부별 초미세먼지 대기질 등급 (단위: μg/m³)

대기질 등급	호주 수도 준주 대기질지수 (24시간 기준)	호주 수도 준주 연무 관련 건강 조언 (Health Advice for Smoky Air) (24시간 기준)	뉴사우스웨일스주 대기질지수 (24시간 기준)	호주 북부 대기질지수 (24시간 기준)	퀸즐랜드주 대기질지수 (24시간 기준)
매우 좋음~좋음	0.0~8.2	0.0~8.9	0.0~8.2	0.0~8.2	0.0~8.2
	8.3~16.4		8.3~16.4	8.3~16.4	8.3~16.4
	16.5~25.0	9.0~25.9	16.5~25.0	16.5~25.0	16.5~25.0
보통~나쁨	25.1~37.4	26.0~39.9	25.1~37.4	25.1~37.4	25.1~37.4
매우 나쁨	37.5~50.0	40.0~106.9	37.5~50.0	37.5~50.0	37.5 이상
		107.0~177.9			
위험	50.0 초과	177.9 이상	50.0 초과	50.0 초과	-
		250.0 이상			

대기질 등급	호주 남부 대기질지수 (24시간 기준)	태즈메이니아주 (1시간 기준)	빅토리아주 (24시간 기준)	빅토리아주 (1시간 기준)	호주 서부 대기질지수 (24시간 기준)
매우 좋음~좋음	0.0~8.2	0~9	9 미만	27 미만	0.0~8.2
	8.3~16.4				8.3~16.4
	16.5~25.0	10~24	9~25	27~62	16.5~25.0
보통~나쁨	25.1~37.4	25~99	25~40 미만	62~97	25.1~37.4
매우 나쁨	37.5 이상	100 이상	40~177 미만	97~370	37.5~50.0
위험	-	-	177 이상	370 초과	50 초과
			250 이상		

자료: Royal Commission(2020).

주정부와 준주정부는 다양한 경로를 통해 대기질 정보를 제공하지만 정보의 일관성 측면에서 한계가 있다. 예를 들어 대기질지수, 농도 수준, 범주화(다양한 대기질 수준에 적용되는 위험 등급)는 관할 구역에 따라 차이가 있다. 대기질지수는 색상으로 구분된 밴드와 숫자 값의 조합을 사용해 대기질이 국가환경보호조치에서 확립된 국가 표준 이내이거나 초과하는 정도에 대한 정보를 제공한다. 대기질지수 값이 100이면 특정 오염물질에 대해 측정된 공기 품질이 국가환경보호조치(〈표 6-3〉 참조)의 최대 농도 기준에 도달한 것이다. 하지만 대기질지수는 특정 오염물질이 공기 중에 얼마나 있는지에 대한 정보는 제공하지 않는다. 또한 빅토리아주와 태즈메이니아주는 대기질지수를 사용하지 않는 대신 특정 오염물질의 농도 수준을 보고하고 있다. 이처럼 일관적이지 않은 현재의 정보 제공 시스템은 연방정부, 주정부, 준주정부 간과 주정부, 준주정부 간에도 상호 협의해 정보를 소통하는 시스템으로 바꾸어야 할 필요성을 보여준다.

대기질지수는 측정 기준과는 별도로 위험 등급을 나누어 주정부와 준주정부별로 대기질 정보를 제공한다. 전체 대기질 등급은 '매우 좋음', '좋음', '보통', '나쁨', '매우 나쁨', '위험/극심/심각'으로 나뉘고, 각 등급에 사용된 색상 코드 밴드와 각 등급을 구성하는 항목과 수치가 제공되며, 보고되는 평균 기간에도 차이가 있다. 예를 들면 일부 관할 구역에서는 초미세먼지의 농도 수준 $50\mu g/m^3$가 최악의 대기질 범주로 평가되는 반면에 다른 관할 구역에서는 $177\mu g/m^3$를 위험 등급으로 분류한다. 이 때문에 같은 위치에서 특정 시점에서 측정한 대기질 정보 값이 주별, 준주별로 다른 등급이 나온다.

3) 대기질 측정과 관련된 쟁점

어떤 관할 구역에서는 대기질지수를 각 오염물질들에 대해 모두 보고하는 반면에 다른 관할 구역에서는 주요 오염물질만 측정한다. 대기질지수는 건강 결과와 직접적으로 관련이 없는 가시성과 같은 요소도 평가한다. 따라서 대기오염·에너지·건강연구센터(The Centre for Air Pollution, Energy and Health Research)에서는 대기질지수 대신 빅토리아주와 태즈메이니아주에서 시행하는 것처럼 오염물질 농도 수준을 나타내는 지표를 만들어야 한다고 권고했다. 하지만 대기질지수를 대체해야만 한다는 충분한 과학적 정보가 부족해 새로운 지표 설정은 아직 고려하는 중이다.

그럼에도 불구하고 주별로 서로 다른 대기질지수 지표는 호주 사회에 혼란을 불러오고 있다. 동일한 시간과 장소에서 측정한 대기 값이 주별로 다르다면 대중 사이에서 정부가 제공하는 건강 조언에 대한 신빙성과 정확성을 두고 불신이 일어날 수 있다. 특히 개인 웹사이트와 블로그에 올라오는 일관성 없는 정보는 대기질 정보의 신뢰를 약화시킬 것이다. 2019~2020년 산불 기간 동안 일부 상업·비영리 웹사이트에서는 미국의 대기질지수를 기반으로 호주의 산불 피해 지역 대기질 정보를 제공하다가 정보 이용의 혼란을 가중시킨 바 있다. 미국과 호주의 대기질지수는 서로 다른 기준을 적용해 미세먼지 농도 등의 정보를 제공한다. 가령 호주의 '초미세먼지에 대한 대기질지수 100'은 '초미세먼지의 대기질지수 100'보다 낮은 농도를 나타낸다. 그럼에도 구체적인 배경 설명 없이 단순히 대기질지수 지표만 제공된다면 호주 정부가 발표하는 대기질 정보의 신뢰성이 약화될 수 있다. 호주심의회에 따르면 정보 제공의 혼란을 방지하기 위해 일관성 있는 대기질 지표의 수립이 시급하다.

4) 산불과 대기환경 정책

계획된 정기적인 산불은 지상 생태계를 유지하는 데 도움을 준다(Hyde et al., 2017). 예를 들어 야생동물 서식지 유지(Dees et al., 2001; Grant et al., 2010), 미래의 산불에 대한 생태계 취약성의 감소와 경관 유지(Moritz et al., 2014), 미래의 산불 심각도와 연기 발생 규모의 감소에 도움을 줄 수 있다(Hyde et al.,

2017). 이는 계획된 산불은 연기 생성, 개수, 기간 등을 조절할 수 있기 때문에 가능하다. 하지만 계획되지 않은 발화로 일어난 산불은 시야를 확보하기 어렵게 하고 장기적으로 건강에 해를 미치기에 적극적인 대응과 관리가 필요하다(Adetona et al., 2016).

호주의 연방정부, 주정부, 준주정부들은 산불 관리 정책을 시급하게 다루고 있지만 산불 발생의 대책에 어떤 실효가 있는지 의문이 가는 실정이다. 특히 인구밀도의 증가 추세, 노령 인구와 대기오염에 민감한 인구의 지방 이동, 기후변화에 따른 대규모 산불의 증가로 완벽한 산불 방지에 어려움을 겪고 있다(Hyde et al., 2017). 또한 기후변화 등에 따라 화재 패턴, 빈도, 규모가 변하고 있어 새로운 대응 방안이 필요하다(Hyde et al., 2017).

산불 발생은 주택과 건물의 손실, 재산 피해와 파괴, 물 안보 위협, 농작물과 가축 손실, 생태계 파괴, 사망과 부상 등 인간의 건강과 삶의 질에 영향을 미친다. 호주에서만 연평균 100건의 사망, 3000건의 부상, 83채의 주택이 손실되며, 이는 2005년 호주 GDP의 1.3%에 달한다(Ashe et al., 2009).

오염물질 배출이 인간에 미치는 영향은 사망과 부상 외에도 개개인의 삶의 질과 사회적 측면에서 보건 부담으로 다가온다. 산불 연무와 초미세먼지가 개인과 사회 보건에 미치는 영향을 단계별로 정리한 연구에 따르면 다음과 같다(Cascio, 2018). 단계별 증상은 첫째, 폐 기능 감소와 심박 수 변동 등을 포함하는 무증상, 둘째, 호흡기와 심혈관 등의 증상에 따른 약물 사용, 셋째, 응급실 방문과 긴급 진료 등 활동 제한, 넷째, 입원, 다섯째, 사망이다. 단계가 증가할수록 관련된 인구가 감소하면서 대기오염물질로부터 받는 건강 영향의 강도는 심화된다.

호흡 이환율과 사망률의 상관관계에 대한 연구 증거가 명확해지고 있으나 단기간의 화재 연기 노출에 따른 심혈관 이환율과 그에 따른 사망률은 아직

표 6-4 호주 산불과 건강 피해와의 관련성 연구

연구 결과

사망
- 2019년 10월과 2020년 2월 사이에 화재에 따른 초미세먼지 노출로 171명이 사망함.
- 뉴사우스웨일스주에서 109명, 퀸즐랜드주에서 15명, 빅토리아주에서 35명이 사망했고, 이 지역 내에서는 시드니에서 65명, 멜버른에서 23명, 캔버라-퀸비언(Queanbeyan)에서 9명으로 사망자가 많음.

호흡기와 심혈관 질환
- 시드니 광역권, 멜버른, 깁스랜드(Gippsland)에서 2004~2015년 발생한 산불의 영향으로 발생한 호흡기와 심혈관 질환으로 구급차 요청이 증가함.
- 시드니, 울런공(Wollongong), 뉴캐슬, 다윈, 멜버른, 깁스랜드, 브리즈번에서 호흡기 질환과 관련해 병원과 응급실 입원이 증가함.

만성폐쇄성 폐질환
- 빅토리아주에서 산불 발생과 만성폐쇄성 폐질환(Chronic Obstructive Pulmonary Disease, COPD)의 응급실 내원 증가와는 관련성이 발견되지 않음.
- 시드니, 다윈에서 산불 발생과 만성폐쇄성 폐질환의 응급실 내원 증가에는 관련성이 발견됨.
- 시드니, 울런공, 뉴캐슬, 다윈에서 만성폐쇄성 폐질환에 따른 내원 증가와 관련성이 발견됨.

천식
- 시드니, 빅토리아, 다윈에서 천식과 관련된 응급실 내원이 증가함.
- 시드니, 울런공, 뉴캐슬, 다윈에서 천식과 관련된 병원 내원이 증가함.

심혈관 질환
- 시드니, 울런공, 뉴캐슬, 빅토리아, 멜버른, 다윈에서 심혈관과 관련된 응급실 내원이 증가함.

자료: Borchers et al.(2020); Graham et al.(2021); Walter et al.(2020) 리뷰 자료 참고와 저자 수집 자료.

결과가 명확하지 않은 편이다(Borchers et al., 2020). 호흡기 건강 상태의 악화는 가장 일반적이고 즉각적인 영향일 가능성이 높고(Black et al., 2017), 화재 연기에 노출된 데 따른 장기적인 건강 영향으로 이어질 수 있다. 최근 연구는 상당수 인구가 연평균 초미세먼지 증가에 노출되어 있으며(Cascio, 2018), 이 경우 호흡 이환율과 사망률 측면에서 공중 보건에 미치는 영향이 상당할 것으로 예상된다.

호주 산불 연구에서는 호흡기 계통을 포함하는 여러 측면에서 건강과 산불이 연관이 있다고 밝히고 있다. 하지만 심혈관 질환이나 사망률과의 연관성에 대한 결론은 명확하지 않다. 모건 외(Morgan et al., 2010)는 1994~2002년 시드니에서 발생한 산불에 따른 미세먼지와 심혈관 입원율과 사망률 사이의 연관이 없다는 결론을 도출했다. 그런 반면에 존스턴 외(Johnston et al., 2011)는 1997~2004년 시드니 산불 발생에 따라 비사고와 심혈관 사망률이 5% 증가했다고 결론을 내렸다. 살리미 외(Salimi et al., 2017)도 시드니 광역권에서 2004~2015년 발생한 산불에 영향을 받은 호흡기와 심혈관 질환으로 구급차 요청이 증가했다고 주장한다. 이와 비슷한 결과로 데네캄프 외(Dennekamp et al., 2015)와 하이커왈 외(Haikerwal et al., 2015)는 2006~2007년 빅토리아주에서 발생한 산불이 병원 밖 심정지(Out-of Hospital Cardiac Arrest, OHCA)와 허혈성 심장병(Ischemic Heart Disease, IHD)의 증가에 영향을 미쳤다고 밝혔다. 이처럼 그동안의 호주 산불에 대한 연구 결과들을 살펴보면 화재 연기와 호흡기 질환 사이의 연관성은 명확하지만 심혈관 질환 이환율, 사망의 특정 원인, 출생 결과, 정신 건강과 같은 기타 변수에 대한 연구는 아직 부족한 실정이다 (Reid et al., 2016).

3. 사례연구: 호주 수도 준주(ACT)의 미세먼지 대응책의 발전

여기서는 2019~2020년 '검은 여름' 이후 2021년 11월에 호주 수도 준주(이하 ACT) 정부가 발표한 2021~2025년 중·장기 산불 연무와 대기환경 대책을 알아보았다. '검은 여름' 동안 뉴사우스웨스트주와 ACT에 난 산불로 ACT와 주변 지역은 전례 없는 극심한 연기 오염의 영향을 장기간에 걸쳐 받았다. 당시 산불 연무는 캔버라 시민의 신체적·정신적 건강에 영향을 미쳤고, 많은 사람이 이 지역으로 여행을 자제하며 지역 경제에 피해를 입혔다. 초기 연구를 보면 '검은 여름' 기간 산불 연무에 따른 조기 사망 31명, 심혈관계 질환에 따른 입원 82명, 호흡기 질환에 따른 입원 147명, 응급실 입원 89명(천식을 포함함)이 발생한 것으로 추정된다. 산불 연무가 정신 건강에 어떤 영향을 미치는지에 대한 연구도 늘고 있다. 호주천식협회(Asthma Australia)의 2019~2020년 산불 연무 영향 조사를 보면 산불 연무의 전례 없는 수준과 노출 기간이 참가자의 정신 건강에 상당한 영향을 미쳤다고 밝히고 있다.

매년 ACT 정부는 ACT 보건국의 대기질 모니터링 네트워크를 통해 수집된 데이터를 바탕으로 ACT 대기질 보고서를 발행하고 있다. 이 보고서는 국가환경보호조치에 대한 ACT의 대기질 모니터링 결과를 제시한다. ACT의 대기질은 다른 호주 도시에 비해 일반적으로 우수하며 세계 표준으로 깨끗한 것으로 간주되지만, 겨울철에는 더 높은 수준의 대기오염물질이 있으며 이는 목재 난로 사용과 관련 있는 것으로 알려져 있다.

전례 없는 산불을 겪은 후 ACT 정부는 대기질과 건강, 환경, 사회경제에 미치는 영향뿐만 아니라 기후변화, 산불, 대기질과의 밀접한 관계를 이해하고 대응하는 정책을 수립했다. 이를 바탕으로 ACT 정부의 2021~2025년 중·장기 산불 연무와 대기환경 대책(ACT Government, 2021)은 기존의 기후변화 대응책, 대기환경 보고 정책, 산불 관리 대응책, 국가환경보호조치(대기질 관련) 등에 기반해 포괄적으로 수립되었다. 예를 들어 이상 고온이 늘어난 ACT 지역의 주요 대기오염 요소인 차량 배출 오염물질이 오존과 화학 스모그를 더 자주 발생시킬 것으로 예상하고 있다. 이에 따라 국가환경보호조치 기준치를 초과할 것으로 보인다. 이번에 수립된 대응책은 차량이 배출하는 오염물질을 직접적으로 다루지는 않았지만 종합적인 대책을 마련해서 'ACT의 무공해차량전환을 위한 실행계획(ACT Transition to Zero Emission Vehicle Action Plan 2018~2021)'을 보완했다.

ACT 정부의 미세먼지와 관련된 대기환경 정책은 기후변화에 따른 산불과 겨울철 목재 난로 관리 두 가지로 분류된다. 산불은 ACT 자연환경의 일부로 간주해 산불 자체를 억제하기보다는 공존을 지향하는 방향으로 정책을 수립했다. 2003년 캔버라 산불은 지역 환경과 주민들에게 지대한 영향을 미쳤고 산불 관리에 근본적인 변화를 가져왔다. 곧이어 2005년 1월 첫 번째 전략적 산불관리계획(Strategic Bushfire Management Plan, SBMP)을 발표했다. 지금은 이 계획의 네 번째 버전(2019~2024년)을 시행하는 중이다. 이 계획은 전통적인 관행과 지역사회의 참여, 기후변화에 대한 적응과 산불 복구를 통해 지역사회의 안전을 목표로 하고 있다.

2019~2020년의 산불을 겪고 호주심의회가 제시한 자연재해 예측, 모니터링과 완화와 관련된 몇 가지 권장 사항은 '전략적산불관리계획과 산불운영계획'을 통해서 지속적으로 해결할 예정이다. 이 계획의 범위와 효과를 분석하는 ACT산불위원회 등을 만들어 지역사회와 협력하고 장기간의 대규모 산불 사고가 났을 때 여러 기관이 협력할 수 있는 초석이 마련되었다. 또한 산불 위험을 감소시키기 위해 광범위하고 선제적인 산불을 조성해 대응하거나 화재 탐방로에 접근하는 네트워크를 제공해 산불 운영계획을 보완하고 포괄적인 대응 방식을 수립했다. 또한 효과적인 대응을 위해 뉴사우스웨일스주와 계약을 체결했다. 이와 더불어 전략적산불관리계획의 일환으로 (산불 감소를 위한 선제적 산불 대응 기간 동안에) 대기질 모니터링 방식을 검토하고, 다양한 기존 데이터 세트와 성과 지표를 사용해 이 계획이 거둔 결실을 분석할 예정이다(ACT Government, 2021).

4. 기후변화와 미세먼지 정책의 미래

호주 사례를 통해 미세먼지가 건강에 미치는 영향과 대기질 정보 등 다양한 과학적 정보가 대기환경 정책 결정에 중요한 역할을 한다는 것을 알 수 있었다. 잘못된 정보는 정부 정책의 신뢰성을 약화시키는 효과가 있어 호주 정부에서도 주목하는 대목이다. 대기질 정보 또한 일관성이 필요하다. 호주처럼 광활한 나라는 관할 구역에 따른 대기질 정보를 제공할 수밖에 없다. 하지만 과학 정보에 근거했다고 해도 일관성이 결여된 정책은 사회적 신뢰를 얻지 못해 정책 시행에 어려움을 초래한다. 이처럼 과학 정보 자체뿐만 아니라 정보의 제공 방식과 표준화는 효과적인 대기환경 정책의 시행에 중요한 역할을 한다.

호주의 미세먼지 정책은 한국과 다른 양상을 띤다. 호주의 미세먼지 발생은 산불이 주원인으로 단발성이며 지구 전체의 기후변화와 밀접한 관계를 보이고 있다. 그렇기에 호주와 한국의 정책적인 실천은 다를 수밖에 없다. 그럼에도 불구하고 청정국으로 일컬어지는 호주의 미세먼지 정책과 그 실효성을 비교 검토한다면 우리가 미세먼지 정책을 구축하는 데 적지 않은 시사점을 얻을 수 있다.

한국의 미세먼지 발생은 주로 산업계, 이웃 나라의 영향, 자동차 배기가스 등으로 요약할 수 있다. 반면 호주는 사방이 바다로 둘러싸여 이웃 나라의 영향은 없고, 일부 지역을 제외한다면 산업구조도 미세먼지와 상당한 거리가 있다. 호주는 지역이 광활하고 연방정부와 주정부가 각기 다른 미세먼지 수치와 조건을 제시하는 등 상황도 다르다. 그러기에 한국과 정책 우선순위가 다를 수밖에 없다. 그러나 기후변화로 겪는 산불이라는 점에서 비교 대상으로 삼는 것은 충분한 의미가 있다. 현재 한국의 미세먼지 정책은 국내외 요인에 초점을 맞추고 있지만, 기후변화가 대기질에 미치는 영향은 제대로 파악하고 못하지 않다. 기후변화에 따른 계절 변화와 건조성 기후가 한국에도 영향을 미치면서 2022년 3월에 한국도 동해안 산불에 따른 미세먼지의 막대한 피해를 입었다. 이는 산불 방화 대책이나 화재 방지 대책을 넘어 기후변화 대응의 일환으로서 미세먼지 정책을 보다 포괄적이고 장기적으로 수립해야 한다. 또한 미세먼지는 일관되고 강력한 정책이 수반되어야 하는 공통 과제라는 점에서 청정국으로 일컬어지는 호주의 정책 수단과 우선순위는 한국에게도 유익한 참고가 될 수 있다.

참고문헌

ACT Government. 2021. "Bushfire smoke and air quality strategy 2021-2025." https://www. parliament.act.gov.au/__data/assets/pdf_file/0018/1900323/Bushfire-Smoke-and-Air -Quality-Strategy-2021-2025.pdf.

Adetona, C., T. E. Reinhardt, J. Domitrovich, G. Broyles, A. M. Adetona, M. T. Kleinman, R. D. Ottmar and L. P. Naeher. 2016. "Review of the health effects of wildland fire smoke on wildland firefighters and the public." *International Forum for Respiratory Research*, 28, pp. 95~139.

Ashe, B., K. J. McAneney and A. J. Pitman. 2009. "Total cost of fire in Australia." *Journal of Risk Research,* 12(2), pp. 121~136.

Australian Government, Department of the Environment and Energy. n.d. "National Clean Air Agreement, Work Plan 2015-2017." https://www.dcceew.gov.au/sites/default/files/ documents/ncaa-work-plan.pdf.

_____. n.d. "National Clean Air Agreement, Work Plan 2018-2020." https://www.dcceew. gov.au/sites/default/files/documents/national-clean-air-agreement-work-plan.pdf.

Australian Institute for Disaster Resilience. n.d. "(New South Wales, July 2019 ~ March 2020) Bushfires: Black Summer." https://knowledge.aidr.org.au/resources/black-summer-bushfires-nsw-2019-20.

Black, C., Y. Tesfaigzi, J. A. Bassein and L. A. Miller. 2017. "Wildfire smoke exposure and human health: Significant gaps in research for a growing public health issue." *Environmental toxicology and pharmacology*, 55, pp. 186~195.

Borchers Arriagada, N., D. M. Bowman, A. J. Palmer and F. H. Johnston. 2020. "Climate change, wildfires, heatwaves and health impacts in Australia." in *Extreme Weather Events and Human Health.* Springer, Cham, pp. 99~116.

Bureau of Meteorology. 2019a(January 10). "Annual Climate Statement 2018." http:// www.bom.gov.au/climate/current/annual/aus/2018.

_____. 2019b. "State of the Climate 2018." http://www.bom.gov.au/state-of-the-climate/ australias-changingclimate.html.

Cascio, W. E. 2018. "Wildland fire smoke and human health." *Science of the total environment*, 624, pp. 586~595.

Climate Council. 2019.11.13. "The facts about bushfires and climate change." https://

www.climatecouncil.org.au/not-normal-climate-change-bushfire-web.

Dahl, Miriam Stackpole. 2020.6.29. "The feedbacks between climate change and air pollution." Exhaustion. https://www.exhaustion.eu/resources/the-link-and-feedbacks-between-climate-change-and-air-pollution.

Dees, C. S., J. D. Clark and F. T. VanManen. 2001. "Florida panther habitat use in response to prescribed fire." *The Journal of Wildlife Management*, 65, pp. 141~147.

Dennekamp, M., L. D. Straney, B. Erbas, M. J. Abramson, M. Keywood, K. Smith ··· and A. M. Tonkin. 2015. "Forest fire smoke exposures and out-of-hospital cardiac arrests in Melbourne, Australia: A case-crossover study." *Environmental Health Perspectives,* 123(10), pp. 959~964.

Fang, Y., D. L. Mauzerall, J. Liu, A. M. Fiore and L. W. Horowitz. 2013. "Impacts of 21st century climate change on global air pollution-related premature mortality." *Climatic Change*, 121, pp. 239~253(supplementary material).

Graham, A. M., K. J. Pringle, R. J. Pope, S. R. Arnold, L. A. Conibear, H. Burns ··· and J. B. McQuaid. 2021. "Impact of the 2019/2020 Australian megafires on air quality and health." *GeoHealth,* 5(10). e2021GH000454.

Grant, T. A., E. M. Madden, T. L. Shaffer and J. S. Dockens. 2010. "Effects of prescribed fire on vegetation and passerine birds in northern mixed-grass prairie." *The Journal of Wildlife Management*, 74, pp. 1841~1851.

Haikerwal, A., M. Akram, A. Del Monaco, K. Smith, M. R. Sim, M. Meyer ··· and M. Dennekamp. 2015. "Impact of fine particulate matter($PM_{2.5}$) exposure during wildfires on cardiovascular health outcomes." *Journal of the American Heart Association*, 4(7). e001653.

Heald, C. L., D. K. Henze, L. W. Horowitz, J. Feddema, J. F. Lamarque, A. Guenther ··· and I. Fung. 2008. "Predicted change in global secondary organic aerosol concentrations in response to future climate, emissions, and land use change." *Journal of Geophysical Research: Atmospheres*, 113(5), pp. 1~16.

Hyde, J. C., K. M. Yedinak, A. F. Talhelm, A. M. Smith, D. M. Bowman, F. H. Johnston ··· and W. T. Tinkham. 2017. "Air quality policy and fire management responses addressing smoke from wildland fires in the United States and Australia." *International Journal of Wildland Fire*, 26(5), pp. 347~363.

Johnston, F. H., I. C. Hanigan, S. B. Henderson, G. G. Morgan, T. Portner, G. J. Williamson and D. M. Bowman. 2011. "Creating an integrated historical record of extreme particulate air pollution events in Australian cities from 1994 to 2007." *Journal of the Air & Waste Management Association*, 61(4), pp. 390~398.

Kinney, P. L. 2008. "Climate Change, Air Quality, and Human Health." *American Journal of Preventive Medicine*, 35(5), pp. 459~467.

Lelieveld, J., J. S. Evans, M. Fnais, D. Giannadaki and A. Pozzer. 2015. "The contribution of outdoor air pollution sources to premature mortality on a global scale." *Nature*, 525(7569), pp. 367~371.

Mallapaty, S. 2021. "Australian bush fires belched out immense quantity of carbon." *Nature*, 597(7877), pp. 459~460.

Morgan, G., V. Sheppeard, B. Khalaj, A. Ayyar, D. Lincoln, B. Jalaludin ··· and T. Lumley. 2010. "Effects of bushfire smoke on daily mortality and hospital admissions in Sydney, Australia." *Epidemiology,* 21(1), pp. 47~55.

Moritz, M. A., E. Batllori, R. A. Bradstock, M. Gill, J. Handmer, P. F. Hessburg, J. Leonard, S. McCaffrey, D. C. Odion, T. Schoennagel and A. D. Syphard. 2014. "Learning to coexist with wildfire." *Nature*, 515, pp. 58~66.

Pye, H. O. T., H. Liao, S. Wu, L. J. Mickley, D. J. Jacob and D. K. Henze. 2009. "Effect of changes in climate and emissions on future sulfate-nitrate-ammonium aerosol levels in the United States." *Journal of Geophysical Research*, 114, pp. 1~18.

Reid, C. E., M. Brauer, F. H. Johnston, M. Jerrett, J. R. Balmes and C. T. Elliott. 2016. "Critical review of health impacts of wildfire smoke exposure." *Environmental health perspectives*, 124(9), pp. 1334~1343.

Royal Commission. 2020. "Royal Commission into National Natural Disaster Arrangements," Chapter 14 Air Quality. https://naturaldisaster.royalcommission.gov.au/publications/html-eport/chapter-14.

Salimi, F., S. B. Henderson, G. G. Morgan, B. Jalaludin and F. H. Johnston. 2017. "Ambient particulate matter, landscape fire smoke, and emergency ambulance dispatches in Sydney, Australia." *Environment international*, 99, pp. 208~212.

Walter, C. M., E. K. Schneider-Futschik, L. D. Knibbs and L. B. Irving. 2020. "Health impacts of bushfire smoke exposure in Australia." *Respirology*, 25(5), pp. 495~501.

Wang, B., A. C. Spessa, P. Feng, X. Hou, C. Yue, J. J. Luo ··· and Q. Yu. 2022. "Extreme fire weather is the major driver of severe bushfires in southeast Australia." *Science*

Bulletin, 67(6), pp. 655~664.

Withey, A. 2019.6.27. Bushfire season starts early across northern Australia due to ongoing hot, dry conditions. *ABC News*. https://www.abc.net.au/news/2019-06-27/bushfire-outlook-queensland-2019/11251150.

제3부

—

미세먼지와 국제정치

제7장

미국과 유럽의 대기오염과 미세먼지 정책

김인경 브리지워터 주립대학교 정치학과

1. 들어가며

오늘날 동아시아 국가들은 대기오염과 월경성 대기오염 문제에 시달리고 있다. 이 장에서는 대기오염 등의 문제를 해결하기 위해 이를 먼저 경험한 미국과 유럽의 사례를 분석한다. 산업혁명의 선봉에 섰던 미국과 유럽은 대기오염이 가져다준 대가를 어떻게 치르고 해결해 나갔는지 묻고 답한다. 대기오염과 미세먼지를 줄이기 위한 각국의 국내적인 노력과 북미 내부와 유럽 내부의 월경성 대기오염을 다루는 양자 간의 노력 및 다자간의 협력 경험을 조사함으로써 현재 동아시아가 처한 월경성 대기오염에 필요한 교훈을 찾을 수 있다.

2. 대기오염 문제의 역사

대기오염 문제는 산업혁명 훨씬 이전인 고대 도시국가 시대와 로마 시대로까지 거슬러 올라갈 정도로 역사가 깊다. 아테네 시민과 로마인들도 대기오염이 인체와 건물에 끼치는 영향에 대해 걱정했다고 한다(Mosley, 2014). 이집트, 페루, 영국 등에서 발견된 미라의 폐 조직 샘플을 조사한 결과 고대사회가 탄폐증/탄분증(탄가루가 폐에 침적되어 만성 염증을 일으키는 병)을 앓았음을 알 수 있다. 까맣게 변한 고대인의 폐를 조사하면 당시 실내에서 요리와 난방을 위해 나무를 태웠다는 것을 알 수 있다(Jacobson, 2012; Morrison, 2016.1.11). 고대 로마인들은 도시의 연기구름을 '무거운 천국(gravioris caeli)' 혹은 '악명 높은 공기(infamis aer)'라고 일컬었다(Mosley, 2014: 145). 실제로 약 2000년 전 로마 법정에서 연기가 야기한 오염에 관한 민사사건을 다루었는데, 재판관이 치즈 가게가 자신의 가게 위의 건물로 연기를 배출하지 못하도록 하는 판결을 내렸다(Mosley, 2014; Morrison, 2016.1.11). 이뿐만 아니라 200년경 유대인 구두 율법(Hebrew Mishnah)은 예루살렘에서 대기오염원을 통제하고자 했으며 535년 동로마제국의 유스티니아누스 1세(Justinianus I)는 현대 영국과 미국의 '청정대기법(Clean Air Act)'의 최초 버전과 비슷한 법령을 통해 깨끗한 물과 함께 깨끗한 공기의 중요성을 명시하며 인류에게 공통으로 주어진 인간의 타고난 권리 중 하나라고 규정했다(Mosley, 2014: 145).

고대의 대기오염 문제는 산업혁명 이전인 1600년대에도 계속 이어졌다. 실제로 석탄을 태울 때 발생한 연기가 영국의 여러 도시 건축물을 파괴했고 증기 엔진이 널리 사용되면서 대기오염이 더욱 심각해졌다. 그러나 20세기 중반에 들어서야 세계 여러 곳에서 극심한 대기오염 사태가 발생하면서 여러 국가와 대중이 환경오염에 관심을 쏟기 시작했다. 산업혁명을 제일 먼저 겪은 유럽은 20세기 초반부터 대기오염으로 몸살을 앓았다. 산업혁명을 가장 치열하게 겪고 근대화를 이루기 위해 석탄을 주 연료로 사용한 19세기의 영국은 특히 심각한 대기오염으로 어려움을 겪었다.

1892년부터 1948년까지 도시가스와 전기를 도입해 영국 내 석탄 소비를 줄이는 데 성공했으나 1940년대 말과 1950년대에 전후 경기회복과 함께 자동차 배기가스가 증가하면서 1948년, 1952년, 1956년에 연이어 스모그 사태가 벌어졌다. 특히 1952년 12월의 스모그는 4000여 명에 달하는 사망자가 발생한 런던 그레이트스모그로 역사에 기록되었다(Bell, Davis and Fletcher, 2004; Stone, 2002).

영국뿐만 아니라 유럽 대륙의 많은 나라도 제2차 세계대전 이후 심각한 대기오염에 직면하게 된다. 전쟁이 야기한 파괴를 딛고 유럽 각국은 전쟁 이전의 경제 수준을 회복하고자 전후 수십 년간 석탄을 주 연료로 의존해 급격한 산업화를 이루었다. 이에 따라 동독, 서독, 폴란드, 체코슬로바키아, 헝가리에서 대기오염 문제가 점점 심각해졌다. 특히 동독, 폴란드, 현재의 체코공화국은 유럽에서 가장 오염된 곳 중 하나가 되어 '검은 삼각형(Black Triangle)'이라는 오명을 안게 되었다(Renner, 2002).

벨기에의 각종 공장이 밀집된 뫼즈밸리(Meuse Valley)에서 1930년 60명 이상이 대기오염에 따른 기관지 문제로 사망했고, 1948년 미국 펜실베이니아 주 도노라(Donora)에서는 공기역전(air inversion)에 따라 산업 오염물이 갇히면서 20명이 사망하고 6000명이 병원 신세를 지게 되었다. 1950년에는 멕시코의 포자리카(Poza Rica)에서 비슷한 원인으로 22명이 사망하고 300여 명이 입원하는 일이 벌어졌다(Schreurs, 2007).

3. 대기오염 해결을 위한 국내적 노력

이러한 위기 상황들을 겪으며 많은 국가에서 대기오염에 관한 연구를 시작했으며 대기오염 문제를 해결하기 위한 법률을 제정하기에 이르렀다(Bell, Samet and Dominici, 2004). 19세기 중반까지 대기오염은 특정 지방의 문제로 인식될 뿐 중앙정부나 국가 간의 노력은 찾아볼 수 없었다. 실제로 영국에서 1853년 '런던스모그폐해방지법(Smoke Nuisance Abatement Act in London)'과 스코틀랜드에서 1857년 '연기감축법(Smoke Abatement Act)'을 제정해 지방정부가 연기를 통제하도록 했다(Schreurs, 2007: 121). 1863년이 되어서야 영국 의회가 알칼리법(Alkali Act)을 제정해 산업 배기가스를 조사하는 시찰단을 설치하도록 했다. 그러나 1873년, 1880년, 1882년, 1892년 겨울 동안 영국은 심각한 스모그를 겪으면서 높은 사망률을 기록했다. 마침내 영국 의회는 1926년에 '연기감축법(Smoke Abatement Act)'을 제정해 산업 요소로부터 발생하는 스모그를 지방정부가 통제하기 위해 조례를 만들 수 있도록 했다(Schreurs, 2007: 122). 그리고 1956년에 영국 의회는 마침내 '청정대기법'을 제정했다.

미국도 주정부나 연방정부 차원보다 카운티 수준의 지방정부에서 대기오염과 관련된 규정이 훨씬 먼저 입법화되었다. 일리노이주 시카고(Chicago)와 오하이오주 신시내티(Cincinnati)는 1881년에 구체적인 대기오염 통제 규정을 만든 최초의 지방정부였다. 1913년 뉴욕주 올버니(Albany)는 미국 카운티 중 최초로 관련 법규를 제정했고, 1952년에 오리건주가 최초로 주정부 차원의 통합적 법제화를 이루어냈다(Stern, 1982). 1955년에 제정한 '대기오염통제법'을 통해 연방정부가 처음으로 대기오염에 관여하게 되지만, 이 법은 대기오염에 관한 연방 차원의 연구를 지원하는 것이 주요 목적이었다. 대기오염을 통제하기 위한 최초의 연방 입법화는 1963년에 제정된 '청정대기법'[1]이다.

이 법을 통해 대기오염을 측정하고 통제하는 기술 개발을 위한 연구 지원 프로그램을 설치하고 연방정부가 대기질표준(air quality criteria)을 개발하도록 했다. 이것은 연방정부에게 처음으로 대기환경과 관련된 임무를 부여했다는데 큰 의미가 있다(윤권순, 2018). 1967년 제정한 '대기질법(The Air Quality Act of 1967)'을 통해 대기질기준은 주정부가 정하게 맡기면서도 연방정부의 활동 영역을 넓혀서 다른 주로 옮겨 가는 대기오염 문제를 다루게 했다. 여기에서 '대기질기준(ambient air quality standards)'이라는 용어가 처음으로 연방 차원의 법률에서 등장했다. 그리고 1970년은 미국의 환경법 역사에서 아주 중요한 해다. 1970년 제정된 '청정대기법'은 기존처럼 주정부 차원의 대기질기준 마련이 아니라 연방정부가 미국 전역에 통일해서 적용할 수 있는 국가대기질 기준을 정하도록 했다. 또한 대기오염 통제를 위해 연방정부와 주정부는 산업 시설 등 고정 원인과 자동차 등 이동 원인으로부터의 배출을 제한하는 조치를 취할 뿐만 아니라 네 가지 주요 규제 프로그램 − 국가대기질기준(National Ambient Air Quality Standards), 주 시행계획(State Implementation Plans), 신규 배출원에 대한 성능기준(New Source Performance Standards), 연방 유해대기물질 배출기준(National Emission Standards for Hazardous Air Pollutants) − 을 시작했다(U.S. EPA, n.d.a). 1970년의 '청정대기법'은 1977년과 1990년 두 차례 개정되며 연방정부의 권한과 책임을 늘렸다. 특히 산성비를 통제하고 고정 원인에 대한 배출 허가권을 발행하게 되었다. 독일 의회도 1971년 대기, 물, 토양, 소음 공해를 포함한 환경문제를 포괄적으로 다루는 환경 프로그램을 시행하게 되었다.

---

1   미국의 'Clean Air Act'는 한국의 '대기환경보전법'에 대응하는 용어로, 한국 문헌에서는 '대기오염방지법'(한귀현, 2001), '대기정화법'(켄터 지음, 문정호 옮김, 2003), '청정공기법'(박민빈 외, 2016), '청정대기법'(가바 지음, 김형진 옮김, 2005) 등 다양하게 불리고 있다.

4. 미국과 유럽의 미세먼지 현황과 노력

1) 미국

대기오염 문제를 해결하기 위해 다양하게 노력한 결과 미국과 유럽의 미세먼지(PM_{10})와 초미세먼지($PM_{2.5}$)에 따른 오염 상황은 한국보다 훨씬 양호한 상태다(〈표 7-1〉 참조).

미국은 1950년부터 입자 크기가 $45\mu g/m^3$ 이하 먼지인 총부유분진을 측정했다. 그로부터 20여 년이 지난 1970년대 초반 총부유분진에 대한 관리와 함께 미국의 미세먼지 규제가 시작되었다. 미국 환경보호청은 1970년 '청정대기법'에 따라 1971년에 국가대기질기준(National Ambient Air Quality Standards)을 설정했다.[2] 여섯 개의 대기오염물질인 황산화물, 미세먼지, 일산화탄소, 광화학산화제(photochemical oxidants), 질소산화물, 탄화수소에 대한 오염 상한(limit)을 설정해 국민 건강을 보호하고자 했다(U.S. EPA, 1971). 이 기준은 과학기술적 증거에 따라 정기적으로 수정되었다. 예컨대 1978년에는 납(lead) 기준이 추가되었고 1983년에는 탄화수소 기준이 폐지되었다(윤권순, 2018: 223). 미국 환경보호청은 1987년에 국가대기질기준을 바탕으로 미세먼지를 처음 다루기 시작했고 1997년에 비로소 초미세먼지를 포함했다. 미세먼지 기준은 1987년 이래로 24시간 평균 농도 $150\mu g/m^3$로 2022년 현재까지 동일하게 유지되고 있으나 $50\mu g/m^3$로 설정되었던 연평균 농도는 2006년에 폐지되었다

---

2   미국의 'National Ambient Air Quality Standards'는 한국의 '환경정책기본법'이 다루는 '대기환경기준'에 대응하는 용어다. 국내 문헌에서는 '연방대기질기준'(박민빈 외, 2016), '국가대기환경기준'(켄터 지음, 문정호 옮김, 2003), '전미대기질기준'(한귀현, 2001), '국가대기질기준'(가바 지음, 김형진 옮김, 2005) 등으로 다양하게 표기되고 있다.

표 7-1 각국 주요 도시의 미세먼지 현황 (단위: 년, $\mu g/m^3$)

국가(측정소명)	연도	미세먼지	초미세먼지
한국 서울 (25개 측정소 평균 농도)	2015	45	23.0
	2016	48	26.0
	2017	44	25.0
	2018	40	23.0
	2019	42	25.0
	2020	35	21.0
미국 캘리포니아주 로스앤젤레스-롱비치-애너하임 (LA-Long Beach-Anaheim)	2015	37	12.6
	2016	34	14.7
	2017	33	14.8
	2018	33	13.3
	2019	29	13.4
	2020	29	15.9
영국 런던	2015	19	11.0
	2016	20	12.0
	2017	17	11.0
	2018	18	10.0
	2019	18	11.0
	2020	16	9.0
프랑스 파리	2015	23	14.0
	2016	22	14.0
	2017	21	14.0
	2018	21	14.0
	2019	20	13.0
	2020	19	10.0

자료: 환경부 외(2021: 401).

(〈표 7-5〉 참조). 1997년에 초미세먼지는 연평균 농도 $15.0\mu g/m^3$와 24시간 평균 농도 $65\mu g/m^3$로 설정되었고, 2006년에 24시간 평균 농도를 $35\mu g/m^3$로, 2012년에는 연평균 농도를 $12\mu g/m^3$로 기준이 강화되었다.[3] '청정대기법'은 미국 환경보호청에게 대기환경기준 검토와 개정을 결정할 권한을 부여한다. 따라서 2020년에는 미국 환경보호청이 대기환경기준을 검토한 후 2012년의 기준을 유지한다고 발표했다(U.S. EPA, 2020).

〈그림 7-1〉을 보면 초미세먼지의 대기환경기준이 강화되었음에도 불구하고, 강화된 2012년 기준 대비 2022년 4월 인구 밀도가 높은 캘리포니아주의 일부 지역에서만 기준을 달성하지 못했을 뿐 미국 대부분의 지역에서 엄격해진 기준을 달성했다(U.S. EPA, 2022).

강화된 대기환경기준은 엄격한 관리 제도의 적용과 배출량 삭감 목표의 상승을 이끌기 때문에 이렇게 대기환경기준을 달성한 것은 미국이 초미세먼지 관리에 성공하고 있음을 보여준다(김병욱 외, 2018). 미국의 경험에 비추어 국내의 노력은 다음과 같이 평가된다.

국내에서는 2011년 최초로 초미세먼지에 대한 대기환경기준을 연평균 $25\mu g/m^3$, 일평균 $50\mu g/m^3$로 정하고 2015년부터 적용하기 시작했다. 3년 뒤인 2018년 3월에는 초미세먼지 대기환경기준을 연평균 $15\mu g/m^3$, 일평균 $35\mu g/m^3$로 강화했다. 대기환경기준 강화는 국민 건강 보호라는 측면에서는 바람직하나, 이러한 대기환경기준 강화는 (……) 지역별 농도 현황과 그에 따른 건강 영향분석 등 과학적

---

[3] 미세먼지와 관련해서 미국 연방 대기질기준의 역사를 더 자세히 알기 원한다면 U.S. EPA, "Particulate Matter(PM) Standards: Table of Historical PM NAAQS," http://www3.epa.gov/ ttn/naaqs/standards/pm/s_pm_history.html와 윤권순(2018)을 참조.

그림 7-1 미국의 대기환경기준(초미세먼지 관련)을 달성하지 못한 지역

초미세먼지 정도
⬜ 심각
⬛ 보통

주: 2022년 4월 30일 측정치.
자료: U.S. EPA(2022).

분석에 근거해야 한다는 점과, 미국과 달리 변경 주기가 짧았다는 점 등은 고찰이 필요하다. 특히 대기환경기준의 신설과 개정은 대기 관리에서 목표 설정과 배출량 저감 대책 수립, 집행과 감독, 필요 기술 개발, 소요 재원 추정, 비용-효과/편익 분석, 농도 개선 평가 등 일련의 제도적인 시행에 핵심 요소라는 점에서 후속 조치의 연계성 검토가 선행되어야 한다(김병욱 외, 2018: 590).

2) 유럽

유럽도 1970년대 초반부터 대기질을 개선하고자 대기로 뿜어져 나오는 오염물질을 통제하고 화석연료의 질을 향상시키며 교통과 에너지 분야에서 환경보호 규정을 강화하는 등 꾸준히 노력해 왔다(Marco and Bo, 2013). 1990년대에 유럽은 일련의 대기질 관리 지침을 채택해 대기질 제한, 목표치, 모니터

링, 평가 방법 등을 설정했다(Marco and Bo, 2013). 결과적으로 지난 수십 년간 대기오염물질의 배출이 많이 줄어들었다. 이러한 긍정적인 변화는 최근에도 지속적으로 나타나고 있다. 2005~2019년 유럽연합의 대부분 국가가 주요 대기오염물질 배출 저감을 다양한 수준으로 이루어냈다(〈표 7-2〉 참조).

유럽은 '미세먼지에 의한 대기오염에의 노출(Exposure to air pollution by particulate matter)'이라는 지표로 2000년부터 매년 28개국(2020년부터는 27개국)의 데이터를 측정해 남기고 있다(Eurostat, 2021a). 이 지표는 도시 배경 측정소에서 미세먼지의 연평균 농도를 노출 인구를 감안해 계산한 기록이다. 이 지표는 '지속가능발전목표(Sustainable Development Goals)'의 지표 중 일부로,[4] 목표 제11조 '포용적이고 안전하며 회복력 있고 지속 가능한 도시와 주거지 조성'을 달성하기 위한 과정을 관측하고 있다(Eurostat, 2021b). 이 목표는 도시와 다른 정착지를 재생하고 계획해 모든 사람에게 기초적인 서비스, 에너지, 주택, 교통, 녹색 공공 공간 등을 이용할 수 있는 기회를 제공하는 것을 목적으로 한다. 17개의 지속가능발전목표는 다양한 타깃과 세부 지표를 설정해 목표를 달성해 가는 성과를 가시화하도록 하는데, 특히 목표 제11조를 위한 타깃 중 하나가 대기오염 문제를 직접 다룬다. 목표 제11조 6항을 보면 2030년까지 대기오염과 쓰레기 처리에 특별히 관심을 기울여 인구당 끼치는 도시의 환경 피해를 줄이고자 한다. 이 타깃의 달성 유무를 가늠하기 위해 두 가지 지표를 사용하는데, 그중 하나인 목표 제11조 6항 2호는 도시에서 인구를 감안한 미세먼지와 초미세먼지의 연평균 수준이다(United Nations Department of Economic and Social Affairs, n.d.).

---

4 유엔 지속가능발전목표, https://sdgs.un.org/goals; 한국의 지속가능발전포털, http://ncsd.go.kr/unsdgs?content=2#unsdgs11.

표 7-2 2005~2019년 유럽연합 국가들의 주요 대기오염물질 배출량 저감 상황 (단위: %)

	암모니아		휘발성 유기화합물		질소산화물		초미세먼지		황산화물	
오스트리아	○	6	●	-31	●	-42	●	-38	●	-58
벨기에	●	-15	●	-38	●	-51	●	-47	●	-79
불가리아	●	-13	●	-21	●	-47	●	-1	●	-90
크로아티아	●	-21	●	-34	●	-40	●	-35	●	-86
사이프러스	●	-31	●	-42	●	-37	●	-51	●	-58
체코	●	-15	●	-20	●	-41	●	-18	●	-62
덴마크	●	-16	●	-33	●	-52	●	-40	●	-60
에스토니아	○	5	●	-29	●	-40	●	-55	●	-75
핀란드	●	-17	●	-42	●	-42	●	-36	●	-58
프랑스	●	-5	●	-40	●	-48	●	-51	●	-78
독일	●	-3	●	-25	●	-31	●	-33	●	-45
그리스	●	-15	●	-57	●	-48	●	-46	●	-86
헝가리	●	-1	●	-31	●	-36	●	-5	●	-50
아일랜드	○	5	●	-6	●	-43	●	-38	●	-85
이탈리아	●	-15	●	-33	●	-51	●	-20	●	-74
라트비아	○	22	●	-25	●	-25	●	-29	●	-58
리투아니아	●	-7	●	-18	●	-16	●	-37	●	-58
룩셈부르크	○	0	●	-25	●	-66	●	-53	●	-62
몰타	●	-29	●	-5	●	-44	●	-47	●	-99
네덜란드	●	-19	●	-11	●	-43	●	-46	●	-66
폴란드	●	-6	●	-16	●	-23	●	-21	●	-62
포르투갈	●	-9	●	-18	●	-47	●	-25	●	-77
루마니아	●	-17	●	-29	●	-34	●	-7	●	-84
슬로바키아	●	-3	●	-34	●	-42	●	-51	●	-82
슬로베니아	●	-11	●	-35	●	-46	●	-35	●	-89
스페인	●	-2	●	-23	●	-52	●	-8	●	-88
스웨덴	●	-8	●	-34	●	-33	●	-44	●	-55

주: ● 2005년 대비 배출량 감소, ○ 2005년 대비 배출량 증가.
자료: European Environment Agency(2021a).

따라서 유럽연합 인구의 70% 이상이 도시 지역에 살고 있으므로 도시 지역의 대기오염 수준을 파악하는 것이 의미가 있다. 유럽 대기질기준을 초과하는 대기오염 농도에 노출된 도시 지역 인구 비율은 〈표 7-3〉과 같이 꾸준히 줄고 있다. 특히 2000년에는 유럽 도시 인구의 반 이상(52.6%)이 유럽 대기질기준 일일 평균치를 초과하는 미세먼지에 노출되었으나 꾸준히 대기질이 향상되면서 2019년에는 10% 이하로 떨어졌다. 초미세먼지도 첫 측정한 2006년에 20% 이상의 도시 인구가 유럽 대기질기준을 초과하는 환경에서 살았으나 2019년에는 단 1%의 도시 인구만이 어려움을 겪는 상황이다.

이렇게 성공적인 미세먼지 관리는 배출 가스를 줄이고 시민들을 오염물질로부터 보호하는 다양한 정책이 시행된 덕분이라고 할 수 있다. 대기오염이 주요 정치 현안으로 대두되기 시작한 1970년대 후반부터 유럽은 일련의 지침을 제정하면서 꾸준히 대기질기준을 마련했다. 특히 유럽연합은 대기질과 산업 배출에 대한 구체적이고도 다양한 법제화 노력의 일환으로 1996년에 환경이사회가 대기질 평가와 관리에 관한 대기질기본지침을 채택해 2004년까지 오존, 미세먼지, 이산화질소를 포함하는 다양한 오염물질에 대한 기준치를 설정했다. 이 지침하의 첫 번째 세부 지침(1999/30/EC)을 통해 미세먼지의 연간 기준을 $40\mu g/m^3$로 정했다. 그러나 초미세먼지에 대한 제한은 설정하지 않았다.

2008년에 유럽의회와 유럽연합이사회가 채택한 '대기질과 청정공기에 대한 지침(Directive 2008/50/EC of the European Parliament and of the Council of 21 May 2008 on Ambient Air Quality and Cleaner Air for Europe 2008/50/EC)'은 1996년의 지침과 그 밖에 다른 지침을 하나의 지침으로 복합하면서 초미세먼지에 대한 목적을 처음으로 제시했다. 유럽연합은 2002년 '제6차 환경행동프로그램(Sixth Environment Action Programme)'에서 보건과 환경에 부정적 영향이나 위

표 7-3 유럽연합의 대기질기준과 세계보건기구의 대기질지침을 초과하는 대기오염물질
농도에 노출된 유럽 도시 인구 (단위: %)

연도	유럽연합의 대기질기준을 초과하는 대기오염물질 농도에 노출된 도시 인구		세계보건기구의 대기질지침을 초과하는 대기오염물질 농도에 노출된 도시 인구	
	미세먼지	초미세먼지	미세먼지	초미세먼지
2000	52.6	-	86.8	-
2001	38.9	-	83.2	-
2002	40.0	-	80.8	-
2003	46.9	-	89.8	-
2004	33.3	-	77.5	-
2005	40.6	-	81.7	-
2006	45.3	20.4	84.0	96.9
2007	33.2	13.7	87.3	89.1
2008	26.0	15.1	78.1	85.3
2009	26.7	11.5	84.1	89.7
2010	27.9	13.3	83.9	89.8
2011	33.5	17.6	86.5	92.3
2012	25.0	13.8	72.5	89.9
2013	21.5	8.7	62.1	86.3
2014	16.4	8.2	50.3	86.5
2015	22.7	7.2	53.6	81.5
2016	12.9	5.5	42.1	74.6
2017	16.8	7.8	45.0	77.3
2018	14.8	3.8	48.0	73.5
2019	9.8	1.0	35.8	60.9

자료: European Environment Agency(2021b)의 데이터를 저자가 정리함.

험을 초래하지 않는 수준의 대기질 수준을 달성한다는 목표를 설정했고(EU,
2002), 이를 바탕으로 2005년 '대기오염에 대한 주제별 전략(Thematic Strategy

on Air Pollution)'을 수립해 현행 대기오염 정책의 토대를 마련했다(EC, 2005). 이 주제별 전략에는 기존 규정을 현대화하고 관련 정책과 그 밖의 부문과의 통합과 복합 권고가 포함되어 있다. 초미세먼지에 관한 이 지침은 회원국들에게 2020년까지 초미세먼지 농도에 노출되는 인구를 평가하고 줄이도록 요구했다. 감축 요구 규모는 2009년과 2011년 사이에 국가별 평균 농도치에 따라 다양하게 정해졌는데, 평균 농도치가 $22\mu g/m^3$보다 큰 회원국은 2020년까지 $18\mu g/m^3$ 아래까지 줄일 수 있도록 모든 적절한 조치를 취해야만 한다(Eurostat, 2021a). 불가리아와 폴란드를 제외한 모든 유럽연합 국가가 이 목표를 2019년까지 달성했다(〈표 7-4〉 참조).

'유럽연합 대기질지침(EU Air Quality Directive)'은 대기오염물질을 제한하고 목표치를 정함으로써 건강과 식생(vegetation), 자연 생태계를 보호하고자 한다. 2001년부터 유럽연합은 대기질 개선과 대기환경 관리를 위해 국가별배출량상한(National Emission Ceilings) 지침을 처음 도입했다. 이 지침에는 미세먼지가 포함되어 있지 않았다. 이산화황, 질소산화물, 휘발성 유기화합물, 암모니아 네 종류의 오염물질 배출 감축량을 설정하고 있다. 이 지침이 2016년에 개정되면서 처음으로 초미세먼지가 추가되어 총 다섯 종류의 오염물질에 대한 배출량 한도를 설정하고 준수하도록 하고 있다. 이 개정은 2005년에 수립된 대기오염에 대한 주제별 전략을 성공적으로 실행하기 위해 2013년 유럽연합집행위원회(European Commission)[5]에서 도입한 청정대기정책(Clean Air Policy Package)에 초미세먼지를 추가해 배출 상한에 포함시키면서 가능해졌

---

5   유럽연합집행위원회는 "유럽 통합과 관련된 조약을 수호하고, 유럽연합의 행정부 역할을 담당하며, 각종 정책을 입안하고, 유럽연합의 이익을 수호하는 유럽통합의 중심기구"다(외교부, n.d.).

표 7-4 유럽 각국의 연평균 초미세먼지 노출 농도 (단위: 년, $\mu g/m^3$)

	2006	2007	2008	2009	2010	2011	2012	2013	2014	2015	2016	2017	2018	2019
유럽연합 (28개국)	17.7	16.6	17.5	17.4	18.1	18.4	16.8	15.8	15.2	14.8	13.9	14.1	13.8	:
벨기에	18.5	21.1	18.6	18.9	17.7	17.7	16.1	16.7	14.4	13.5	13.3	12.8	12.8	11.1
불가리아	44.7	41.2	41.5	24.7	31.1	41.3	29.3	26.3	26.1	25	20.2	23.8	20.1	19.6
체코	25	18	19.3	20.3	22.8	21	19.2	20.2	19.1	17.4	18.1	18.4	19.5	14.4
덴마크	11.7	10.3	10.8	10.2	11	16.3	11.1	10.3	12.4	11.3	10	9.2	12	10
독일(통일 전 서독)	17.1	15.3	16.1	16.7	17.4	17.1	14.3	14.6	15.1	13.4	12.9	12.8	13.1	10.9
에스토니아	:	10.9	5.4	6.2	7.6	6.9	7.8	8.1	8.6	6.7	5.4	5.3	6.3	4.8
아일랜드	:	:	:	11.1	11.8	:	:	11.1	9.5	8	8.9	8	8.8	8.8
그리스	:	26.2	24.3	20	:	17	18.4	10	:	16.4	14.7	13.5	13.4	14.1
스페인	20.7	13.1	14.2	15.2	12.4	12.9	13.7	10.7	11.3	13	11.3	12.1	11.7	11.8
프랑스	13.6	12.9	15.5	18.1	18.3	17.8	16	15.8	12.6	13.5	12.7	12	11.7	10.4
크로아티아	:	:	:	:	:	:	:	21.9	20	21.9	20.6	19	20.3	16
이탈리아	30.8	28.8	25.1	25.1	23.4	26.8	23	20.1	17.6	22	19.3	19.2	16	15.1
사이프러스	:	:	:	21.5	22.2	23.2	24.3	17	17.2	17.2	14.7	14.7	13.2	13.4
라트비아	:	:	19.4	15.8	:	:	17.3	16.8	18.3	15.9	15.4	13.6	16.1	12.1
리투아니아	:	:	:	:	:	:	:	12.1	11.9	10.9	9.3	8.6	8.5	11.1
룩셈부르크	:	:	:	18.9	16	13.7	12.2	16.3	11.5	11.7	14.4	13.2	11.1	10.2
헝가리	:	:	:	16	22.3	26.5	23.4	17.3	20.2	:	:	20.9	17.7	14.4
몰타	:	:	:	:	:	:	:	:	:	:	:	:	:	:
네덜란드	:	:	16.3	16.7	17.1	16.8	13.5	14	13.9	12.7	11.2	11.3	11.8	10.4
오스트리아	25	23.1	19.9	17.9	19.9	19	16.2	17.3	14.9	14.5	13.1	14.1	15.5	12
폴란드	22	:	33.5	30	30.5	27.6	27	25.5	26.1	23.8	23.3	24.1	24.3	19.3
포르투갈	13.6	14.7	10.7	10.8	8.8	10.7	9.2	5.5	10	10.3	10.1	12	10.8	9.1
루마니아	:	:	:	19	19.1	19.5	19.4	15.5	13.9	17.1	17.2	20.4	20	16.4
슬로베니아	:	:	23.9	18.7	21.8	24.1	20.4	20.1	17.5	21.6	21.6	19.7	18.3	15.3
슬로바키아	33.3	26.4	25.1	27.2	22.8	26.7	22.7	:	18	19	14.7	17.5	16.9	13.8

	2006	2007	2008	2009	2010	2011	2012	2013	2014	2015	2016	2017	2018	2019
핀란드	9.8	8.8	8.4	7.6	8.4	7.5	7	6.7	8.4	6	5.7	4.9	6.4	5.1
스웨덴	11.7	9.5	9.2	7.2	7.4	7.8	6	5.2	7.4	6.1	5.6	5.4	6.2	5.8
아이슬란드	:	:	:	6	7.7	4.7	4.6	7	:	7.4	5	6.2	6.2	5.9
노르웨이	10	:	8.1	8.2	11.2	10.2	9.5	9.2	8.5	7.6	7.9	7	6.1	6.5
스위스	18.1	15.6	14.3	14.6	:	:	:	:	:	11.3	10.1	10	11.1	9.2
영국	14	14.2	12.9	13.2	13.6	14.6	13.2	12.9	12.8	10	10.4	9.9	10.1	10.2

자료: Eurostat(2021b). 유럽의 연평균 미세먼지 노출 농도는 여기서 확인할 수 있다(https://ec.europa.eu/eurostat/databrowser/view/sdg_11_50/settings_1/table?lang=en).

다. 또한 이 정책은 대도시 지역의 대기오염 개선에 집중하고 이와 관련된 연구를 지원하고 국제 협력을 촉진한다는 내용을 담고 있다. 이를 위해서 유럽연합 회원국은 국외에서 국내로 유입되는 미세먼지 문제를 분석하고 반대로 국내에서 발생한 미세먼지가 인근 국가에 미치는 영향도 함께 분석한다. 이 새로운 지침은 유럽연합이 대기질 향상을 위해 마련한 기존의 여러 노력들인 1979년 '월경성 장거리이동 대기오염물질에 관한 협약(Convention on Long-Range Transboundary Air Pollution, CLRTAP)', 1999년 '예테보리 의정서(Gothenburg Protocol)', 2008년 '대기환경지침(The Ambient Air Quality Directive)' 등을 보완한다(최유진, 2017). 또한 새 지침의 핵심인 국가배출감축약속(National Emissions Reduction Commitments)은 유럽 전역의 대기오염 개선을 목표로 산출된 값을 근거로 회원국들이 2030년까지 감축해야 하는 양을 정해 2020년과 2030년의 배출량 감축 비율을 제시한다. 미세먼지로 분류되는 부유 물질, 블랙카본(Black Carbon), 초미세먼지, 미세먼지 등의 배출 감소는 에너지, 도로 수송, 산업 부문에서의 기술적인 저감 조치가 원활히 이행되었기 때문이다. 특히 미세먼지의 간접적인 형성에 기여하는 질소산화물의 저감은 전력과 에너지 발전 부문에서 연소 과정을 단순화하는 기술 도입, 배연 저감 기술의 적용, 석탄에서 가스로의 연료 전환 등과 같은 기술적인 조치를 통해 이루어냈다. 미세먼지의 또 다른 간접 배출원인 황산화물의 저감은 에너지 부문에서 주로 사용하던 유황 비중이 높은 액체·고체 연료로부터 천연가스처럼 유황 성분이 낮은 연료로 전환하고, 산업 시설에서 배연·탈황 기술을 적용하고, 유럽연합의 지침이 액체 연료의 유황 저감을 명시하는 등의 노력으로 가능했다 (EEA, 2016; 문진영·김은미·최은혜, 2017).

이렇게 제정된 법률과 지침들은 조직적으로 시행되었다. 2016년 6월 15일 유럽연합집행위원회가 2008년 대기질지침(Directive 2008/50/EC) 제13조 1항[6] 과 제22조 3항[7] 등의 의무를 이행하지 않은 폴란드를 유럽연합사법재판소 (Court of Justice of the European Union)에 회부했다(InfoCuria Case-law, 2018). 유럽연합집행위원회는 2018년 5월 17일에도 프랑스, 독일, 헝가리, 이탈리아, 루마니아, 영국 등 여섯 나라를 유럽연합사법재판소에 회부했는데, 이유가 이들 국가가 합의된 대기질 제한 기준을 지키지 않고 배출 초과 기간을 가능한 한 줄이도록 적절한 조치를 취하지 않았기 때문이다(European Commission, 2018).

그러나 유럽의 대기오염 기준치는 세계보건기구의 기준에 비하면 많이 느슨한 편이다(〈표 7-5〉 참조). 따라서 세계보건기구가 채택한 세계 대기질 가이드라인(Global Air Quality Guidelines)보다 나쁜 대기질에 사는 유럽의 인구는

---

6 "Member States shall ensure that, throughout their zones and agglomerations, levels of sulphur dioxide, PM_{10}, lead, and carbon monoxide in ambient air do not exceed the limit values laid down in Annex XI"(EUR-Lex, n.d.).

7 "Where a Member State applies paragraphs 1 or 2, it shall ensure that the limit value for each pollutant is not exceeded by more than the maximum margin of tolerance specified in Annex XI for each of the pollutants concerned"(EUR-Lex, n.d.).

표 7-5 한국, 미국, 유럽연합, 세계보건기구의 대기환경기준 비교　　　　　　　　(단위: $\mu g/m^3$)

항목	기준 시간	한국	미국*	유럽연합**	세계보건기구 (2005년)	세계보건기구 (2021년)
미세먼지	24시간	100	150	50	50	45
	1년	50	-	40	20	15
초미세먼지	24시간	35	35	-	25	15
	1년	15	12(P)* 15(S)*	25	10	5

주: * 미국: Primary(직접배출), Secondary(간접배출)로 나뉘어 있어 (P), (S)로 구분해 표기함.
　　** 유럽연합 대기환경기준: 2010년 1월 1일을 기준으로 초미세먼지 연평균 농도 목표치를 25, 2015년 1월
　　　1일을 기준으로 초미세먼지 연평균 농도 제한치를 25, 2020년 1월 1일을 기준으로 2단계 징후 제한치(Stage
　　　2 indicative limit value)를 20으로 조정했다(European Commission, n.d.b).
자료: 환경부 외(2021: 402); WHO(2021).

여전히 상당하다(〈표 7-3〉 참조). 세계보건기구의 초미세먼지 기준에 미치지 못하는 환경에 노출된 채 생활하는 유럽 도시 인구가 2019년에 60% 이상이며 미세먼지 기준에 미치지 못하는 환경에 사는 유럽 도시 인구도 35.8%에 달하는 것으로 보고된다.

세계보건기구는 2005년 채택한 세계 대기질 가이드라인을 2021년 9월에 업데이트하면서 미세먼지의 연평균 농도를 2005년의 $20\mu g/m^3$에서 2021년에 $15\mu g/m^3$로, 초미세먼지의 연평균 농도를 2005년의 $10\mu g/m^3$에서 2021년에 $5\mu g/m^3$를 초과하지 않을 것을 권고했다. 세계보건기구는 대기오염이 건강에 미치는 영향이 심각하고 인체의 거의 모든 조직에 악영향을 미칠 수 있다는 지난 20년간 축적된 방대한 연구를 근거로 권고 수준을 더 엄격하게 채택했다(WHO, 2021; Hoffmann, 2021). 유럽도 2022년에 '유럽 그린딜(European Green Deal)'[8]의 일환으로 세계보건기구의 추천치를 반영한 새로운 대기환경

8　유럽 그린딜은 2019년 유럽연합집행위원회가 기후와 환경 문제를 해결하려는 의지를 천명

기준으로 수정하고 있다(European Commission, n.d.a). 유럽 그린딜의 로드맵안의 행동강령 중 지속 가능하고 영리한 이동성(sustainable and smart mobility)을 향상하는 항목 아래 2021년까지 연소엔진(combustion engine) 자동차에 대한 대기오염물질 배출 기준을 더욱 강화하는 구상이 포함되어 있다(European Commission, 2019b).

5. 월경성 대기오염 문제 해결을 위한 국제적 노력

국내 환경정책 채택과 법 제정을 넘어 미국과 유럽은 월경성 대기오염을 다루기 위해 국가 간에 다양한 노력을 기울여 왔다. 월경성 대기오염과 관련해 국제법적으로 접근하는 데는 두 가지 설명 체계(paradigms)가 주로 활용된다(Boyle, 2015; 박병도, 2017에서 재인용). 하나는 월경성 오염의 피해국이 원인국에게 책임을 추궁하도록 하는 양자적 국가책임의 체계다. 오염국과 원인국 간의 책임 추궁과 관련해서는 양자 관계에서 오염의 발생과 그에 따른 피해의 명백한 구조를 밝혀낼 수 있다는 것이 특징이다. 가장 대표적인 예로 미국과 캐나다 간의 트레일스멜터(Trail Smelter) 사건이다. 이 사건은 1928년부터 1941년까지 13년 동안 오염 원인국(캐나다)과 피해국(미국) 간에 보상 문제를 해결하기 위한 법정 공방이다. 캐나다 브리티시컬럼비아주 트레일(Trail)에는 캐나다광업·제련통합회사(Consolidated Mining and Smelting Company of

___

한 것이다. 2050년까지 총온실가스(net emissions of greenhouse gases) 배출을 없애면서 공정하고 번영하는 사회와 자원을 효율적으로 사용하는 경제구조를 이루어나간다는 새로운 성장 전략을 제시했다(European Commission, 2019a).

Canada, Limited)라는 민간 제련소가 미국과의 국경에서 약 18킬로미터 떨어진 곳에 위치하고 있었다. 이 제련소에서 방출한 대기오염으로 미국 워싱턴 주 북부 지역의 농장들이 피해를 입었다. 이 사건을 해결하고자 캐나다 정부와 미국 정부가 1938년과 1941년 두 차례에 걸쳐 성공적으로 합의를 이끌어 냈다. 이는 국제환경법 분야에서 가장 대표적인 월경성 대기오염에 관한 판례로 꼽힌다. 국제공동위원회(International Joint Commission)의 권고 사항을 바탕으로 중재법원(Trail Smelter Tribunal)은 1938년 4월 16일 판결문에서 1931년 까지 발생한 피해에 대해 캐나다가 미국에 35만 달러를 배상할 것을 결정했고, 1941년 3월 11일 최종 판결문에서 1932년 1월 1일부터 1937년 10월 1일 까지 발생한 손해에 대해서 7만 8000달러를 배상해야 한다고 결정했다(Read, 2006). 이 중재안은 국가 간의 소송에 대해 일반적인 국제법을 적용해 해결한 유일한 월경성 오염 피해로 평가된다(Hanqin, 2003). 또한 이 분쟁은 법정에서 국가의 주권이라는 근본적인 법적 개념에 한계를 설정한 최초의 사안으로 기록되고 있다(Bratspies and Miller, 2006).[9]

월경성 대기오염과 관련해 오염 행위를 유발하는 국가에게 피해국이 국가 책임을 추궁하는 방식으로 사법적 해결이 가능한지에 대한 국제법적 논의가 오랫동안 지속되었다. 국제법은 기본적으로 각국의 주권을 보장하고 국가의 영토보전(territorial integrity)을 원칙으로 한다(박병도, 2017). 그러나 동시에 국제법은 자국 내 경제활동이 타국에게 피해가 되어서는 안 된다고 규명하고 있다.[10] 오염을 유발한 행위로 발생한 타국의 손해는 오염국이 구제해야 할

---

9 트레일스멜터 사건의 중재안이 국제법에 기여한 부분이 높이 평가되면서도 다양한 비판 역시 일고 있는 것이 사실이다. 닐 크레이크(Neil Craik)는 21세기에 접어들면서 컬럼비아강 인근에서 양국 간 국경을 따라 환경문제가 다시 대두되고 있다고 지적한다(Craik, 2006).

10 1972년 스톡홀름선언의 원칙21은 국가들은 자국의 자원을 자국의 환경정책에 따라 개발할

책임을 진다는 것이 국제법의 기본 원칙이다. 그러나 월경성 오염 문제는 국가 간에 발생하지만 실제로는 국제법상 월경성 오염의 피해 배상 주체는 국가가 아니다. 오염을 발생시킨 사업장이 피해를 입힌 타국의 개인에게 배상하는 것이다. 오염 발생지의 국가는 자국의 사업장이 적절한 책임을 다할 수 있도록 법과 제도를 수립할 의무가 있을 따름이라는 것이 일반적인 견해다(소병천, 2017). 월경성 오염과 관련해 국가책임을 추궁할 때 가장 많이 인용되는 의무는 피해금지원칙(No-harm principle)에 바탕을 두고 있다. 다른 국가의 영토에 중대한 위해를 야기하는 방법으로 자국 영토가 사용되는 것을 허용하지 아니할 국가의 의무라는 개념으로, 이 의무에는 다른 국가에 피해를 야기하지 않을 보편적 의무와 특정 조약 당사국에게 부과하는 구체적 의무가 있다. 미국과 캐나다 사이에서 중재된 트레일스멜터 사건은 다른 국가의 환경에 피해를 예방할 의무에 해당된다. 피해금지원칙이 국가주권과 천연자원에 대한 영구 주권이라는 장애물을 넘어 이제 국제관습법으로 자리를 잡았다는 데 큰 이견이 없다. 그러나 월경성 환경 피해에 대한 국가 간의 분쟁이 법적 소송으로 이어지기에는 현실적인 장애물이 많다. 이웃 국가와의 정치적·외교적 관계에서 기인하는 국익 계산뿐만 아니라 재판관할권 문제와 인과관계의 과학적 입증 문제까지 복잡한 사안들이 있다(김홍균, 2007).

따라서 미국과 캐나다도 1990년대부터 국제법적 접근보다는 양국 간에 협력 관계를 구축하는 데 더 주력해 왔다. 양국은 1991년에 '미국-캐나다 대기질 협정(U.S.-Canada Air Quality Agreement)'을 채택하고 1972년 스톡홀름 유엔

주권적 권리를 가지며, 또한 자국의 관할권이나 통제하는 활동이 다른 국가의 환경이나 국가 관할권 범위 밖의 지역의 환경에 손해를 가하지 않도록 조치할 책임이 있다고 규정한다(UNEP, 1972).

인간환경회의(Stockholm U.N. Conference on the Human Environment)에서 합의된 스톡홀름선언(Stockholm Declaration)의 원칙21(Principle 21) — "자국의 관할권이나 통제하의 활동이 그 밖의 범주에 있는 영역이나 타 국가의 환경에 손해를 끼치지 않도록 보장해야 할 책임이 있다" — 을 재확인하고 국제 합의를 통한 노력의 중요성을 강조했다. 이 협력 프로그램을 통해 1990년대에 산성비 문제를 해결해 나갔고, 2000년에 개정 과정을 통해 오존 부속서(Annex)하에 월경성 스모그 배출을 줄이는 데 초점을 맞추었다(U.S EPA, n.d.b). 2004년과 2013년에 양국 간의 미세먼지와 미세먼지 전구물질의 월경성 이동에 관한 과학 협력의 결과물을 발표하는 등 활발한 협력을 지속해 나가고 있다. 또한 1996년부터 2년마다 협정 진행 보고서(U.S.-Canada Progress Report)를 발간해 역내 대기질 개선과 생태계의 산성화 저감과 대기오염물질 저감에 관한 정보를 공개해 왔다(U.S EPA, n.d.b).

양자 간의 책임을 밝히는 체계와 함께 또 다른 설명 체계는 관련된 여러 국가 간에 협약을 체결해 월경성 대기오염을 해결하는 방식이다. 1960년대에 북유럽에서 발생한 산성비로 산림이 파괴되고 호수의 물고기 수가 줄며 생태계 전체에도 위협이 된다는 문제의식이 시작되었다. 북유럽 국가들은 영국이나 독일에서 건너온 대기오염물질 때문이라는 주장을 국제적으로 제기했다. 그 후 1972년 OECD 주도로 11개 관계 국가가 대기오염물질 공동 관측과 연구를 거쳐 협력 방안을 마련하기 시작했다. 이를 계기로 1979년에 유럽, 미국, 캐나다 등 32개국이 월경성 장거리이동 대기오염물질에 관한 협약을 체결한 것이 월경성 오염과 관련해 가장 성공적인 사례로 꼽힌다.

유엔 경제사회이사회(United Nations Economic and Social Council, ECOSOC)의 감독하에 유럽은 1979년 월경성 장거리이동 대기오염물질에 관한 협약을 맺는다. 미국과 캐나다는 1979년에 서명하고 1981년에 비준해 참여하는 중이다. 가장 최근인 2005년에 알바니아가 비준하면서 2022년 기준으로 총 51개 국이 협약에 가입했다.[11] 과학적 연구가 뒷받침되고, 대중의 관심이 컸고, 동 서 유럽 국가들이 국제회의에 적극적으로 참여한 데 더해 많은 외교적 노력 덕분에 가능한 일이었다. 이 협약을 통한 성취는 오늘날까지 비교 대상이 없 는('unparalleled') 것으로 유럽 국가들은 자평한다(UNECE, n.d.a). 경제는 여전 히 성장하지만 대기오염 배출은 현저히 줄었다. 여러 대기오염물질 배출량 이 40%에서 80%까지 줄었고, 산림 토양과 호수의 산성화가 회복되었으며, 매년 60만 명의 조기 사망을 막을 수 있었다. 이 협약을 통해 유럽 각국이 오 염 통제 조치와 공통의 배출 기준을 조정하도록 요구하면서 유럽의 대기를 공동 문제로 다루기 시작했다는 데 큰 의의가 있다(Boyle, 2015).

실제로 이 협약과 여덟 개의 후속 의정서를 채택해 대기오염물질의 배출 을 줄이기 위한 구체적인 조치를 취하기 시작했다(〈표 7-6〉 참조). 이 협약을 통해 유럽 국가들은 배출량과 오염 측정, 모델링 데이터, 생태계, 인체, 농작 물, 구조물에 미치는 영향에 관한 정보에 접근할 수 있는 터전이 마련되었다 (UNECE, n.d.b).

이러한 협약을 통해 유럽이 대기 공동체로 함께 노력했다고 해서 유럽 국 가들이 모두 같은 수준의 문제의식과 해결 의지를 가졌다고 할 수는 없다. 나 라마다 다양한 국내의 정치·경제·환경 상황에 대한 이해를 바탕으로 협상이

---

11 51개국은 알바니아, 아르메니아, 오스트리아, 아제르바이잔, 벨라루스, 벨기에, 보스니아헤 르체고비나, 불가리아, 캐나다, 크로아티아, 사이프러스, 체코, 덴마크, 에스토니아, 핀란드, 프랑스, 조지아, 독일, 그리스, 헝가리, 아이슬란드, 아일랜드, 이탈리아, 카자흐스탄, 키르 기스스탄, 라트비아, 리히텐슈타인, 리투아니아, 룩셈부르크, 몰타, 모나코, 몬테네그로, 네 덜란드, 북마케도니아, 노르웨이, 폴란드, 포르투갈, 몰도바, 루마니아, 러시아, 산마리노, 세 르비아, 슬로바키아, 슬로베니아, 스페인, 스웨덴, 스위스, 튀르키예(터키), 우크라이나, 영 국, 미국을 포함한다. 유럽연합도 지역 협력체로서 1982년에 비준했다.

표 7-6 월경성 장거리이동 대기오염물질에 관한 협약과 후속 의정서(2022년 6월 기준)

연도	내용
1979	월경성 장거리이동 대기오염물질에 관한 협약: 32개국이 서명하고 51개국이 비준해 1983년 발효됨.
1984	유럽 장거리이동 대기오염물질의 감시 및 평가협력 프로그램(European Monitoring and Evaluation Program, EMEP)의 장기 자금을 조달하기 위한 1979년 월경성 장거리이동 대기오염물질에 관한 협약 의정서: 22개국이 서명하고 47개국이 비준해 1988년 발효됨.
1985	황의 배출이나 월경성 이동을 최소 30% 감소시키기 위한 1979년 월경성 장거리이동 대기오염물질에 관한 협약 의정서: 19개국이 서명하고 25개국이 비준해 1987년 발효됨.
1988	질소산화물의 배출이나 월경성 이동을 통제하기 위한 1979년 월경성 장거리이동 대기오염물질에 관한 협약 의정서: 25개국이 서명하고 35개국이 비준해 1991년 발효됨.
1991	휘발성 유기화합물의 배출이나 월경성 이동을 통제하기 위한 1979년 월경성 장거리이동 대기오염물질에 관한 협약 의정서: 23개국이 서명하고 24개국이 비준해 1997년 발효됨.
1994	황의 배출의 추가 감소를 위한 1979년 월경성 장거리이동 대기오염물질에 관한 협약 의정서: 28개국이 서명하고 29개국이 비준해 1998년 발효됨.
1998	중금속과 관련한 1979년 월경성 장거리이동 대기오염물질에 관한 협약 의정서: 35개국이 서명하고 35개국이 비준해 2003년 발효됨.
1998	잔류성 유기오염물질과 관련한 1979년 월경성 장거리이동 대기오염물질에 관한 협약 의정서: 36개국이 서명하고 34개국이 비준해 2003년 발효됨.
1999	산성화, 부영양화, 지표면의 오존 저감을 위한 1979년 월경성 장거리이동 대기오염물질에 관한 협약 의정서: 31개국이 서명하고 29개국이 비준해 2005년 발효됨.

자료: United Nations Treaty Collection(2022).

시작되었다(Schreurs, 2007: 124). 어떤 나라는 화석연료 사용의 주범으로서, 또 어떤 나라는 바람의 영향으로 타국에서 발생한 오염에 고통받는 피해국으로서, 또 어떤 나라는 원인국이자 피해국 둘 다로서 협상에 임했다. 원인국과 피해국의 지위에 더해 경제의 성격도 다양했다. 스칸디나비아 국가들과 스위스, 오스트리아, 룩셈부르크, 프랑스처럼 중공업이나 심각한 오염을 초래하는 화석연료에 의지하지 않고도 매우 부유한 나라가 있는가 하면, 영국과 독일처럼 거대한 인구와 화석연료에 의존하는 부유한 나라, 폴란드, 헝가리, 체코 등 중앙·동유럽 국가들처럼 여전히 개발도상국이며 석탄에 주로 의지하는 산업구조를 가진 나라, 남유럽의 대부분 국가들처럼 개발도상국이면서 큰 산업도 보유하지 못한 나라들처럼 매우 다양한 경제 수준과 상황을 지니고 있었다(Schreurs, 2007).

이렇게 다른 이해관계에도 불구하고 협약이 체결되던 1979년에 30여 개 국가가 협약에 서명하고 몇 년 안에 비준한 것은 동아시아에 시사하는 바가 크다. 동아시아, 특히 동북아시아에서 국가 간 환경 협력이 시작되던 1990년대에 한국, 중국, 일본의 경제 수준이 1979년 무렵 유럽의 다양한 나라 간의 경제 수준 차이와 크게 다르다고 볼 수 없기 때문이다.

협약의 성공적인 채택과 이행의 가장 큰 이유로 유럽에서 지역 협력의 유구한 역사와 경험을 들 수 있다. 그런데 이것도 자세히 들여다보면 의아한 점이 있다. 1979년 이전까지 유럽연합의 전신인 유럽석탄철강공동체(European Coal and Steel Community)와 유럽경제공동체(European Economic Community)에 참여했던 국가는 그리 많지 않았다. 전자는 제2차 세계대전 후인 1951년에 유럽의 경제 회복과 전쟁 방지 목적으로 만들어졌고 여섯 국가(벨기에, 프랑스, 이탈리아, 룩셈부르크, 네덜란드, 서독)가 회원국이었으며, 후자는 같은 여섯 나라가 유럽의 경제통합을 위해 1957년에 세운 기구다. 덴마크, 아일랜드, 영국 등 세 나라가 1973년에 가입해 월경성 장거리이동 대기오염물질에 관한 협약이 체결되던 1979년에는 모두 아홉 개 나라만 유럽의 협력 시스템 안에서 활동하고 있었다.[12] 1993년에 유럽연합(European Union)이 창설되고 1995년에 오스트리아, 핀란드, 스웨덴이, 2004년에 체코, 폴란드, 헝가리, 슬로바키아, 라트비아, 리투아니아, 에스토니아, 몰타, 사이프러스, 슬로베니아가 가입하는 등 유럽연합 회원국은 급속히 늘기 시작했다. 따라서 유럽이 월경성

---

12 1981년에 그리스가, 1986년에 포르투갈과 스페인이 가입했다.

대기오염을 성공적으로 다루고 해결해 나갈 수 있었던 이유를 동아시아에 비해 유럽 안의 지역 협력의 역사가 길기 때문이라고 설명하기에는 부족한 면이 있다.

6. 과학과 정치

성공적인 유럽 내 환경 협력의 열쇠로 국제정치적, 국내 정치적 요소가 있다. 국제정치 요소로는 1975년에 개최된 '유럽 내 안보와 협력에 관한 헬싱키 회의에서 채택된 정치 협정(Final Act of the 1975 Helsinki Conference on Security and Co-operation in Europe)'에 주목할 필요가 있다. 이 정치 협정은 법적 구속력은 갖지 않으나 냉전하에서도 동서 유럽의 33개국 지도자가 안보, 경제, 인권에 관한 합의를 도출해 냈다는 점에서 굉장히 중요한 정치 발전으로 평가된다(Murphy, 2012: 114). 서유럽 국가들은 동유럽 내 공산주의 체제의 국경 안보를 보장해 주는 대신에 동유럽 국가들이 인권 보장을 위한 정치적 수행을 해나가도록 요구했다. 냉전의 살얼음판 위에서 두 진영이 정치 교류를 시작한 때가 바로 1970년대 중반이었던 것이다. 국내 정치적 요소로는 1970년대 활발했던 새사회운동(New Social Movements)에서 싹튼 독일 녹색당이 1980년 1월에 출현했다. 영국 탄광 노조의 로비력을 약화시키고자 했던 마거릿 대처(Margaret Thatcher) 총리(1979~1990년 재임함)의 끈질긴 노력, 소련의 레오니트 브레즈네프(Leonid Brezhnev, 1964~1982년 재임함)의 동서 데탕트에 대한 염원, 유럽연합에 가입을 원하는 국가들의 의지 등 다양한 정치적 요소가 중요한 예다(Schreurs, 2007: 125~126).

이러한 정치적 역학관계와 함께 과학 지식의 축적, 특히 공통(common)의 과학적 이해가 유럽 환경 협력의 또 다른 중요한 비법이다. 원인국과 피해국의 구도 또한 동북아시아만큼 유럽도 명확한 편이다. 스칸디나비아 국가들, 특히 스웨덴과 노르웨이는 유럽 대륙의 오염물질이 바람을 타고 도착하는 피해국으로서 산성비에 대응하기 위한 정치적 조치를 외롭게 요구했다. 그러나 영국, 서독, 동독, 폴란드, 체코슬로바키아, 헝가리처럼 산업화가 더 진행되고 더 많은 오염을 발생시키던 원인국들은 그런 요구에 반발했다(Schreurs, 2007: 125). 한·중·일 사이에 바람의 방향 탓에 기인하는 월경성 오염의 원인, 피해 구조, 대응 방식이 상당히 닮았다고 할 수 있다.

이러한 원인국들의 반발에도 불구하고 환경 협력이 가능했던 이유 가운데 하나는 산성비가 생각보다 훨씬 넓은 지역에 피해를 주고 바람의 상류 지역에 있는 국가들도 산성비로 피해를 받는다는 과학적 연구가 발표되면서부터다. 월경성 대기오염에 관한 연구는 로버트 스미스(Robert Smith)가 『공기와 비: 화학 기후학의 시작(Air and Rain: The Beginnings of a Chemical Climatology)』(1872)에서 산성비에 관한 연구를 처음 소개한 19세기 중반까지 거슬러 올라간다. 그럼에도 유럽 과학계가 수중 생태계에 관한 연구와 함께 지표수 및 강수의 산성화와 화석연료 사용 간의 상관관계를 연구하기 시작한 1930년대에서 1950년대까지도 산성비는 정책 입안자들의 관심을 끌지 못했다(Kim, 2014). 1960년대에 스웨덴 농업대학교의 토양학자 스반테 오덴(Svante Odén)이 산성비가 유럽 전역에 일어나는 현상이며 많은 지역이 강우의 산성화를 겪고 있음을 밝혀냈다(Clark et al., 2000). 스웨덴 정부의 지원을 받은 연구가 1972년 스톡홀름 유엔인간환경회의에서 발표되자 유럽 국가들의 이목이 집중되었다. 이어서 두 개의 중요한 연구 프로젝트가 시작되었다. OECD의 '대기오염의 장거리 이동에 관한 연구(Program on Long-Range Transport of Air Pollutants)'가 1972~1977년 진행되었고(OECD, 1977), 노르웨이의 연구 프로젝트인 '산성

비: 숲과 물고기에 끼치는 영향(Acid Precipitation: Effects on Forest and Fish)'이 1972~1980년 진행되었다(Overrein et al., 1981). OECD의 연구 결과는 대기오염의 장거리 이동을 확인시켰고, 특히 모든 유럽 국가가 다른 유럽 국가들의 대기오염 배출에 영향을 받는다고 결론지었다(OECD, 1977; Ottar, 1978). 따라서 월경성 오염에 대한 원인과 결과 관계를 명확히 설명한 과학의 기여는 성공적인 유럽 환경 협력의 중요한 요소 중 하나다.

유엔유럽경제위원회(United Nations Economic Commission for Europe, UNECE)도 이 협약이 대기오염 감축에 성공할 수 있었던 가장 중요한 요소 중 하나로 탄탄하고 공동으로 인식된 지식 체계의 발달을 꼽는다. 공동 모니터링과 모델링 프로그램을 개발하고 다양한 분야의 과학자들 간에 국제 네트워크의 형성을 도와 과학 인프라를 구축했을 뿐 아니라 상호 신뢰와 학습을 도우며 과학자와 정책 입안자들이 정보를 교환하는 플랫폼을 제공했다는 데 큰 의의가 있다고 자평한다(UNECE, n.d.c). 산성비가 스칸디나비아반도의 민감한 물 시스템에 피해를 끼치는 데 그치지 않고 독일의 숲과 그리스의 고고학적 불가사의에도 피해를 준다는 과학 연구는 화석연료에서 배출되는 가스에 대한 유럽의 경각심을 불러일으켰다(Schreurs, 2007: 130). 과학적 이해 자체뿐만 아니라 정책 입안에도 과학자, 경제학자, 생태학자 등의 기여가 상당히 높았다. 임계하중(critical loads)과 같은 새로운 개념을 환경보호에 적용했을 뿐만 아니라 모든 국가가 동일하게 배출 감축 목표를 설정하도록 하는 전통적인 접근 방식에서 차별화된 국가 정책 개발과 같은 새로운 방향 설정에도 전문가들의 기여가 컸다.

유럽의 환경 협력에서 과학의 기여가 중요했다는 점에 근거해 동아시아와 동북아시아 지역에서도 과학의 중요성을 인식하고, 1990년대부터 한·중·일 뿐만 아니라 지역 내의 많은 나라 간에 월경성 대기오염의 인과관계를 밝히기 위한 다양한 공동 연구가 진행되어 왔다. 그렇게 다양한 과학 연구 협력이 30년 가까이 진행되고 있음에도 불구하고 아직 과학이 동아시아에서 정책 입안에 직접적으로 영향을 끼치는 단계까지는 이르지 못했다고 판단된다. 유럽의 과학자들이 공동 연구의 내용을 근거로 대기오염 관리에 대한 정책 입안에 적극 참여하는 반면에 동아시아는 아직도 원인관계 규명에 머무르고 있는 것이 사실이다.

참고문헌

가바, 제프리(Jeffrey M. Gaba). 2005. 『미국 환경법』. 김형진 옮김. 형설출판사.

김병욱·김현철·김순태. 2018. 「미국의 초미세먼지 관리 제도 검토」. ≪한국대기환경학회지≫, 제34권 4호, 588~609쪽.

김홍균. 2007. 「황사문제와 국가책임」. ≪저스티스≫, 제97호, 185~207쪽.

문진영·김은미·최은혜. 『국제사회의 장거리이동 대기오염 대응사례와 시사점』. 대외경제정책연구원 연구자료 17-11. https://www.kiep.go.kr/gallery.es?mid=a10101010000&bid=0001&act=view&list_no=2270&cg_code=C05 (검색일: 2022.10.12).

박민빈·이태정·이은선·김동술. 「우리나라, 미국 및 유럽의 대기환경기준 강도에 관한 비교 연구」. ≪한국대기환경학회지≫, 제32권 6호, 559~574쪽.

박병도. 2017. 「국제법상 월경성 오염에 대한 국가책임」. ≪일감법학≫, 제38호, 323~353쪽.

소병천. 2017. 「국외 발생 미세먼지 관련 국제법적 분석 및 대응방안」. ≪환경법연구≫, 제39권 2호, 29~54쪽.

외교부. n.d. "유럽연합 EU(European Union)". https://www.mofa.go.kr/www/wpge/m_3854/contents.do (검색일: 2022.6.24).

윤권순. 2018. 「미국 대기환경기준의 진화」. ≪법제논단≫, 9월호, 222~250쪽.

최유진. 2017. 「2030년을 준비하는 유럽 대기오염 관리의 새 지침」. ≪세계와 도시≫, 제19호, 83~87쪽. https://seoulsolution.kr/ko/content/7489 (검색일: 2022.6.24).

캔터, 래리(Larry W. Canter). 『대기환경관리개론』. 문정호 옮김. 신광출판사.

한귀현. 2001. 『미국환경법의 이론과 실제』. 동남기획.

환경부 외. 2021. 『대기환경연보 2020』. https://library.me.go.kr/#/search/detail/5858242 (검색일: 2022.6.24).

Bell, Michelle L., Devra L. Davis and Tony Fletcher. 2004. "A Retrospective Assessment of Mortality from the London Smog Episode of 1952: The Role of Influenza and Pollution." *Environmental Health Perspectives*, 112(1), pp. 6~8.

Bell, Michelle L., Jonathan M. Samet and Francesca Dominici. 2004. "Time-Series Studies of Particualte Matter." *Annual Review Public Health*, 25, pp. 247~280.

Boyle, Alan. 2015. "Transboundary Air Pollution: A Tale of Two Paradigms." in *Transboundary Pollution: Evolving Issues of International Law and Policy*. S. Jayakumar, Tommy Koh, Robert Beckman and Hao Duy Phan(eds.). Cheltenham, UK: Edward

Elgar Publishing, pp. 233~259.

Bratspies, Rebecca M. and Russell A. Miller. 2006. "Introduction." in *Transboundary Harm in International Law: Lessons from the Trail Smelter Arbitration*. Rebecca M. Bratspies and Russell A. Miller(eds.). New York, N.Y.: Cambridge University Press, pp. 1~10.

Craik, Neil. 2006. "Transboundary Pollution, Unilateralism, and the Limits of Extraterritorial Jurisdiction: The Second Trail Smelter Dispute." in *Transboundary Harm in International Law*, pp. 109~121.

EUR-Lex. n.d. "Directive 2008/50/EC of the European Parliament and of the Council of 21 May 2008 on ambient air quality and cleaner air for Europe." https://eur-lex.europa.eu/eli/dir/2008/50/oj (검색일: 2022.6.24).

European Commission. 2005. "Communication from the Commission to the Council and the European Parliament: Thematic Strategy on Air Pollution." https://ec.europa.eu/environment/archives/cafe/pdf/strat_com_en.pdf (검색일: 2022. 10.11).

_____. 2018. "Air Quality: Commission Takes Action to Protect Citizens from Air Pollution." https://ec.europa.eu/commission/presscorner/detail/en/IP_18_3450 (검색일: 2022.6.24).

_____. 2019a. "Communication from the Commission to the European Parliament, the European Council, the Council, the European Economic and Social Committee and the Committee of the Regions: The European Green Deal." https://eur-lex.europa.eu/resource.html?uri=cellar:b828d165-1c22-11ea-8c1f-01aa75ed71a1.0002.02/DOC_1&format=PDF (검색일: 2022.6.24).

_____. 2019b. "Annex to the Communication from the Commission to the European Parliament, the European Council, the Council, the European Economic and Social Committee and the Committee of the Regions: The European Green Deal." https://eur-lex.europa.eu/resource.html?uri=cellar:b828d165-1c22-11ea-8c1f-01aa75ed71a1.0002.02/DOC_2&format=PDF (검색일: 2022.6.24).

_____. n.d.a. "Revision of the Ambient Air Quality Directives." https://environment.ec.europa.eu/topics/air/air-quality/revision-ambient-air-quality-directives_en (검색일: 2022.6.24).

_____. n.d.b. "EU Air Quality Standards." https://environment.ec.europa.eu/topics/air/air-quality/eu-air-quality-standards_en (검색일: 2022.6.24).

European Environment Agency. 2021a. "Emissions of the Main Air Pollutants in Europe." https://www.eea.europa.eu/ims/emissions-of-the-main-air (검색일: 2022.10.12).

_____. 2021b. "Urban Population Exposed to Air Pollutant Concentrations Above Selected EU Air Quality Standards, EU-27." https://www.eea.europa.eu/data-and-maps/daviz/percentage-of-urban-population-in-17#tab-chart_1 (검색일: 2022.10.12).

European Union. 2002. "Decision N. 1600/2002/EC of the European Parliament and of the Council of 22 July 2002 laying down the Sixth Community Environment Action Programme." https://eur-lex.europa.eu/legal-content/EN/TXT/?uri=CELEX%3A3200 2D1600 (검색일: 2022.10.11).

Eurostat. 2021a. "Exposure to Air Pollution by Particulate Matter (Source: EEA) (SDG_11_50)." https://ec.europa.eu/eurostat/cache/metadata/en/sdg_11_50_esmsip2.htm (검색일: 2022.6.24).

_____. 2021b. "Exposure to Air Pollution by Particulate Matter (Source: EEA)." https://ec.europa.eu/eurostat/databrowser/view/sdg_11_50/settings_1/table?lang=en (검색일: 2022.6.24).

Hanqin, Xue. 2003. *Transboundary Damage in International Law 269.*

Hoffmann, Barbara. 2021. "WHO Air Quality Guidelines 2021-Aiming for Healthier Air for All: A Joint Statement by Medical, Public Health, Scientific Societies and Patient Representative Organizations." *International Journal of Public Health* 23. https://doi.org/10.3389/ijph.2021.1604465 (검색일: 2022.6.24).

InfoCuria Case-law. 2018. "Judgment of the Court(Third Chamber)." https://curia.europa.eu/juris/document/document.jsf?text=&docid=199566&pageIndex=0&doclang=en&mode=lst&dir=&occ=first&part=1&cid=774931 (검색일: 2022.6.24).

Jacobson, Mark Z. 2012. *Air Pollution and Global Warming: History, Science, and Solutions.*

Kim, Inkyoung. 2014. *Still Dirty After All These Years: Political Leadership, Knowledge, and Socialization and Regional Environmental Cooperation in Northeast Asia.* Ph.D. Diss., University of Massachusetts, Amherst.

Marco, Gemmer and Xiao Bo. 2013. "Air Quality Legislation and Standards in the European Union: Background, Status and Public Participation." *Advances in Climate Change Research*, 4(1), pp. 50~59.

Morrison, Jim. 2016.1.11. "Air Pollution Goes Back Way Further Than You Think." *Smithsonian Magazine*. https://www.smithsonianmag.com/science-nature/air-pollution-goes-back-way-further-you-think-180957716 (검색일: 2022.6.24).

Mosley, Stephen. 2014. "Environmental History of Air Pollution and Protection." in *The Basic Environmental History*. Mauro Agnoletti and Simone Neri Serneri(eds.). Switzerland: Springer International Publishing, pp. 143~169.

Murphy, Sean D. *Principles of International Law*. St. Paul, Minnesota: Thomson Reuters.

Organization for Economic Co-operation and Development. 1977. *The OECD Programme on Long Range Transport of Air Pollutants: Summary Report*. Paris: OECD.

Ottar, B. 1978. "An Assessment of the OECD Study on Long Range Transport of Air Pollutants (LRTAP)." *Atmospheric Environment(1967)*, 12(1-3), pp. 445~454.

Overrein, Lars N., Hans Martin Seip and Arne Tollan. 1981. *Acid Precipitation: effects on Forest and Fish: Final Report of the SNSF-Project 1972-1980*. Oslo.

Read, John E. 2006. "The Trail Smelter Dispute[Abridged]." in *Transboundary Harm in International Law*, pp. 27~33.

Renner, Eberhard. 2002. "The Black Triangle Area: Fit for Europe? Numerical Air Quality Studies for the Black Triangle Area." *Ambio*, 31(3), pp. 231~235. doi:10.1579/0044-74 47-31.3.231.

Schreurs, Miranda A. 2007. "The Politics of Acid Rain in Europe." in *Acid in the Environment: Lessons Learned and Future Prospects*. Gerald R. Visgilio and Diana M. Whitelaw(eds.). New London, USA: Springer Science & Media, Inc., pp. 119~150.

Stern, Arthur C. 1982. "History of Air Pollution Legislation in the United States." *Journal of the Air Pollution Control Association*, 32(1), pp. 44~61.

Stone, Richard. 2002. "Counting the Cost of London's Killer Smog." *Science*, 298(5601), pp. 2106~2107.

UNECE. n.d.a. "40 Years of Successful Cooperation for Clean Air." https://unece.org/40-years-clean-air (검색일: 2022.6.24).

_____. n.d.b. "Air." https://unece.org/environment-policy/air (검색일: 2022.6.24).

_____. n.d.c. "The Convention and Its Achievements." https://unece.org/convention-and-its-achievements (검색일: 2022.6.24).

UNEP(United Nations Environment Programme). 1972. "Stockholm Declaration." https://wedocs.unep.org/bitstream/handle/20.500.11822/29567/ELGP1StockD.pdf (검색일: 2022.6.24).

United Nations Department of Economic and Social Affairs. n.d. "Sustainable Development Goals 11 Make Cities Inclusive, Safe, Resilient and Sustainable." https://sdgs.un.

org/goals/goal11 (검색일: 2022.6.24).

United Nations Treaty Collection. 2022. "Status of Treaties." https://treaties.un.org/Pages/ ViewDetails.aspx?src=TREATY&mtdsg_no=XXVII-1&chapter=27&clang=_en (검색일: 2022.6.24).

U.S. EPA. 1971. "EPA Sets National Air Quality Standards." https://archive.epa.gov/epa/ aboutepa/epa-sets-national-air-quality-standards.html (검색일: 2022.6.24).

_____. 2020. "Timeline of Particulate Matter(PM) National Ambient Air Quality Standards (NAAQS)." https://www.epa.gov/pm-pollution/timeline-particulate-matter-pm-national-ambient-air-quality-standards-naaqs (검색일: 2022.6.24).

_____ 2022. "PM-2.5 Nonattainment Areas(2012 Standard)." https://www3.epa.gov/air quality/greenbook/mappm25_2012.html (검색일: 2022.6.24).

_____. n.d.a. "Evolution of the Clean Air Act." https://www.epa.gov/clean-air-act-over view/evolution-clean-air-act#:~:text=The%20Air%20Pollution%20Control%20Act,legis lation%20regarding%20air%20pollution%20control (검색일: 2022.6.24).

_____. n.d.b. "U.S.-Canada Air Quality Agreement." https://www.epa.gov/airmarkets/ us-canada-air-quality-agreement (검색일: 2022.10.12).

World Health Organization. 2021. "What are the WHO Air Quality Guidelines?." https:// www.who.int/news-room/feature-stories/detail/what-are-the-who-air-quality-guideli nes (검색일: 2022.6.24).

제8장

동북아 대기환경의 다자간 협력 현황과 과제[*]

이혜경 국회입법조사처

1. 들어가며

대기오염은 과학적 원인 분석에 기반한 맞춤형 정책이 제시되었을 때 개선 효과를 기대할 수 있다(이혜경, 2018). 하지만 우리 미세먼지 문제의 경우 시급하게 대책 수립을 요구하는 강력한 여론에 밀려 미세먼지의 정확한 원인을 파악하지 못한 채 다양한 정책을 우선적으로 제시해 왔다. 무엇보다 국외 배출원의 경우 더욱 그 비중과 원인을 파악하기 어려운 문제를 가지고 있다. 우리 노력만으로는 중국, 북한, 몽골 등 바람이 불어오는 풍상(風上) 지역의 배출원 자료를 확보하기 어렵고, 미세먼지의 유입과 생성 과정에 대한 규명이

[*] 국회입법조사처의 「동북아 미세먼지 협력: 현황과 과제」(이혜경, 2020), 「동북아 장거리이동 대기오염물질 공동연구(LTP)」(이혜경, 2017b), 「동북아의 대기 오염 문제 해결을 위한 다자협력 현황 및 전망」(이혜경, 2017a) 등의 보고서를 인용하고, 일부 내용을 업데이트했다.

부족하고, 복합적 현상에 대한 측정과 분석 기술도 부족하며, 연구 인프라도 모자라 정확하게 파악하기 어렵다(한국과학기술한림원, 2014). 따라서 동북아 지역의 과학 협력을 통한 국외 배출원의 분석은 한국의 미세먼지 대책 수립에서 더욱 중요한 의미를 가진다.

한국 정부는 대기오염 개선을 위해 동북아 지역의 협력을 강화하는 다양한 논의를 해왔지만 이에 대한 국민의 평가는 높지 못하다. 2019년 말 한 여론조사에 따르면 정부의 미세먼지 문제 해결과 관련된 국제 협력 사업 평가에 '잘못하고 있다'는 응답자가 전체 중 38.4%로 나타난 반면 '잘하고 있다'는 응답은 20.8%로 나타난 바 있다(닐슨컴퍼니코리아, 2019). 국외 요인의 저감을 위한 외교적인 노력이나 협력 성과가 국민적 기대에 미치지 못하고 있다는 점은 정부도 인식하고 있다(환경부, 2020a).

이 장에서는 동북아 대기환경 개선을 위한 다자간 과학 협력 사례에 대해 국제기구를 중심으로 하는 협력 사례와 한·중·일 정부 간의 협력 사례로 나누어 살펴보고 그 시사점을 검토한다.

2. 국제기구를 중심으로 한 동북아 대기환경 협력 현황과 특징

국제기구를 중심으로 하는 동북아시아 대기환경 협력 사례로는 유엔환경계획 아시아태평양사무소를 중심으로 하는 아시아 대기환경 협력과 유엔 아시아태평양경제사회위원회(United Nations Economic and Social Commission for Asia and Pacific, ESCAP) 동북아사무소를 중심으로 하는 동북아시아 대기환경 협력, 유엔사막화방지협약(United Nations Convention to Combat Desertification, UNCCD)을 중심으로 하는 동북아 지역 협력 등이 있다.

1) 유엔환경계획 아시아태평양사무소를 중심으로 한 아시아 대기환경 협력 현황

(1) 동아시아 산성비모니터링네트워크

동아시아 산성비모니터링네트워크(Acid Deposition Monitoring Network in East Asia, 이하 EANET)는 일본 정부가 제안부터 설립 준비까지 적극적인 노력을 기울인 동아시아 지역 협력체다. 일본 환경성은 1992년 동북아시아환경협력회의(Northeast Asia Conference on Environmental Cooperation)에서 동아시아 지역에서 산성비 모니터링과 연구 사업을 제시한 바 있으며, 1993년부터 전문가 회의를 개최해 1995년 EANET 설치 구상안(Conceptual Design of an Acid Deposition Monitoring Network in East-Asia)을 마련했다. 일본 정부는 1996년에 EANET 센터를 일본에 설치하는 것을 아시아환경회의(Environment Congress for Asia and the Pacific, Eco-Asia)에서 제안했고(환경부, 2002), 1998년에 산성비모니터링네트워크의 임시 사무국과 임시 네트워크 센터를 유치했다. 이러한 노력 끝에 2000년 13개국(러시아, 몽골, 중국, 한국, 일본, 미얀마, 베트남, 태국, 라오스, 캄보디아, 말레이시아, 필리핀, 인도네시아)의 정부 간 회의에서 EANET를 정부 간 기구로 출범하는 것이 결정되었다. 당사국들은 2001년 3월 이후 태국 방콕에 있는 유엔환경계획 아시아태평양사무소가 사무국의 역할을 수행하도록 했고, EANET 사무국은 유엔환경계획 아시아태평양사무소가 맡되, 모니터링 자료를 취합해 분석하는 아시아대기오염연구센터(Asia Center for Air Pollution Research, ACAP)는 일본에 두도록 했다.

EANET는 동아시아의 산성비 문제에 대한 공동의 인식을 구축하고, 산성비가 야기하는 환경 피해를 줄이기 위한 정책 결정 과정에 중요한 정보를 제공하며, 회원국 간에 산성비 이슈에 관한 협력을 증진하고자 산성비 모니터

그림 8-1 동아시아 산성비모니터링네트워크 센터의 역할

자료: 일본 환경성 홈페이지 자료를 번역한 국회입법조사처 자료(이혜경, 2020)를 재인용함.

링 자료의 취합과 분석, 기술 지원, 역량 배양을 주요 업무로 하고 있다. 이를 위해 EANET 센터는 산성비에 관한 모니터링 자료를 취합하고 분석해 연간 보고서를 발간하는 등 관련 정보를 공유하고, 측정 결과의 정확도와 사용 목적에 적합함을 증명하기 위해 오차를 관리하는 정도관리(quality control)와 시험 결과가 품질 목표를 만족하고 있음을 보증하는 정도보증(quality assurance) 등을 지원한다.

EANET 센터의 대표 사업으로 산성 강하물(acid deposition) 모니터링 사업과 생태영향 모니터링 사업이 있다. 산성 강하물은 건성 강하물(dry deposition, 빗물에 녹지 않는 먼지 등)과 습성 강하물(wet deposition, 빗물에 녹는 물질)로 나뉘는데, 54곳의 건성 강하물 관측 지점과 61곳의 습성 강하물 관측 지점에서 산성 강하물을 모니터링하고 있다(UNEP, 2020). 한국의 건성 강하물 관측 지점 (3곳)은 인천 강화, 전북 임실, 제주 한경면 고산리에 있다.

또한 EANET 센터는 생태영향 모니터링 사업을 위해 토양 식생 측정(20곳), 내륙 수생 환경(19개 호수·강), 저수지(2개) 등에서 생태·환경 모니터링을 실시하고 있다. 이 밖에 기술 지원과 역량 개발 활동을 도우며, 산성비와 관련된 연구를 추진하고, 협력과 정보 교환의 장을 마련하고 있다. 2020년 11월 열린 제22차 정부 간 회의에서 EANET의 협력 범위를 산성비 이슈에 한정하지 않고 확대하기로 합의한 바 있다(EANET, 2020).

참고로 2019년 6월 태국 방콕에서 EANET 관련 기구들이 공동 개최한 대기질개선인식포럼(Awareness Forum on Prevention of Air Pollution in Asia Pacific)에서 경기도는 지역 대기 개선 사례를 소개한 바 있다(EANET, 2019). 2021년에는 대기질 개선 인식 포럼을 경기도가 개최하는 등 지방정부 차원에서 적극적으로 참여하고 있다(경기도민기자단, 2021).

(2) 아시아태평양청정대기파트너십

2015년 아시아·태평양 지역 내 대기환경 협력을 촉진하기 위한 협의체로 아시아태평양청정대기파트너십(Asia Pacific Clean Air Partnership, APCAP)이 설립되어 아·태 지역의 대기 분야에 체계적 협력 체계가 마련되었다. 한국, 일본, 몽골 등 16개국(한국, 일본, 몽골, 아프가니스탄, 캄보디아, 인도, 이란, 말레이시아, 몰디브, 네팔, 뉴질랜드, 파키스탄, 필리핀, 싱가포르, 스리랑카, 태국)이 참여하고 있으며, 경기도가 지방정부 차원에서 2019년부터 참여하고 있다.

태국 방콕에 있는 유엔환경계획 아시아태평양사무소가 사무국 역할을 수행한다. 회원국들이 직접 의사를 결정하는 본격적인 다자 협력 체제라기보다는 유엔환경총회(United Nations Environment Assembly)의 대기오염 관련 결의 사항 등을 아·태 지역 차원에서 참여국들의 합의하에 이행하는 방식으로 운영하고 있다. 산하의 과학패널(Science Panel)은 중국인 과학자가 의장을, 일본인 과학자가 부의장을 맡고 있으며, 그 외의 위원으로 한국, 중국, 일본, 태국, 싱가포르, 오스트리아 출신 과학자가 참여하고 있다(UNEP).

아태청정대기파트너십은 지역 내 청정 대기 프로그램의 조정과 협업을 위한 메커니즘 역할을 하고, 아·태 지역의 대기오염 이니셔티브, 정책, 기술에 대한 지식을 생성하고 공유하는 플랫폼을 제공하며, 기관 역량의 강화, 대기질 관리에 대한 기술 지원, 대기질 평가를 지원해 청정 대기에 대한 해결책을 찾는 기능을 맡고 있다.

또한 아태청정대기파트너십 공동포럼(Joint Forum) 등을 개최해 아·태 지역의 대기환경 정책에 대한 정보를 공유하며, 과학패널의 논의 결과를 보고서(Policy Brief) 형식으로 제공하고 있다. 2019년 발간된 보고서에는 첫째, 초미세먼지와 오존 공동 관리의 장점(UNEP, 2019b), 둘째, 실내 환경에서의 미립자 물질 노출 감소(UNEP, 2019c), 셋째, 중국의 청정에너지 전환 사례(UNEP, 2019a)가 소개되었다.

2) 유엔 아시아태평양경제사회위원회 동북아사무소를 중심으로 한 동북아 대기환경 협력 현황

(1) 동북아환경협력계획

한국은 1992년 동북아 환경 협력 협의체의 설립을 제안했고(외교부, 2003), 1992년 4월 제48차 유엔 아태경제사회위원회 총회 기조연설에서 동북아환경협력계획 수립에 대한 연구 수행을 제안했다. 또한 1992년 6월에 유엔환경개발회의(United Nations Conference on Environment and Development, UNCED) 기조연설에서 '동북아 환경 협력을 위한 메커니즘'의 설치 필요성을 강조했으며, 1992년 7월에 제5차 한-ESCAP 협력기금(Korea-ESCAP Cooperation Fund, KECF) 연례 회의에서 한-ESCAP 협력기금을 이용해 유엔 아태경제사회위원회의 주관으로 동북아환경협력회의를 개최하기로 합의했다.

1992년 유엔환경개발회의에 대한 동북아의 대응 조치 중 하나로 1993년 동북아환경협력계획(North-East Asian Subregional Programme for Environmental Cooperation, NEASPEC)이 출범했다. 동북아 지역의 환경 이슈와 관련된 협력을 목적으로 한국, 북한, 중국, 일본, 러시아, 몽골, 여섯 나라가 회원국으로 참여하고 있다.

처음에는 태국 방콕에 위치한 유엔 아태경제사회위원회가 사무국 역할을 하다가 2011년 5월에 방콕에서 열린 제67차 유엔 아태경제사회위원회 총회에서 한국 인천에 소재한 유엔 아태경제사회위원회 동북아사무소(ESCAP East and North-East Asia Office, ESCAP ENEA)에서 사무국 기능을 수행하기로 합의가 이루어졌다(외교부, 2013). 2011년 제16차 고위급회담(Meeting of Senior Officials on Environmental Cooperation in Northeast Asia, SOM)에서 임시적으로 운영되던 사무국을 상설로 변경시킨 바 있다.

동북아환경협력계획은 매년 정례 고위급회담을 개최해 협력 방안을 논의하는 방식으로 운영되고 있다. 1992년 2월 서울에서 개최된 제1차 고위급회담을 시작으로 2020년 10월 제24회 고위급회담이 개최되었다(〈표 8-1〉 참조).

동북아환경협력계획은 자연 보전(natural conservation), 월경성 대기오염(transboundary air pollution) 사막화와 토지 황폐화(desertification and land degradation), 저탄소 도시(low carbon cities), 해양 보호 지역(marine protected areas) 등의 협력을 추진해 왔다. 대기 분야에서 석탄화력발전에 따른 대기오염 저감을 위한 아시아개발은행(Asian Development Bank, ADB)의 사업(1996~2011년)은 주요 수혜국인 중국의 국내 정책과 기술 발전으로 종료되었고, 보다 본격적인 협력을 위해 동북아청정대기파트너십 발족을 논의하게 되었다.

표 8-1 동북아환경협력계획 고위급회담 개최 현황

회의(연도, 장소)	주요 논의 내용
제1차 고위급회담 (1992년 서울)	지역 환경 협력 증진을 위한 3개 우선 협력 분야로 ① 에너지와 대기오염, ② 생태계 관리, ③ 역량 강화(정보 교환 연수, 훈련, 공동 연구 등)를 합의함.
제3차 고위급회담 (1996년 울란바토르)	동북아 환경 협력을 위한 기본 협력 체계를 채택하고, 3개 시범 사업(에너지와 대기오염 분야의 2개, 역량 강화 분야 1개) 계획을 승인함.
제4차 고위급회담 (1998년 모스크바)	석탄화력발전소의 오염 저감 사업, 오염 데이터의 모니터링·수집·비교 분석 사업 등 4개 후속 사업을 승인하고, 석탄화력발전소 교육 센터와 오염 데이터 유통 서버(clearing house)의 한국 유치를 결정함.
제6차 고위급회담 (2000년 서울)	국립환경연구원은 '동북아 환경데이터 및 훈련센터'를, 한국전력연구원은 '화력발전소 오염저감을 위한 동북아 훈련센터'를 운영하기로 함.
제9차 고위급회담 (2004년 모스크바)	환경오염 방지 모니터링 및 동북아의 황사(Dust and Sand Storms)와 관련된 프로젝트의 진행 현황을 점검함.
제11차 고위급회담 (2005년 서울)	석탄화력발전소의 대기오염에 대한 아시아개발은행의 지원 프로젝트에 북한과 러시아가 참여할 수 있는 방안을 검토하기로 함.
제13차 고위급회담 (2008년 울란바토르)	석탄화력발전소의 국가 간 대기오염 완화를 위한 아시아개발은행 사업의 조기 시행에 기대를 표명하고, 사무국이 러시아와 북한의 참여 준비를 지원할 것을 논의했으며, 사무국과 몽골이 황사 완화 방안을 제안할 것을 요청함.
제14차 고위급회담 (2009년 모스크바)	석탄화력발전소 사업의 개선 방안을 논의하고, 황사 완화 프로젝트를 승인함.
제15차 고위급회담 (2010년 도쿄)	러시아의 월경성 대기오염에 대한 협력 제안이 있었고, 황사 완화 프로젝트에 중국과 몽골의 담당 기구를 지명함.
제17차 고위급회담 (2012년 청두)	러시아가 월경성 대기오염의 평가와 감축을 위한 기술적·정책적인 발전에 대한 논의를 제안함.
제18차 고위급회담 (2013년 울란바토르)	제17차 고위급회담에서 나온 러시아의 제안에 대해 사무국이 전문가 회의를 준비하도록 하고 관련 결과를 회원국들이 즉시 회람하도록 함.
제21차 고위급회담 (2017년 서울)	동북아청정대기파트너십의 설립 제안이 나와서 추후에 관련 협의를 지속하기로 함. 동북아시아 토지 황폐화 중립성 및 지속 가능한 개발에 관한 연구에 대해 러시아와 몽골이 관련된 국립 연구 기관을 지명함.
제22차 고위급회담 (2018년 베이징)	동북아청정대기파트너십 출범에 합의하고 위임 사항을 채택했으며, 산하에 과학정책위원회의 설립을 논의하고, 황사 사업이 동북아사막화방지네트워크와 중복되지 않도록 노력할 것을 논의함.
제23차 고위급회담 (2019년 울란바토르)	동북아청정대기파트너십 과학정책위원회의 절차규칙(Rules of Procedure)을 채택해 향후 동북아청정대기파트너십의 우선순위와 작업계획을 준비하도록 함.

회의(연도, 장소)	주요 논의 내용
제24차 고위급회담 (2020년 온라인 비대면)	동북아청정대기파트너십의 작업계획(2021~2025년)을 채택함.

주: 제25차 고위급회담은 2022년 9월 20~21일 개최가 예정되어 있음.
자료: 외교부 자료를 인용한 국회입법조사처 자료(이혜경, 2020)를 인용함.

(2) 동북아청정대기파트너십

동북아환경협력계획(이하 NEASPEC)의 2017년 제21차 고위급회담의 동북아청정대기파트너십(North-East Asia Clean Air Partnership, 이하 NEACAP)의 설립 합의에 기초해 2018년에 만들어졌다. 한국의 NEASPEC 지원 예산은 기존에 연 10만 달러였으나 2018년 NEASPEC가 발족하면서 2019년 20만 달러로 증액했을 정도로 우리는 NEASPEC에 높은 관심을 보였다.

NEACAP는 참여국들이 동북아 지역의 대기오염 정보 파악, 공동 연구 수행, 정책 제언과 과학 기반 정책의 협의 등을 목적으로 하며, NEASPEC 회원국(한국, 북한, 중국, 일본, 러시아, 몽골)이 그대로 회원국으로 참여하고 있다. 사무국은 NEASPEC와 동일하게 한국 인천 송도에 위치한 유엔 아태경제사회위원회 동북아사무소가 맡고 있다.

NEACAP는 NEASPEC 고위급회담에서 채택한 NEACAP의 위임사항(Terms of Reference, TOR)과 작업계획(work plan)에 근거해 운영하고 있다. 제22차 고위급회담에서 채택한 NEACAP에 대한 위임사항은 첫째, 정보 교환, 둘째, 관련 메커니즘 조율, 셋째, 정책 제안이다.

NEACAP 조직으로 과학정책위원회(Science and Policy Committee, SPC)와 기술센터(Technical Center, TC)가 운영되고 있다. 과학정책위원회는 NEACAP 작업계획 초안 등을 고위급회담에 제안하는 역할을 하고 있다. 예컨대 제2회 과학정책위원회는 다른 국제 협력체와 중복되지 않는 분야에 우선순위를 둘 것과 회원국의 역량 개발과 사전 준비 작업의 필요성을 감안해 작업계획을 카테고리 I(당장 시작할 수 있는 우선 추진 분야: 정책·기술 협력)과 카테고리 II(방법론적 연구 등 준비가 필요한 활동: 배출량 목록, 정책 시나리오, 통합 평가 모델)로 구분해 제안했다. 논의 과정에서 한국은 동북아 지역 대기환경 개선과 효과 평가 연구의 과학적 기반을 마련하기 위한 '작업계획'에 '공동의 인벤토리'와 '공동의 인벤토리에 기반한 대기 모델링'을 포함하는 방안(우정헌, 2019)을 제안했으나, 일부 회원국의 반대가 있어 카테고리의 구분을 통해 추가 논의가 필요한 부분에 포함시키는 방식으로 절충한 것으로 알려지고 있다.

참고로, NEACAP와 EANET 등의 경험을 바탕으로 2022년 말 ESCAP 회원국들은 '(아시아·태평양) 지역 대기오염 행동계획(Regional Action Programme on Air Pollution)'을 채택했다(Ministry of the Environment, Government of Japan, 2022).

3) 동북아사막화방지네트워크를 중심으로 한 동북아 협력 현황

한국은 2007년 설립된 동북아산림네트워크(North East Asia Forest Network)를 동북아의 사막화, 토지 황폐화, 가뭄의 저감을 위한 협력 네트워크로 발전시키려고 노력해 왔다. 2005년 개최된 유엔사막화방지협약의 제7차 당사국총회에서 관련 논의가 진행되어 2007년 한국, 중국, 몽골이 동북아산림네트워크를 설립했다. 2011년 10월 한국은 창원에서 개최된 제10차 유엔사막화방지협약 당사국총회에서 창원이니셔티브의 지원을 위해 동북아산림네트워크를 동북아사막화방지네트워크(Northeast Asia Desertification, Land Degradation and Drought Network, DLDD-NEAN)로 확대 개편할 것을 제안했다.

2011년 유엔사막화방지협약 아래 동북아 지역 협력의 일환으로 동북아의 황사를 제어 및 예방하고 사막화, 토지 황폐화, 가뭄의 저감을 위한 협력 네트워크가 한국이 주도해 설립되었다. 2011년 11월 한국, 중국, 몽골은 동북아사막화방지네트워크 설립에 관한 양해각서를 맺었다. 동북아사막화방지네트워크는 지식과 정보 공유, 기술 협력과 공동 산림 프로젝트에 중점을 둔 지역 협력을 촉진하는 플랫폼을 제공하는 역할을 한다. 러시아는 2018년 이후 참관인(observer)으로(산림청, 2018), 2020년부터 회원국으로 참여하고 있다.

한국 산림청은 동북아사막화방지네트워크의 사무국 역할을 맡고 있다. 연례 운영위원회와 포럼을 통해 사막화, 토지 황폐화, 가뭄(Desertification, Land Degradation and Drought), 황사(Sand and Dust Storm), 지역의 토지 황폐화 중립성(Land Degradation Neutrality) 등을 주요 협력 분야의 모범 사례로 공유하고 기술 협력과 공동 사업을 추진한다. 운영위원회는 한국, 중국, 몽골, 러시아의 산림(임업) 관련 기관이 주관해 연 1회 개최하는 것을 원칙으로 삼고 있다.

4) 국제기구를 통한 동북아 대기환경 협력의 특징

동북아 지역에서는 구속력 있는 지역 대기환경 협약이 체결되지 못하고 있다. 유럽에서는 유엔유럽경제위원회를 중심으로 1979년 월경성 장거리이동 대기오염물질에 관한 협약을 체결하고, 이를 기초로 다양한 후속 의정서를 체결하고 이행하며 협력하고 있다. 북미에서는 미국과 캐나다가 1991년 '미국-캐나다 대기질 협정'을 체결하고 이에 근거해 협력하고 있다. 동남아시아에서는 2002년 '아세안 월경성 연무공해방지협정'을 체결했고, 2014년 인도네시아가 가입하면서 아세안 10개국 모두 비준한 협정이 되었다. 반면 동북아 지역의 협력은 공동 연구나 정책과 관련된 정보를 공유하는 수준을 넘어서지 못하고 있다.

아시아 지역의 미묘한 리더십 경쟁 구조는 대기환경 협력에 효율성을 저

표 8-2 아시아의 주요 대기환경 다자 협력 체계 비교

구분	동아시아 산성비모니터링네트워크	동북아청정대기파트너십	동북아사막화방지네트워크
사무국	유엔환경계획 아시아태평양사무소	유엔 아태경제사회위원회 동북아사무소	한국 산림청
제안국 (주무 부처)	일본(환경성)	한국(외교부)	한국(산림청)
참여국	한국, 중국, 일본, 몽골, 러시아, 미얀마, 베트남, 태국, 라오스, 캄보디아, 필리핀, 말레이시아, 인도네시아(13개국)	한국, 북한, 중국, 일본, 몽골, 러시아(6개국)	한국, 중국, 몽골, 러시아 (4개국)
협력 분야	산성비	동북아 대기환경 협력	사막화, 토지 황폐화, 가뭄, 황사 등

자료: 국회입법조사처 자료(이혜경, 2020)를 인용함.

해할 우려가 있다. 유럽에서 월경성 장거리이동 대기오염물질에 관한 협약을 통한 대기환경 협력이 가능했던 것은 탈냉전의 시대적 배경하에 유엔유럽경제위원회가 중심 역할을 한 것으로 평가받고 있다(Byrne, 2014). 반면 동북아에서 일본은 동아시아 산성비모니터링네트워크(이하 EANET)를 중심으로 하는 동아시아 협력, 한국은 동북아환경협력계획을 중심으로 하는 동북아 협력에 초점을 두고 있어 이해관계 차이가 발생하고 있다. EANET가 아시아 지역의 산성비 모니터링에 중점을 두고 협력 범위를 넓혀갈 계획이며, 동북아청정대기파트너십은 동북아 지역의 대기 인벤토리 등을 논의하고 있어, 포괄하는 지역과 중점 협력 사업에 차이는 있다. 또한 동북아청정대기파트너십의 과학정책위원회는 다른 협력체와의 중복을 최소화할 것을 권하고 있으며, 제24차 동북아환경협력계획 고위급회담은 EANET를 초대해 동아시아 산성비모니터링네트워크가 참여하도록 하는 등 양 체제의 중복을 최소화하려는 내부 논의도 일부 이루어지고 있어 추이를 주목할 필요가 있다.

3. 한·중·일 대기환경 협력의 현황과 특징

1) 한·중·일 협력 현황

한·중·일 간의 대기환경 협력 사례로는 한·중·일 환경장관회의(Tripartite Environment Ministers Meeting, TEMM), 대기오염에 관한 한·중·일 정책대화(Tripartite Policy Dialogue on Air Pollution, TPDAP), 동북아 장거리이동 대기오염물질 공동연구(Long-range Transboundary Air Pollutants in Northeast Asia, LTP), 동북아 대기질개선을 위한 공동연구(Collaborative Research Program: For Better Air Quality Over North-East Asia, CRP/BAQONE) 등이 있다.

(1) 한·중·일 환경장관회의

한·중·일 환경장관회의는 1999년 김대중 정부 시절 아세안+3(ASEAN 10개국, 한국, 중국, 일본) 정상회의 기간 중에 처음으로 시작되었다. 12개의 한·중·일 장관급 협의체 가운데 가장 긴 역사를 자랑하며, 가장 잘 제도화된 협의체 중 하나이고(환경부, 2018), 2018년 20주년을 맞이해 한·중·일은 공동 합의문

표 8-3 최근 한·중·일 환경장관회의 주요 합의 사항

2019년 제21차 한·중·일 환경장관회의	공동 협의문의 '8대 우선 협력 분야'로 ① **대기질 개선**, ② 순환 경제, ③ 해양·물 환경 관리, ④ 기후변화 대응, ⑤ 생물 다양성, ⑥ 화학물질 관리와 환경 재난 대응, ⑦ 녹색 경제로의 전환, ⑧ 환경 교육, 대중 인식과 참여
2021년 제22차 한·중·일 환경장관회의	제3차 공동 행동 계획 우선 협력 분야로 ① **대기질 개선**, ② 3R(Reduce, Reuse, Recycle: 저감, 재사용, 재활용)·순환 경제·폐기물 제로 도시, ③ 해양·물 환경 관리, ④ 기후변화, ⑤ 생물 다양성, ⑥ 화학물질 관리와 환경 재난 대응, ⑦ 녹색 경제로의 전환, ⑧ 환경 교육, 대중 인식과 참여

자료: 환경부.

을 발표했다(환경부, 2020b).

한·중·일 장관이 주요 환경 현안에 대한 정책과 경험을 공유하고 공동 대응 방안을 논의한다. 한·중·일이 교대로 연례 회의를 개최하며 운영되는데, 2020년 제22차 회의는 한국이 개최할 예정이었으나, 코로나19 사태로 계속 연기되다가 2021년 12월 영상 회의로 개최되었다(환경부, 2021).

(2) 대기오염에 관한 한·중·일 정책대화

2013년 제15차 한·중·일 환경장관회의에서 과장급 협의체인 대기오염에 관한 한·중·일 정책대화의 신설에 합의했다. 2014년부터 한·중·일 실무자 간 대기오염 방지 정책 공유, 기술 교류, 조사·연구 결과를 공유하고 있다. 연례 회의인 한·중·일 환경장관회의와는 독립적으로 이행계획을 수립해 운영되고 있다.

제1차 이행계획(2015년~2019년)에서는 정책대화 산하에 실무그룹 1(예방·통제 과학 연구)과 실무그룹 2(대기질 모니터링·예측에 관한 기술 및 정책)가 정기적으로 공동 세미나를 개최하며 정보를 교류했다. 제2차 이행계획(2021~2025년)에서는 초미세먼지와 오존 고농도 발생 상황 공유, 초미세먼지와 오존 관리 정책과 기술 교류 등을 주로 논의할 계획이다.

(3) 동북아 장거리이동 대기오염물질 공동연구

1995년 한·중·일은 서울에서 개최된 동북아 대기오염물질 장거리 이동에 관한 워크숍에서 한국 제안으로 세 나라의 공무원과 전문가로 구성된 '장거리 오염물질 공동연구'를 지원하는 운영위원회를 발족하기로 했다. 1995년 한국의 국립환경연구원(현 국립환경과학원)에 동북아 장거리이동 대기오염물질 공동연구(이하 LTP)와 운영위원회 등을 지원하기 위한 사무국을 설치하기

표 8-4 동북아 장거리이동 대기오염물질 공동연구(LTP)

단계 (시기)	주요 성과	주요 모니터링 항목 중 가스와 입자 관련
준비 단계 (1995~ 1999)	• 사무국 설치와 공동 연구 합의 • 단계별 공동 연구 채택	
1단계 (2000~ 2004)	• 모니터링, 모델링, 배출 목록에 대한 국제 협력 체계 구축 • 대기오염물질 농도와 배출량 데이터베이스 구축, 모델링 시스템 구축	• 가스 　• 주요 항목: 이산화황, 오존, 질소산화물 　• 선택 항목: 일산화탄소, 디메틸 설피드(Dimethyl Sulfide: DMS), 휘발성 유기화합물 • 입자: 미세먼지(원소탄소/유기탄소 선택적)
2단계 (2005~ 2007)	• 한·중·일이 합의한 배출량 산정 • 모니터링과 모델링을 통한 국가 간 상호 영향 평가 • 황산화물의 배출원-수용지 관계 분석	• 가스 　• 주요 항목: 이산화황, 오존, 질소산화물(또는 이산화질소) 　• 선택 항목: 일산화탄소, 디메틸 설피드, 암모니아, 질산, 아질산, 염산, 휘발성 유기화합물 등 • 입자: 미세먼지 그리고/또는 초미세먼지[원소탄소/유기탄소, 미량원소(trace elements) 선택적]
3단계 (2008~ 2012)	• 모니터링과 모델링을 통한 국가 간 상호 영향 평가 • 모델 간 비교를 통한 각국의 모델 검증과 개선 • 질산염과 총질산염에 대한 배출원-수용지 관계 분석 • 오존, 미세먼지 배출원-수용지 관계 분석을 위한 예비 연구	• 가스: 이산화황, 이산화질소, (오존 선택적) • 입자: 미세먼지, 이온 성분, (초미세먼지 선택적)
4단계 (2013~ 2017)	• 2014년부터 초미세먼지 장기 관측 결과 분석과 2015년부터 집중 측정 시행 • 모델링 분야 초미세먼지 배출원-수용지 산정 방법과 모델링 표준화 확립 • 종합 평가 보고서와 정책 입안자를 위한 요약 보고서 발간	• 가스 　• 주요 항목: 이산화황, 이산화질소 　• 선택 항목: 일산화탄소, 오존, 휘발성 유기화합물 • 입자: 미세먼지와 초미세먼지(질량, 이온 농도, 화학적 조성)
2019	• 공동 보고서 발간	

자료: 국립환경과학원 자료를 인용한 국회입법조사처 자료(이혜경, 2017)를 업데이트함.

로 합의했다. 2016년 당시 국립환경과학원의 사무국 역할을 유엔 아태경제사회위원회 동북아사무소로 이전하는 방안이 논의되었으나, 국가 간의 의견

그림 8-2 LTP의 모니터링 지점

주: 회색점(중국의 다롄, 샤먼, 한국의 강화, 태안, 고산, 일본의 오키, 리시리)은 기존 모니터링 지점이며, 흑색점(중국의 투지, 한국의 백령)은 최근 추가된 모니터링 지점임.
자료: 국립환경과학원 자료를 재가공한 국회입법조사처 자료(이혜경, 2017a)를 인용함.

차이가 있었던 것으로 알려지고 있다.

한·중·일의 LTP는 지식의 공백과 불확실성을 보충하기 위한 과학적 연구의 필요성에 기초해 동북아 지역에서 대기오염물질의 장거리 이동에 관한 이해를 증진시키며, 대기오염물질 장거리 이동 연구의 기반 조성에 기여하고, 동북아 환경에 대한 불리한 영향을 줄이기 위해 각국의 정책 담당자에게 과학적 정보를 제공하고자 했다(한국외국어대학교, 2013). 이를 위해 한·중·일 과학자들이 합의해 연구 주제와 스케줄을 정하고 각국 과학자들의 개별 연구를 추후 비교하는 형식을 취했다. 참관인 자격으로 러시아와 몽골 등이 참여하는 경우는 있으나 연구는 서울대학교, 베이징 대학교, 일본에 위치한 아시아대기오염센터 등의 한·중·일 과학자가 주로 참여했다.

LTP는 한국이 적극적인 역할을 수행했으며, 분쟁의 소지를 안고 있는 동북아의 환경문제에 대해 공동의 과학 연구를 바탕으로 지역 협력 방안을 논의했다는 점에서 큰 의의를 가지고 있다. 또한 LTP의 연구 결과는 20여 년간 한·중·일 전문가들이 이산화황, 이산화질소, 오존, 미세먼지(PM_{10}), 초미세먼지($PM_{2.5}$) 등의 월경 현상을 모니터링하고, 모델링에 대한 검증과 상호 평가를 해온 자료이므로 신뢰성이 높다고 할 수 있다. LTP의 대표적 연구 방법론은 배출원-수용지(source-receptor) 영향분석 모델링으로, 2000년부터 2017년까지 연구가 진행되는 과정에서 세부 연구 결과는 세 나라가 합의에 이른 경우만 일부 공개되었다. 2019년 공동 보고서가 발표되기 전에 연구 과정 중 일부 공개되었던 세 가지 사례를 소개하면 다음과 같다.

첫째, 질산염(nitrate) 배출원-수용지 영향분석 사례다. 배출원-수용지 영향분석은 대기오염물질이 배출원에서 수용지로 장거리 이동하는 것을 정량적으로 분석해 배출원에서의 수용지로의 기여도를 연구하는데, LTP 출범 때는 〈그림 8-3〉의 지도처럼 한·중·일을 다섯 지역으로 구분했다(참고로 2013년부터는 여덟 지역으로 세분화되었다). 〈그림 8-3〉의 그래프는 질산염의 건성 침전과 습성 침전과 관련된 배출원-수용지 영향에 대해 한·중·일이 각각 연구한 자료를 비교한 것이다. 〈그림 8-3〉에서 중국의 연구 결과(검정색 실선)에 따르면 중국 중부(지역 2)의 질산염 오염 중 40% 이상이 한국(지역 4)에 영향을 미치는 것으로 나타나고 있다. 이 연구는 한·중·일의 연구 결과가 어느 정도 수렴하고 있는 것을 보여주며, 동북아 대기오염 문제를 과학으로 접근할 경우 탈정치화 가능성을 보여준다는 점에서 큰 의미가 있다.

두 번째 LTP 연구 사례로 이산화황 배출원-수용지 영향분석 사례가 있다. 한·중·일의 이산화황 배출원-수용지 영향에 대한 1996년 자료를 기반으로 2002년 한국의 분석 결과를 보면 한국의 이산화황 대기오염 중 자체 기여율은 68.7%, 중국의 기여율은 25.8%, 일본의 기여율은 9.5%로 나타난 바 있다

그림 8-3 LTP의 질산염 배출원-수용지 영향분석 사례 (단위: %)

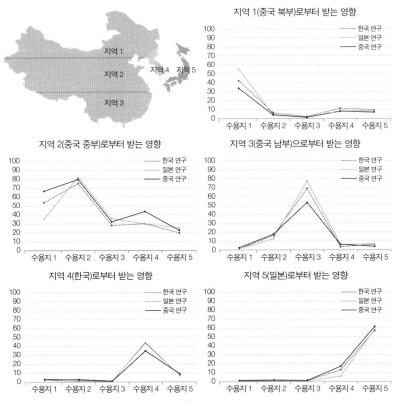

주: 1) 2006년 2월, 5월, 6월, 11월의 평균값 기준임.
   2) 각 그래프는 해당 지역에서 발생하는 질산염 오염이 각 지역에 어느 정도 영향을 미치는지를 나타냄.
   3) 그래프의 세로는 기여도(%), 가로는 영향을 받는 지역을 표시함.
   4) 그래프의 점선은 한국의 연구, 회색 실선은 일본의 연구, 검정색 실선은 중국의 연구 결과임.
자료: NEASPEC(2012)를 인용한 국회입법조사처 자료(이혜경, 2017b)를 재인용함.

(〈그림 8-4〉 참조).

   타국의 기여율은 연구 대상의 계절, 날씨, 바람, 경제 상황 등 변수가 많아 연구 결과마다 차이가 클 수 있다. 예를 들어 2004년 LTP 1단계(2000~2004년) 연구 가운데 한·중·일 합의에 따라 공개된 한국의 일부 연구 결과는 "한국에

그림 8-4 LTP의 이산화황 배출원-수용지 영향분석 사례

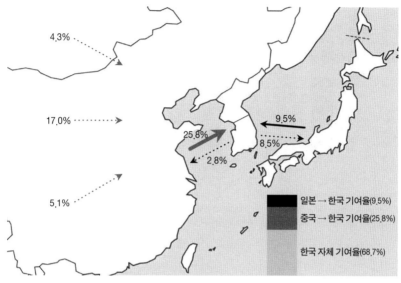

주: 1) 1996년 배출 자료를 바탕으로 2002년을 대상으로 분석함.
2) 회색 점선 화살표는 중국의 주변국에 대한 기여율, 회색 실선 화살표는 중국의 한국에 대한 기여율, 검
정색 점선 화살표는 한국의 주변국에 대한 기여율, 검정색 실선 화살표는 일본의 한국에 대한 기여율을
의미함.
자료: NEASPEC(2011년 한국 측 연구 과정 중 일부를 발표한 자료로 당시 최종 연구 결과는 아님) 자료를 인
용한 국회입법조사처 자료(이혜경, 2017b)를 재인용함.

서 1년 동안 침적되는 전체 황산화물 46만 5000톤의 20% 수준인 9만 4000톤
이 중국으로부터 이동한다"라고 했다. 2006년에는 2002년 4개월(1, 3, 7, 10월)
중 한국 땅에 떨어지는 황산화물의 약 40%가 중국에서 기인한다는 한국의 연
구 내용도 일부 발표된 바 있다.

　세 번째 LTP 사례로 초미세먼지 배출원-수용지 영향에 대한 한국의 분석
을 살펴보자. 2013년의 초미세먼지 배출원-수용지 영향분석 모델링 분석 결
과 한국의 미세먼지 중 47.4%가량이 국내 요인으로 분석되었다. 나머지는 중
국(중국의 북동부, 북부, 동부)의 영향과 북한의 영향을 받는 것으로 나타났다.

그림 8-5 LTP의 초미세먼지 배출원-수용지 영향분석 사례 (단위: %)

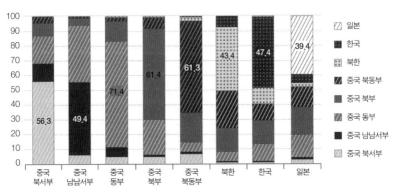

주: 1) 2013년 배출 자료 기준임.
　　2) 막대는 2013년 각 수용지에서 초미세먼지 공급원의 비중을 나타내며, 한국 측 전문가의 분석 자료임.
자료: NEASPEC(2017) 자료를 인용한 국회입법조사처 자료(이혜경, 2017b)를 재인용함.

또한 한국에 많은 영향을 미치고 있는 중국 북동부, 중국 북부, 중국 동부의 상황을 보면 자체 지역의 영향 비중이 각각 61.3%, 61.4%, 71.4%로 높게 나타나고 있어, 이들 지역에서 나오는 미세먼지의 1차 피해자는 해당 지역의 주민인 점도 주목할 만하다.

앞서 살펴본 질산염, 이산화황, 초미세먼지의 배출원-수용지 영향분석 사례에서 한국의 자체 기여율은 약 50~70%로 나타나고 있어 국내에서의 대응 방안이 우선적으로 강화되어야 함을 보여준다. 또한 한·중·일의 월경성 대기오염에 관한 연구 결과가 어느 정도 수렴하고 있는 것은 동북아 대기오염 문제의 탈정치화를 시사한다는 점에서 동북아 환경 협력에서 새로운 가능성도 보여주었다.

LTP 공동 보고서는 2018년 초 나올 예정이었으나 중국의 이견으로 연기되었다가, 2019년 2월 한국 환경부 장관과 중국 생태환경부 장관이 제21차 한·중·일 환경장관회의(2019년 11월 23~24일)가 있기 전에 보고서 발간을 합의해

2019년 11월 20일 나오게 되었다(환경부, 2019). 2019년 「동북아 장거리이동 대기오염물질 조사와 대책 마련을 위한 한·중·일 삼국 간 국제공동연구」요 약 보고서는 국내 주요 도시의 초미세먼지 농도에 중국이 미치는 영향을 연 평균 32.1% 정도로 보고 있다. LTP 공동 보고서의 경우 한·중·일 연구진의 연구 결과를 세 나라 정부의 합의에 따라 공개했지만, 이후 중국 과학자가 한 국의 연구 결과에 대해 모델링과 연구 자료가 불확실하다며 비판적 의견을 제시하기도 했다(中国环境科学研究院, 2019). 참고로 우리 정부는 2017년 발표한 '미세먼지 관리종합대책'에서 국외 영향의 비율은 계절과 기상 조건에 따라 상이하지만, 국내 미세먼지의 국외 영향은 평상시 30~50% 정도이며 미세먼 지 고농도 시(PM$_{10}$ 농도가 81μg/m^3 이상 또는 PM$_{2.5}$ 농도가 36μg/m^3 이상이 1시간 이 상 지속될 때)에는 60~80%라고 발표한 바 있다. 2017년 국립환경과학원과 미 국 항공우주국(NASA)이 중심이 되어 발간한 「한미 협력 국내 대기질 공동 조 사(KORUS-AQ) 예비종합보고서」는 기상 조건에 따라 대기질 상황에서의 변 동이 일어나며, 이는 해마다 큰 차이를 보일 수 있음을 설명하고 있다.

(4) 동북아 대기질개선을 위한 공동연구

2019년 동북아 장거리이동 대기오염물질 공동연구(이하 LTP) 보고서 발간 과정에서의 정치적 여파로 기존의 LTP는 지속되지 못했다. 그 대신 2020년 부터 LTP의 후속 연구가 학자들 간의 연구 협력체로 바뀌었다. 2020년 12월 세 나라 과학자들은 2021~2022년 공동연구 주제를 동북아 대기질개선을 위 한 공동연구로 정했다. 삼국 과학자들은 협의해 세 가지 연구 주제를 정했는 데 첫째, 동북아 지역의 1차 및 2차 오염물질의 관측 특성 파악, 둘째, 동북아 지역에서의 2차 오염물질에 대한 모델링 연구, 셋째, 동북아 지역에서의 대 기오염물질이 기후와 인간 시스템에 미치는 영향 평가로 했다.

표 8-5 동북아 대기질개선을 위한 공동연구의 연구 주제

동북아 지역의 1차 및 2차 오염물질의 관측 특성 파악	• 시공간 분포를 포함한 질량농도 • 미세먼지와 다른 가스상 물질의 화학적 조성 • 대기경계층(Planetary Boundary Layer) 내에서의 수평 수송과 침적 메커니즘 • 지상 기반의 원격 탐사와 위성 관측을 이용한 수직 분포
동북아 지역에서의 2차 오염물질에 대한 모델링 연구	• 수직·수평 분포를 위한 기상 매개변수화(예: 대기경계층) • 전구물질 배출량의 추정과 예측 • 수송과 확산 과정 • 화학 형성 메커니즘 • 제거 과정
동북아 지역에서의 대기오염물질이 기후와 인간 시스템에 미치는 영향 평가	• SLCPs(Short-Lived Climate Pollutants)의 공간적·시간적 특성 • SLCPs의 복사 강제력과 같은 기후 영향(예: 오존, 에어로졸) • 건강과 사회경제적 영향 평가 • 예상하지 못하거나 예상 가능한 전 지구·지역 이벤트의 영향(예: 코로나19)

자료: CRP/BAQONE.

2) 한·중·일 대기환경 협력의 특징

사실 대기 등 환경 협력의 성공은 정치·경제 이슈와 밀접하게 연계되어 있
어 민감하고 어려운 측면이 있다. 그럼에도 불구하고 한·중·일 환경장관회
의는 다자간 포괄적 환경 협력 협의체 가운데 최고위급 환경 협력의 공간이
자 한·중·일의 정례적 각료 회의체로 자리 잡고 있다는 점에서 주목할 만하
다(한국환경정책평가연구원, 2019). 양자 협력에 비해 삼자 협력이 정치 이슈에
상대적으로 덜 민감할 수 있다. 양국 협력의 경우 국력 차이, 경제적 이익 차
이, 국내 여론 차이, 국제적 압력 차이 등의 한계로 효과가 크게 나타나기 어
려운 비대칭적 구조에 놓여 있어(Lee, T. et al., 2020) 민감한 정치·경제 이슈의
영향에 취약하게 노출될 가능성이 있기 때문이다.

동북아 대기환경 협력은 오랜 협력의 역사를 바탕으로 향후 좀 더 내실을
추구해 갈 필요가 있다. 제1기 한·중·일 공동연구에서 동북아 장거리이동 대

기오염물질 공동연구(이하 LTP)는 오랜 협력의 성과를 도출했다는 의의가 있지만, 공동연구 결과를 놓고 아직 각국의 이견이 존재하는 등 아쉬운 부분도 있다. 세 나라가 각자 연구해 서로 다른 보고서를 내고, 사무국은 각각의 연구 결과를 묶어 제본하는 역할만 하는 것으로 각국 연구자가 함께 연구해 하나의 보고서를 내는 일반적인 공동연구로 보기 어렵다는 비판도 있다(구은서, 2019.11.21; 윤지로, 2019.11.21).

제2기 한·중·일 공동연구는 LTP의 후속 연구인 동북아 대기질개선을 위한 공동연구로 각국 대기오염의 상호 기여율을 다루지 않고, 각국의 초미세먼지와 오존 등 2차 생성 물질의 발생 원인 등을 분석했다. 20여 년간 진행된 LTP의 신뢰도를 높이려는 노력으로 연계되지 못했다는 아쉬움을 남긴다.

4. 한국 미세먼지 외교에 대한 시사점

국제기구를 중심으로 하는 동북아 대기환경 협력 사례와 한·중·일 대기환경 협력 사례가 한국의 외교에 시사하는 바는 다음과 같다.

첫째, 리더십 경쟁보다는 실리를 추구할 필요가 있다. 동북아는 유럽의 '월경성 장거리이동 대기오염물질에 관한 협약', '미국-캐나다 대기질 협정', '아세안 월경성 연무공해방지협정'처럼 구속력 있는 지역 대기환경 협약을 체결하지 못하고 있다. 일본과 한국 등의 지역 리더십 경쟁에 따른 이해관계 상충은 동북아 지역의 대기환경 협력을 저해할 우려가 있다. 우리 정부는 1993년 출범한 동북아환경협력계획이 한국이 주도하는 동북아 지역의 환경 이슈 관련 협력을 위한 '역내 유일'의 포괄적 정부 간 환경 협의체라고 평가하고 있다(외교부, 2018). 일본은 자국이 주도하는 아시아 지역의 환경 협력체인 동아시아 산성비모니터링네트워크(이하 EANET)를 역내 협력체로 발전시키려고 했기에 동북아환경협력계획 등 타국이 주도하는 다자 협력체에는 처음부터 다소 소극적으로 접근했다(외교부, 2003). 그래서 EANET와 동북아 장거리이동 대기오염물질 공동연구(이하 LTP)를 통합하자는 한국의 의견도 지지하지 않았다. 한·일의 경쟁 구도 속에서 한국은 중국의 적극적인 지지도 얻지 못했다. 과거 LTP와 EANET 체제를 연계하고자 했던 한국의 제안이 일본뿐만 아니라 중국의 동의도 끌어내지 못한 것은 한국 대기환경 외교의 한계를 보여준다(Kim, I., 2018). LTP와 EANET 체제의 주도권 문제는 일본에서 후쿠시마 원전 사고가 발생하며 논의가 진전되지 못했다. 이후 원전 사고가 정리 국면에 접어들 때쯤 한국에서 2013년을 기점으로 베이징 스모그 문제가 급부상하며 한·일 간의 주도권 문제는 해결되지 못하고, 한국은 한·중 양자 협력에 치중하게 되었다(심창섭 외, 2015). 중국이 역내 환경오염의 주요 발생국으로 인식될 것을 우려해 대기환경 협력에 다소 수동적인 자세를 취하는 상황에서 동북아 지역의 다자 협력을 끌어내기 위해서는 일본의 협조가 중요하다. 즉, 일본과의 지역 리더십 경쟁보다는 실리 위주의 협력 방안을 모색할 필요가 있다.

또한 한국이 관심을 보이는 미세먼지 등 대기오염물질에 한정하기보다는 대기질 개선 정책과 기후변화 대응 정책 사이의 공편익(co-benefit)을 동북아 지역에서 함께 논의하는 방안도 검토해 볼 수 있을 것이다.

둘째, 대내외 리스크 커뮤니케이션(risk communication, 위해 정보 전달)의 강화가 필요하다. 동북아 지역의 대기환경 협력이 정치·경제 이슈에 민감하고 취약하기 때문에, 이 지역의 오랜 대기환경 협력의 역사에 비해 내실 있는 협력을 추진하는 데 어려움이 있다. 이런 동북아 미세먼지 외교 상황에서 대내외 리스크 커뮤니케이션은 매우 중요한 의미를 지닐 수 있다. 그런데도 한국은 미세먼지와 관련한 대내외 리스크 커뮤니케이션을 적극적으로 활용하지 못하고 있다. 국내적으로 한국 정부는 언론의 미세먼지 보도에서 리스크 커뮤니케이션을 충분히 실행하지 못했다. 고농도 미세먼지에 대한 국민의 불안감 고조나 중국 책임론에 대한 여론 형성에 일조한 측면이 있다. 고농도 미세먼지의 발생 추이를 과학적으로 분석한 결과는 국민의 체감도와는 다르게 나타났으나(여민주 외, 2019) 일반 대중은 관련 정보를 정확히 인식하지 못하고 있다. 언론이 위험의 실재 여부와 상관없이 미세먼지 위험을 사회적으로 재구성한 측면이나(김영욱 외, 2015), 언론이 중국발 고농도 미세먼지, 마스크 사용, 외출 자제 등을 강조한 결과 대중은 건강에 대한 미세먼지의 영향이나 저감 노력의 필요 등 심층 정보를 접하지 못한 측면이 있다(김영욱 외, 2016). 국립환경과학원의 대기질 모델 기법에 기반한 국내외 영향분석 결과를 보면 특정한 고농도 발생 시기에 국외 영향은 전국 기준 69~82%(평균 75% 수준)였다는(대기 정체하에서는 국외 영향이 18~45% 수준) 발표(국립환경과학원, 2019) 등이 중국 책임론에 대한 언론의 근거로 활용된다. 과학 협력을 통해 월경성 대기오염이 야기한 정치적 갈등을 극복해 낸 유럽 등과 달리 중국에서 한국으로 넘어오는 미세먼지의 영향에 대한 한국의 과학적 근거는 중국과의 외교 공방을 초래하고 있다. 중국 정부는 "미세먼지가 중국에서 왔다는 충분한 과학적 근거가 있는가?", "중국의 대기질이 40% 이상 개선되었는데 한국의 대기질은 그대로인 점은 어떻게 설명할 것인가?" 등의 반문을 제기한 바 있다(김민철, 2019.3.9). 중국 책임론은 중국이 동북아 지역 협력에서 양자 협력에 소극적인 자세가 되도록 할 뿐만 아니라, 한국에서도 미세먼지 문제를 국내 정책으로 풀어야 할 문제가 아닌 것으로 인식하게 해 국민들이 국내 정책에 대한 관심을 낮추는 부작용을 야기할 수 있다.

우리 정부는 국외 배출원의 비중에 대한 국내외 논쟁을 국내 배출원을 우선적으로 줄여야 한다고 강조하는 방식이나 미세먼지가 불러오는 각국의 공통 이슈 등으로 전환하는 방안을 모색해 볼 수 있다. 미국-캐나다 대기질 협정이 체결될 때 캐나다 정부는 미국의 책임을 강조하는 국내 여론에도 불구하고 양국이 함께 감축할 것을 제안함으로써 국내외 배출원을 모두 감축하는 데 성공했다. 당시 많은 캐나다인이 "미국이 주로 잘못했는데 왜 우리가 배출량을 줄여야 하느냐"라고 의문을 제기했지만 당시 캐나다의 마틴 브라이언 멀로니(Martin Brian Mulroney) 총리는 "일단 자기 손부터 먼저 닦는 것이다"라는 논리로 국민을 설득했다(김이향 외, 2019.3.31).

셋째, 대기환경 협력에 대한 협력 유인과 비전 제시가 필요하다. 동북아 국가들의 미세먼지에 대한 협력 유인의 정도는 다르지만, 한국의 정책과 시너지 효과를 낼 수 있는 유인을 강화해 갈 필요가 있다. 한·중·일이 최근 대기오염 저감에 성과를 냈지만, 국제 협력을 통해 추가적인 저감 효과를 가져올 수 있음을 강조해야 한다. 나아가 유럽의 대기환경 협력 경험을 아시아에 공유하는 러시아의 역할을 강조하고, 몽골의 대기정책에 관한 기술과 재정 협력의 수요를 파악하며, 정치와 환경 이슈를 가능한 분리해 북한을 다자 환경 체제에 적극 참여시킴으로써 동북아에서 다자 협력의 체계를 공고히 발전시키려는 노력이 병행되어야 한다.

참고문헌

경기도민기자단. 2021. "푸른 하늘을 유지하기 위한 지구촌의 노력! 2021 청정대기 국제포럼". ≪경기도뉴스포털≫.

구은서. 2019.11.21. "조석연 교수, 한중일 미세먼지 보고서는 중국에 면죄부 준 것". ≪한국경제≫.

국립환경과학원. 2019. "올해 첫 고농도 1월 11~15일 미세먼지 발생 사례 분석 결과". 보도자료 (2019.2.7).

김민철. 2019.3.9. "잡아떼는 중국, 9년째 자료 안 내놓고 과학적 근거 대라". ≪조선일보≫.

김영욱 외. 2015. 「언론은 미세먼지 위험을 어떻게 구성하는가?: 미세먼지 위험보도 프레임과 정보원 분석」. ≪한국언론학보≫, 제59권 2호, 121~156쪽.

_____. 2016. 「미세먼지 위험에 대한 전문가와 일반인의 인식 차이와 커뮤니케이션 단서 탐색 인간심리모델(Mental Models)을 중심으로 한 분석」. ≪커뮤니케이션 이론≫, 제12권 1호, 53~117쪽.

김이향 외. 2019.3.31. "우리 먼저 줄이면서 중국에 요구해야: (맑은 공기를 찾아서) ② 조석연 인하대 환경공학과 교수 인터뷰". ≪단비뉴스≫.

닐슨컴퍼니코리아. 2019. 「미세먼지 해결을 위한 국민여론조사 보고서」. 국가기후환경회의·문화체육관광부 외부정책용역 보고서.

산림청. 2018. 「토지황폐화 방지 위한 한-중-몽 산림협력회의 개최」. ≪정부24≫(2018.12.11).

심창섭 외. 2015. 「동아시아 대기질 개선을 위한 국제공동연구」. 한국환경정책평가연구원 사업 보고서.

여민주 외. 2019. 「우리나라 미세먼지 농도추이와 고농도 발생현황」. ≪한국대기환경학회지≫, 제35권 2호, 249~264쪽.

외교부. 2003. "동북아환경협력현황". http://www.mofa.go.kr/www/brd/m_20152/view.do ?seq=339047 (검색일: 2022.6.27).

_____. 2013. "(환경협의체 II) NEASPEC, NOWPAP, YSLME 개요"(2013.12.27). https://www.mofa.go.kr/www/brd/m_20152/view.do?seq=349010&srchFr=&amp%3Bsrch To=&amp%3BsrchWord=&amp%3BsrchTp=&amp%3Bmulti_itm_seq=0&amp%3Bitm _seq_1=0&amp%3Bitm_seq_2=0&amp%3Bcompany_cd=&amp%3Bcompany_nm=l (검색일: 2022.6.27).

_____. 2018. "제22차 동북아환경협력프로그램(NEASPEC) 고위급회의 개최". 보도자료(2018. 10.26).

우정헌. 2019. 「동북아시아 대기환경협력체(NEACP) 지원을 위한 배출 인벤토리 프레임워크 기획」. 국가기후환경회의 외부용역보고서.

윤정현. 2016. 「초국경적 대기오염 이슈와 글로벌 거버넌스: 인도네시아 연무(haze) 해결을 위한 싱가포르의 대응전략」. ≪세계지역연구논총≫, 제34권 1호, 51~79쪽.

윤지로. 2019.11.21. "LTP 공동연구 미흡… 단일보고서 내놔야". ≪세계일보≫.

이혜경. 2017a. 「동북아의 대기 오염 문제 해결을 위한 다자협력 현황 및 전망」. 국회입법조사처. ≪이슈와 논점≫, 제1303호(2017.5.10).

_____. 2017b. 「동북아 장거리이동 대기오염물질 공동연구(LTP)」. 국회입법조사처. ≪지표로 보는 이슈≫, 제89호(2017.5.12).

_____. 2018. 「대기오염원인 분석과 맞춤형 대책 마련의 필요성」. 국회입법조사처. ≪지표로 보는 이슈≫, 제125호(2018.6.18).

_____. 2020. 「동북아 미세먼지 협력: 현황과 과제」. 국회입법조사처. 입법·정책보고서, 제74호.

일본 환경성. n.d. "Acid Deposition Monitoring Network in East Asia(EANET)." https://www.env.go.jp/earth/coop/coop/english/dialogue/mechanism_eanet.html (검색일: 2022.6.27).

한국과학기술한림원. 2014. 「동북아 (초)미세먼지 오염현황과 대책」. 한림연구보고서. 제114호.

한국외국어대학교. 2013. 「동북아 장거리이동 대기오염 사업(LTP) 평가」. 환경부 외부연구용역.

한국환경정책평가연구원. 2019. 「한·중·일 환경장관회의(TEMM) 공동행동계획('20~'24) 수립 연구」. 환경부 외부용역보고서.

환경부. 2002. "제1차 ECO ASIA(아시아-태평양 환경회의) 패널 참가결과"(2002.8). http://www.me.go.kr/home/web/policy_data/read.do?pagerOffset=5940&maxPageItems=10&maxIndexPages=10&searchKey=&searchValue=&menuId=10276&orgCd=&condition.orderSeqId=332&condition.rnSeq=6129&condition.deleteYn=N&seq=946 (검색일: 2022.6.27).

_____. 2018. "삼국 환경장관, 동북아 미세먼지 대응 협력 합의". 보도자료(2018.6.24).

_____. 2019. "동북아 장거리이동 대기오염물질 공동연구 보고서, 최초 발간". 보도자료(2019. 11.20).

_____. 2020a. 「(2020년 환경부 업무계획) 녹색전환으로 만드는 더 나은 대한민국」(2020.2.11).

_____. 2020b. 「한·중·일 환경 협력 및 환경 장관회의(TEMM), 20년의 역사와 성과(1999년~2018년」. https://www.me.go.kr/home/web/board/read.do;jsessionid=gqPIOmZZ4hJFHd79AaJTAsPP.mehome2?pagerOffset=60&maxPageItems=10&maxIndexPages=10&searchKey=&searchValue=&menuId=&orgCd=&boardId=878300&boardMasterId=108&boardCategoryId=&decorator= (검색일:2022.6.27).

_____. 2021. "한중일 삼국··· 2025년까지 환경협력의 청사진 마련". 보도자료(2021.12.7).

中国环境科学研究院. 2019. "中日韩三国PM$_{2.5}$都是本地排放贡献为主，各国应聚焦本国污染减排"(2019. 11.20).

Byrne, A. 2014. "The 1979 convention on long-range transboundary air pollution: Assessing its effectiveness as a multilateral environmental regime after 35 years." *Transnational Environmental Law*, 4(1), pp. 37~67.

EANET. 2019. "Awareness Forum on Prevention of Air Pollution in Asia Pacific: Together we can beat air pollution!." https://www.eanet.asia/awareness-forum-on-prevention-of-air-pollution-in-asia-pacific (검색일: 2022.6.27).

_____. 2020. "The Twenty-second Session of the Intergovernmental Meeting on the EANET." https://www.eanet.asia/news-ig22-on-the-eanet (검색일: 2022.6.27).

Kim, I. 2014. "Messages from a middle power: Participation by the Republic of Korea in regional environmental cooperation on transboundary air pollution issues." *International Environmental Agreements: Politics, Law and Economics*, 14(2), pp. 147~162.

Lee, T. et al., 2020. "Asymmetric barriers in atmospheric politics of transboundary air pollution: A case of particulate matter(PM) cooperation between China and South Korea." *International Environmental Agreements: Politics, Law and Economics*, 20(1), pp. 123~140.

UNEP. 2019a. "Clean Energy Transition in China." https://wedocs.unep.org/bitstream/handle/20.500.11822/28966/APCAP3.pdf?sequence=1&isAllowed=y (검색일: 2022.6.27).

_____. 2019b. "PM$_{2.5}$ AND OZONE CO-CONTROL: CLEAN AIR POLICY BRIEF 2019." https://wedocs.unep.org/handle/20.500.11822/28847 (검색일: 2022.6.27).

_____. 2019c. "REDUCING EXPOSURE TO PARTICULATE MATTER IN INDOOR ENVIR-ONMENT: CLEAN AIR POLICY BRIEF 2019." https://wedocs.unep.org/handle/20. 500.11822/28965 (검색일: 2022.6.27).

_____. 2020. "Acid Deposition Monitoring Network in East Asia brochure"(2020.4.5). https://www.unep.org/resources/publication/acid-deposition-monitoring-network-e ast-asia-brochure (검색일: 2022.6.30).

주요 기관과 프로그램 홈페이지

ASEAN(Association of SouthEast Asian Nations). "ASEAN Agreement on Transboundary Haze Pollution." https://haze.asean.org/asean-agreement-on-transboundary-haze-pollution-2 (검색일: 2022.6.27).

ACAP(Asia Center for Air Pollution Research). "Asia Center for Air Pollution Research." https://www.acap.asia (검색일: 2022.6.27).

CRP/BAQONE(Collaborative Research Program: For Better Air Quality Over North-East Asia). "Collaborative Research Program: For Better Air Quality Over North-East Asia." https://crp-baqone.miraeclimate.com/about/research_themes (검색일: 2022.6.27).

Government of Canada. "Canada-United States Air Quality Agreement." https://www.canada.ca/en/environment-climate-change/services/air-pollution/issues/transboundary/canada-united-states-air-quality-agreement-overview.html (검색일: 2022.6.27).

Ministry of the Environment, Government of Japan. 2022.12.5. "Outcomes of the Seventh Session of the Committee on Environment and Development (CED7) of the United Nations Economic and Social Commission for Asia and the Pacific(ESCAP)." https://www.env.go.jp/en/press/press_00819.html (검색일: 2023.1.17).

_____. "Environment Congress for Asia and the Pacific." https://www.env.go.jp/en/earth/ecoasia/index.html (검색일: 2022.6.27).

NASA(National Aeronautics and Space Administration). "KORUS-AQ: An International Co-operative Air Quality Field Study in Korea." https://espo.nasa.gov/korus-aq (검색일: 2022.6.27).

NEASPEC(North-East Asian Subregional Programme for Environmental Cooperation). "North-East Asian Subregional Programme for Environmental cooperation." http://www.neaspec.org (검색일: 2022.6.27).

UNCCD(United Nations Convention to Combat Desertification). "UN Convention to Combat Desertification." https://www.unccd.int (검색일: 2022.6.27).

UNECE(United Nations Economic Commission for Europe). "United Nations Economic Commission for Europe." https://unece.org/environment-policy/air (검색일: 2022.6.27).

UNEP(United Nations Environment Programme). "Acid Deposition Monitoring Network in East Asia." https://www.unenvironment.org/asia-and-pacific/restoring-clean-air/eanet (검색일: 2022.6.27).

_____. "Asia Pacific Clean Air Partnership." https://www.unep.org/asia-and-pacific/asia-pacific-clean-air-partnership (검색일: 2022.6.27).

_____. "United Nations Environment Assembly." https://www.unep.org/environmentassembly (검색일: 2022.6.27).

_____. "What we do." https://www.unep.org/asia-and-pacific/asia-pacific-clean-air-partnership/what-we-do.

제9장

아세안 월경성 연무공해방지협정
인도네시아의 지연된 비준 연구[*]

이태동 연세대학교 정치외교학과

1. 들어가며

2014년 9월 16일 인도네시아 의회는 만장일치로 '아세안 월경성 연무공해방지협정(ASEAN Agreement on Transboundary Haze Pollution, 이하 AATHP)' 비준에 동의했다. 2015년 1월 20일 아세안 사무국에 이 비준서가 도착하면서 동남아 지역의 주요 월경성 대기오염물질 배출국인 인도네시아는 이 협정 비준의 종결자가 되었다. 2002년 아세안 10개 회원국 모두가 AATHP에 서명했으며 그중 8개국은 2006년까지, 9개국은 2010년까지 협정을 비준했다. 다만 인도네시아에서는 AATHP 비준안이 여러 차례 입법부에 제출되었지만 통과

---

[*] 이 장은 A. Hurley and T. Lee, "Delayed ratification in environmental regimes: Indonesia's ratification of the ASEAN Agreement on Transboundary Haze Pollution," *The Pacific Review*, Vol. 346, Iss. 6(2021), pp. 1108~1137을 번역하고 수정한 글이다.

하지 못했다. 그렇게 12년의 시간이 흐른 끝에 AATHP가 비준되면서 동남아시아의 가장 시급한 환경문제에 대한 지역적 협력 강화의 장애물로 간주되었던 지연이 종식되었다(Jerger, 2014; Syarif, 2014.9.24).

AATHP 비준 결정에 대한 이해는 경험적·이론적 관심사다. 첫째, 월경성 대기오염에 관한 선행 연구는 주요 국내 행위자들이 얼마나 강하게 AATHP를 반대해 왔는지에 초점을 맞춘다. 비준과 같은 국내 정치적 의사 결정에 대한 외국의 간섭, 인도네시아 국내 팜유 업계 관계자들과 산림부 등 협정 반대자들이 가진 정치적 영향력이 그동안 비준이 실패해 온 이유로 지적되었다(예컨대 Varkkey, 2014; Nguitragool, 2011). 헬레나 바키(Helena Varkkey)의 연구에서 한 익명의 인터뷰 대상자는 "국회의원과 경제 엘리트를 대상으로 한 팜유 업계와 재계의 공개적이거나 은밀한 로비 때문에 AATHP는 결코 통과되지 못할 것이다"라고 말했다(Varkkey, 2014: 75). 나아가 AATHP 비준이 만장일치의 결정이었음에도 조코 위도도(Joko Widodo) 대통령이 이끄는 인도네시아 정부는 아세안 국가들과 협력하는 데 난색을 표했다(Varkkey, 2017). 이에 무엇이 비준을 이끌어냈는지에 대한 체계적인 연구는 인도네시아와 아세안 회원국들이 수십 년간 그들을 괴롭힌 초국경적 연무공해 문제를 해결하려고 했을 때 직면했던 정치적 역학관계, 장벽들, 해결책의 원인들에 대한 통찰력을 제공할 것이다.

둘째, 이 연구는 환경 레짐 형성에서 연구가 미비한 분야(지연된 비준에 대한 질적 연구)를 이해하는 데 기여한다. 비준에 관해서는 1990년대 초 주로 양적 연구가 소규모로 이루어졌는데, 이 연구들은 국내외적 차원에서 비준 관련 변수들, 국가 특성들, 합의의 성격, 개별 행위자들의 중요성에 관한 논의를 진행시켰다(Spector and Korula, 1993; Hoel and Schneider, 1997; Fredriksson and Gatson, 2000; Roberts et al., 2004; Lantis, 2005; von Stein, 2008; Perrin and Bernauer,

2010; Spilker and Koubi, 2016; Bohmelt, 2019; Lee and Paik, 2020). 그러나 환경 협정의 비준 지연이 만연함에도 불구하고(Spector and Korula, 1993), 협정이 왜 그리고 어떻게 지연되는지를 설명하는 다양한 차원에서의 정치적 역학과 행위자들의 상호작용에 대한 관심은 부족했다(예외로는 Lantis, 2005가 있다). 인도네시아의 AATHP 비준 지연은 이러한 역학을 살펴보는 기회를 제공한다.

이 연구는 개인적이고 국내적·국제적 차원에서 존재하는 잠재적 설명 변수들을 관찰할 수 있는 분석 틀을 제공한다. 국제 협상의 양면게임(two-level game)을 분석하기 위해 개발된 로버트 퍼트넘의 비준이론에 바탕을 둔다. 이 이론의 핵심은 '윈셋(win-set)' 개념으로, '찬반 투표를 할 때 유권자들 사이에서 필요한 다수를 획득할 수 있는, 가능한 모든 레벨 1(국제) 협정의 집합'으로 정의된다(Putnam, 1988: 437). 비준 지연 사례의 경우 이미 협상된 레벨 1 협정들이 애초에 윈셋 밖에 있는 상황에 해당하며, 국내(레벨 2) 승인이 불가능하지만 윈셋의 윤곽이 바뀌면 추후 비준이 가능하다. 인도네시아의 비준 지연을 이해하려면 인도네시아 윈셋 변화에 영향을 미친 요인들에 대한 검토가 필요하다.

이 연구는 팜유 산업의 생산자와 무역업자의 분열, 대기오염에 대해 대중이 가진 우려의 고조, 2011~2013년 연무공해 사태로 심화된 아세안 회원국 정부들의 압력과 조치에 따라 비준 지연의 비용이 증가한 끝에 비준하게 되었다고 본다. 2000년대 내내 인도네시아 국내 주요 이해관계자들은 비준에 호의적이지 않았고, 아세안 회원국 정부들은 인도네시아 정부를 상대로 조약 비준에 필요한 압력을 효과적으로 행사하지 못했다. 따라서 협정 내용상 주권 수호 요소와 징벌 조치의 부재에도 불구하고 비준을 위한 동기는 거의 없었다. 그러나 10여 년 후 아세안 회원국 정부들이 일제히 공개적으로 비준을 촉구하고, 또 한 차례 연무공해의 위기를 겪고 나자 인도네시아 국내 주요 반대자들이 비준 찬성으로 돌아서면서 비준에 대한 윈셋이 바뀌었다. 이 연구의 분석에 따르면 인도네시아의 비준은 국내외적, 특히 고도의 국제적 압박 속에서 지역 협력을 약속하지 않고도 우호적인 의도를 표현할 수 있어 정치적으로 유용한 결정이었다. 비록 이는 수실로 유도요노(Susilo Yudhoyono) 정부에서 조코 위도도 정부로 넘어가기 직전에 결정된 것이지만 이러한 시각은 왜 초국경적 대기오염을 야기하는 산림과 이탄(토탄) 지대의 화재에 대한 지역 협력에 인도네시아가 정치적으로 별 관심이 없었는지를 잘 설명해 준다.

이 장은 퍼트넘의 비준이론을 비준 지연 사례에 적용해 분석 틀을 구축하고 설명 요인을 파악하는 것으로 시작한다. 다음 절에서는 방법론인 사례연구를 설명하고, 요약과 이 연구의 함의를 제공하는 논의로 글을 마무리할 것이다.

2. 이론적 틀과 가설

1) 퍼트넘의 양면게임에서의 비준이론: 윈셋과 그 결정 요인들

퍼트넘(1988년)은 국제 협상에서 양면게임 이론의 일부로 비준이론을 발전시켰다. 양면게임은 국내 단체들이 정부를 압박함으로써 국가적 차원에서 자신들의 이익을 추구하고 정치인들은 이러한 단체들 사이에서 동맹을 구축해 권력을 추구한다고 주장한다. 국제적 차원에서 국가 정부는 국내적 압박을 충족시키는 능력을 최대화하는 동시에 외교의 부정적인 결과를 줄이는 것을 목표로 한다. 구속력 있는 협정 체결에 대한 결정은 단일국가가 하는 것이 아니라 다양한 차원에서 활동하는 행위자들 사이의 협상과 상호작용에서 비롯된다.

비준과 관련해 성공적인 비준이 이루어질 확률에의 결정적 요인은 윈셋의 폭이다. 퍼트넘에 따르면 "더 큰 윈셋은 레벨 1(국제) 합의를 보다 가능하게 만들며", "**성공적인 협정은 반드시 각 협정 당사자들의 레벨 2(국내) 윈셋에 속해야 한다. 따라서 이러한 윈셋들이 겹쳐야 협정이 가능하며 각각의 윈셋이 클수록 겹칠 가능성이 더 높다**"(1988: 437~438).

윈셋의 크기는 세 가지 요소들의 집합에 따라 결정된다. 첫째는 이익집단, 사회계층, 여론, 관료 기관 등 국내적 연대의 권력과 선호다. 비준은 협정 무산에 대항해 제안된 합의의 틈새를 마련하는 것이기 때문에, 레벨 2의 주요 이해관계자들의 협정 무산 ― 종종 현상 유지와 마찬가지인 ― 비용이 낮으면 윈셋이 좁아져서 비준 가능성이 낮아진다. 협정 무산 비용이 높으면 마찬가지로 윈셋이 넓어질 것이다. 둘째는 협정이 비준되기 위해 반드시 거쳐야 할 입법 절차와 과정, 정당 내의 투표 규칙 수준, 정치인들이 유권자가 허용해 주는 자율성의 수준을 포함하는 레벨 2의 제도들이며, 이들은 모두 윈셋을 넓히거나 좁힐 수 있는 잠재성을 가지고 있다. 세 번째 집합은 협상 전략과 관련이 있는데 퍼트넘은 협상가들이 국제 협정의 협상 기간 동안에 레벨 1과 레벨 2에서 게임을 해야 한다고 설명한다. 퍼트넘은 협상가가 윈셋을 넓히는 데 관심이 있다고 가정할 때, 국내 지지자들을 끌어들이기 위해 부수입(side-payment)과 일반적인 '선의'를 활용할 수 있다고 언급했다. 왜냐하면 협상가들은 비준을 달성하는 데 이해관계가 있기 때문에 퍼트넘은 '고위급 협상가들'이 국내에서 선의를 모으고 부수입을 더 많이 활용할 것이며 하급 공무원들보다 자신들이 외국인들이 보다 선호하는 협상 상대가 되도록 한다고 주장한다(추가 논의는 Putnam, 1988: 441~452 참조).

2) 윈셋과 비준 지연

퍼트넘의 비준이론은 협상가들이 국내적·국제적으로 실행 가능한 합의에 도달할 수 있는지에 영향을 미치는 주요 요소들에 대한 통찰력을 제공한다. 그러나 이러한 요인들이 협상 이후 비준을 위한 합의의 통과에 어떤 영향을 계속 미칠 수 있는지에 대해서는 논하지 않는다. 앞에서 강조했듯이 퍼트넘은 합의가 오직 협상 당사자들의 레벨 2의 윈셋에 속할 때만 가능하다고 보고 있다. 따라서 협상 이후의 법안 통과에 대해서는 탐구하지 않았다. 그러나 인도네시아의 아세안 월경성 연무공해방지협정(이하 AATHP) 사례처럼 오랜 지연이 흔하기 때문에(Spector and Korula, 1993) 협상 이후 국면에 더 큰 관심을 필요로 한다. 윈셋의 고유 논리를 확장함으로써 비준이론은 지연되는 비준을 분석하는 틀을 만드는 데 적용할 수 있다. 이를 통해 양면게임 분석에 적용되는 기존의 비준이론과 비준 지연 사례 간에 이론적 연계가 도출된다.

비준이 지연되는 기간은 10년이 넘어가기도 하며 크게 두 단계로 나눌 수 있다. 첫 번째 단계는 윈셋에 해당하지 않는 협정이 체결되는 단계이며, 두 번째 단계는 윈셋의 윤곽이 이미 체결된 협정을 포괄하는 단계로 바뀌어 비준이 가능해지는 단계다.

〈그림 9-1〉은 이러한 일이 어떻게 발생하는지를 간단하게 시각화한 것이다. X와 Y는 협상을 통해 협정에 이른 두 당사자를 나타내며, X_m과 Y_m은 각 당사자의 합의 내용 면에서 최대 결과이고 X_1과 Y_1은 최소 결과를 나타낸다. 1단계에서 Y는 X의 윈셋(최대 및 최소 결과 범위) 안에 있는 X와 협정에 서명하지만 협정이 Y의 윈셋 밖에 있기 때문에 비준은 애초에 불가하다. 이는 Y의 정치제도와 비준 과정에 따라 Y의 비준 절차가 막히거나 입법 승인을 통과하지 못하는 결과로 이어진다. 협정 내용은 한 번 서명하면 거의 변하지 않으므

그림 9-1 비준 지연의 두 단계

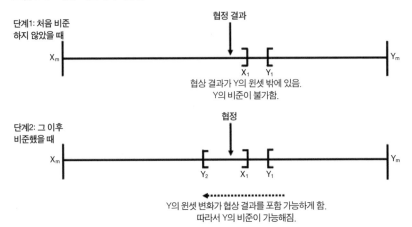

자료: Hurley and Lee(2021).

로 Y 자신의 윈셋 변경이 Y_2로 이루어지는 2단계에서만 Y의 비준이 가능해진다. 지연된 비준에 대한 설명은 왜 협정이 애초에 윈셋을 벗어나는지, 그렇다면 무엇이 윈셋의 변화를 일으킬 수 있었는지를 이해하려고 한다.

먼저 1단계에서는 협상가가 왜 그들 자신의 윈셋을 벗어난 협정문에 서명할 수 있는지를 따져보아야 한다. 이를 위해 윈셋(비준의 걸림돌)의 윤곽과 왜 협상가들이 애초에 비준될 수 없는 협정을 자국으로 가져오는지를 이해해야 한다. 후자의 경우 퍼트넘이 언급했듯이 재임 기간이 레벨 2에 의존하기 때문에 협상가들은 레벨 2에 우선권을 부여하고 따라서 그들이 본국에서 더 쉽게 승인을 얻을 수 있다고 믿는 국제 협정을 승인할 것이라고 추정하는 것이 타당하다(Putnam, 1988: 457). 게다가 상대국 협상가들과의 향후 만남에 대한 기대 때문에 자발적으로 서명한 조약을 위반할 의욕은 생기지 않을 것이다(Putnam, 1988: 438). 조사 중인 사례의 경우 인도네시아의 협상 부서는 분석 기간 내내 조약 비준을 분명히 지지하고 있다. 그러나 협상가들은 자주 국내 행위자들의 선호도에 관한 정보가 부족한 채로 일한다. 국제 협약의 영향을 받는 국내의 수많은 이해관계자들은 종종 협상이 타결되고 나서 시간이 지나야 선호도를 결정한다. 퍼트넘은 비록 짧지만 협상가들이 가진 이들 윈셋의 윤곽에 관한 불확실성이 암묵적인 이론적 가정임을 명확히 한다. 왜냐하면 만약 협상가들이 이를 확실하게 알고 있다면 나중에 거부될 협정에 대한 비준을 결코 제안하지 않을 것이기 때문이다. 이러한 계산 착오와 비준 실패를 '비자발적 태만'이라고 지칭한다(Putnam, 1988: 438~439).

협상가들이 그들의 윈셋에 영향을 미치는 국내 선호도 예측에서 오판이나 실패를 보여주는 것은 이후의 양면게임 문헌에서 그리 드문 일이 아니다. 예를 들어 1975~1985년 유럽의 무기 협력 조약을 분석한 연구에서 앤드루 모라브식(Andrew Moravcsik)은 정치인들이 특히 그들의 국내 유권자들의 선호도를 제대로 파악하지 못해 협상 초기 단계에서 오판에 취약하다는 점과 해외 행위자들이 윈셋의 크기에 대해 조약 협상에 임하는 정치인들만큼 잘 알 수 있다는 점에 주목했다(Moravcsik, 1993). 피터 에반스(Peter Evans)는 퍼트넘의 업적에 대한 동일한 후속 연구에서 정치인들이 "놀랍게도 이들이 국내 정치에서 비준 가능한 것을 잘못 판단할 가능성이 있다"라고 결론짓는다(Evans, 1993: 400). 제프리 랜티스(Jeffrey Lantis)가 캐나다 당국자들이 캐나다-미국 자유무역협정(Canada-U.S. Free Trade Agreement, CUFTA)과 교토의정서(Kyoto Protocol)를 비준하기 위해 들인 노력과 미국 당국자들이 북미자유무역협정(North American Free Trade Agreement, NAFTA)과 교토의정서를 비준하기 위해 들인 노력을 분석한 결과 "당국자들이 국내 행위자들의 선호도를 예상할 수 있기 때문에 비준 가능한 합의만 추진할 것이라는 가정은 성립하지 않는 것 같다"라는 결론을 냈다(Lantis, 2005: 410). 협상가들은 국내 승인을 얻을 만한 조약에 서명하기 위해 노력할 수 있지만, 그럼에도 어떤 조약이 국내에서 통과될 수 있는지 여부를 잘못 판단하기 쉽다.

2단계에서는 비준을 가능하게 하기 위해 나중에 윈셋이 변경되는 원인을 검토해야 한다. 개별 사례에 따라 답은 앞서 언급했던 윈셋의 폭을 넓히거나 좁힐 수 있는 세 가지 요소의 집합들 안에 있을 수 있다. 국내 집단들의 권력이나 선호도 변화가 윈셋에 영향을 미칠 수 있다. 권력 지도부의 교체가 지도부를 지지하는 국내 집단들 사이에 정치적 영향력의 수준을 변화시키는 것(비록 이것은 종종 비준을 억제하지만 Bohmelt, 2019 참조)도 또 다른 요소다. 시간이 지나면서 변화하는 규제 환경을 지지하는 이점을 예측할 수 있는 강력한 국내 행위자들의 선호도 변화(Vormedal, 2012)도 고려할 수 있다. 국내 차원에서 제도 변화가 윈셋에 영향을 미치는 간단한 사례로 의회 비준 동의 요건이 3분의 2 다수결에서 단순 다수결로 바뀌는 것을 들 수 있다. 전략과 관련해서 협정 지지자들은 국내의 주요 행위자들 사이에서 지지를 얻기 위해 지속적으로 레벨 2의 전략을 사용할 수 있다. 어떤 요소가 윈셋의 윤곽을 변화시켰는지 식별하는 것은 정부가 협정 의무를 얼마나 잘 이행할 수 있는지에 대한 통찰력을 제공한다.

3) 연구 가설

이 연구는 AATHP가 왜 인도네시아의 윈셋 밖에서 그렇게 오랫동안 머물렀는지에 대해 이미 알려진 것을 요약하고 있으며, 따라서 질문은 왜 역으로 지지를 받게 되었는지에 대한 것이다. 여러 차원에서 잠재적인 인과 요인을 체계적으로 다루기 위해 사례에 대한 사전 지식을 기반으로 다음의 네 가설을 제안한다.

첫째, 비준 통과를 책임지고 있는 인도네시아 정치인들의 선호도에 영향을 줌으로써 레벨 1 행위자들의 압박이 윈셋을 넓힐 수 있을지 검토하면서 국제적 차원의 발전이 미칠 영향을 고려했다. 국내적·국제적 수준의 복잡한 관계는 정치적 의사 결정자들에게 현실이므로(Putnam, 1988) 이들은 두 차원 모두의 추진과 결과에 관심을 가져야 한다. 양면게임 이론은 국제적 행위자들이 협정에 대한 국내 유권자들의 선호도에 영향을 미칠 수 있음을 인정한다. 많은 국제 이슈들이 불확실함에 따라 국제적 압력의 반향은 국내 무대에서의 생각을 바꾸고, 결정하지 않은 사람들을 움직이며, 국제 이슈에 대한 소수자의 입장을 가진 사람들에게 동기를 제공할 수 있다(Putnam, 1988: 455). 압박은 우호적인 관계를 가진 국가들에서 발생할 때 더 효과적일 수 있다. 그러나 외압에 대해 국내에서 반발이 발생할 가능성도 있어 항상 의도한 대로 된다는 보장은 없다(Putnam, 1988: 455). 레벨 2 과정으로서의 비준은 퍼트넘이 가장 우려했던 협상과는 다르지만 해외로부터의 메시지가 국내 행위자들에게 전달될 수 있는 능력은 여전히 유효하다.

소수의 연구는 국제적인 압력이 비준 결정에 일정한 역할을 함을 시사한다. 이탈리아의 소피아 휘발성 유기화합물 의정서[The Sofia and Volatile Organic Compounds(VOC) Protocols] 비준 결정에 대한 로돌포 르완스키(Rodolfo Lewanski)의 사례연구에서 비준 결정은 비싼 재료비와 낮은 국내 지지에도 불구하고 '다른 나라들과 어깨를 나란히 하고 싶은' 이 나라 외교부의 평판 욕구에 따라 주도되었다(Lewanski, 2000: 271). 또한 소피 페랭(Sophie Perrin)과 토마스 베르나우어(Thomas Bernauer), 마이클 호엘(Michael Hoel)과 커스틴 슈나이더(Kerstin Schneider)의 양적 연구(Perrin and Bernauer, 2010; Hoel and Schneider, 1997)는 한 국가의 평판 비용이나 다른 국제 협력 분야에서의 예상 비용이 의사 결정자의 비준을 촉진할 수 있음을 나타낸다.

인도네시아에서 의사 결정자들은 궁극적으로 국내의 주요 이해관계자들에게 신세를 질 수 있지만 부정적인 해외 개발의 영향을 받지 않을 수 없다. 인도네시아는 외교 정책 수립에 점점 더 많은 행위자를 참여시키고 있다. 대통령과 외교부는 물론 입법부도 점점 더 외교 정책의 입안(뒤에서 추가로 논의함)에 적극적인 역할을 맡고 있다. 국내적 고려가 외교 정책에 영향을 미치는 것처럼 인도네시아 입법부도 외교 정책에 관한 결정에 점점 더 관여하고 있다. 이 의사 결정자들은 국가 이익과 국제적 맥락이 요구하는 바에 동의하지 않을 수 있다(Putnam, 1988). 그러나 레벨 1 행위자들의 압력은 잠재적으로 윈셋을 확장할 수 있고 평판이나 외교적 혹은 물질적 측면에서 비준 무산이 국가에 부정적인 결과를 가져온다는 것을 보여줌으로써 비준 가능성을 높일 수 있다. 이러한 위험성에 대해 국내 정치 행위자들이 가지는 인식은 레벨 1 행위자들이 정부에게 적극적으로 협정 비준을 압박할 때 더 잘 가시화된다.

가설 1: 레벨 1(국제) 행위자들로부터의 비준에 대한 압박이 높아지면 비준 가능성이 높아진다.

둘째, 우리는 협정 지지자들의 행동과 이들이 다른 주요 행위자들을 이기기 위해 사용하는 전략의 정교성 수준을 고려한다. 랜티스는 당국자들이 마음대로 사용할 수 있는 세 가지 전략을 설명한다(Lantis, 2005). 첫째는 시너지 이슈 연계로, 초기에 협정에 반대하는 국내 유권자들에게 합의와 연관된 그들이 선호할 만한 국내 차원의 정책을 제공한다. 둘째는 이슈 재정립으로, 당국자들은 협정을 국내 유권자들이 지지할 만한 다른 문제와 연계한다. 셋째는 직접적인 금전 지불이나 기타 문제에 대한 양보를 통한 '부당 지불'로, 더 정교한 전략으로는 윈셋을 확장시키도록 이들 세 가지 전략을 결합하는 방법이 있다. 랜티스의 연구는 협상된 협정을 옹호하는 통일된 당국자들의 전략을 연구했지만 인도네시아 정부 부서들은 AATHP에 대해 입장이 통일되지 않아 보였다. 따라서 우리는 정부의 비준 지지자들의 전략을 검토한다.

가설 2: 만약 정부의 비준 지지자들이 승인을 얻기 위한 전략의 정교성을 높인다면 비준 가능성이 높아진다.

셋째, 이익을 추구하는 기업들이 환경을 보호하기 위한 노력을 제지할 수 있기 때문에 민간 산업은 종종 환경문제의 기여자인 동시에 장애물이 될 수 있다(Falkner, 2005). 기업은 경제와 고용에 직접적으로 영향을 미치고 때때로 정치 행위자들에게 보상을 주기도 하기 때문에 상당한 정치적 영향력을 가진 특별한 지위를 차지한다(Falkner, 2010). 따라서 협정에 대해 주요 산업 행위자들이 반대하면 윈셋이 좁아질 수 있다. 그러나 기업들은 브랜드 이미지를 관리하거나 기술 발전을 활용해 불가피하게 변화하는 규제 환경에서 경쟁력을 확보하는 등 경쟁 우위를 제공할 수 있다면 수익 창출의 우선순위에 부합하는 환경 규제를 지지할 수도 있다(Vormedal, 2012). 사업 선호도의 변화가 주는 영향은 정치 행위자들이 더 엄격한 규제 환경을 지원하도록 할 수 있고, 따라서 환경 레짐을 지지할 수 있다는 것이다. 기업형 농장을 위한 산림과 이탄 지대의 개간과 배수가 인도네시아 연무공해의 주요 원인으로(Greenpeace Southeast Asia, 2019), 2001~2010년 인도네시아 산림 벌채의 약 절반이 팜유 농장의 확장에 기인했다(PM Haze, 2018). 업계 관계자들의 규제 찬성 움직임은 정치적 의사 결정자들이 국내 최대 이해관계자 그룹 중 하나와 맞서 싸우는 것을 고려할 필요가 없도록 함으로써 윈셋을 넓혀 비준의 가능성을 높일 수 있다.

가설 3: 주요 공해 유발 업계의 행위자들이 규제 찬성으로 전환하면 비준 가능성이 높아진다.

넷째, 국민이 선출한 국회의원이 비준 과정에 관여하는 국가에서는 국회의원이 여론에 반응해야 한다. 버트럼 스펙터(Bertram Spector)와 안나 코룰라(Anna Korula)는 공공의 관심이 지역 환경문제에 집중될 때 국제 환경문제는 비준 속도가 느려지는 경향을 보여주는 증거를 발견했다(Spector and Korula, 1993). 그러나 초국경적 연무공해는 지역적인 동시에 국제적인 문제다. 대중의 관심이 높아지면 국회의원들이 정치적 행동으로 대응하도록 압박할 수 있다. 이는 정치인들이 유권자들에게 자신들의 대응력을 보여주기 위해 협정을 더 기꺼이 지지할 것이기 때문에 윈셋을 넓히는 결과를 가져온다. 협정문이 다루는 환경문제에 대해 국민의 우려가 적다면 정치인들은 각각의 해법을 찾아야 한다는 압박을 덜 받을 것이다.

가설 4: 환경문제에 대한 대중의 우려가 높아지면 비준 가능성이 높아진다.

4) 방법론

이 연구를 위해 우리는 비준에 앞서 여러 차원에서의 주요한 진전 사항을 관찰하기 위해 과정추적법(process tracing)을 사용했다. 우리는 기존의 기사 인터뷰, 아세안 각료 회의에 대한 공개 기록, 언론 보도 등 연무공해 문제와 관련된 가까운 관찰자와 행위자들의 의견에 주의를 기울이며 2차 문헌을 광범위하게 검토했다. 그리고 싱가포르, 인도네시아, 말레이시아의 초국경적 연무공해 문제의 가까운 관찰자들과 반구조화 인터뷰를 가졌다(2019~2020년,

인터뷰 목록은 〈부록〉에 있음). 인도네시아 내 대중의 우려와 관련해 우리는 인도네시아, 싱가포르, 말레이시아의 연무공해를 보는 대중의 태도에 대한 팀 포시스(Tim Forsyth)의 비교 연구 데이터를 활용한다(Forsyth, 2014). 포시스의 연구는 1997년, 2005년, 2013년 연무공해 사건의 미디어 내러티브(인도네시아의 ≪자카르타포스트(The Jakarta Post)≫)에 초점을 맞추고 있다. 이는 여론에 대한 인식이 대중의 인식과 우려가 더 높은 순간에만 한정되어 있지만 책임소재, 주요 공적 관심사, 해결책이 있다고 인식되는 위치에 대한 일반적인 인식 변화에 대한 유용한 관찰을 제공한다.

3. 인도네시아의 비준 지연: 1단계

1) 협상과 그 결과인 협정

2001년 아세안 월경성 연무공해방지협정(이하 AATHP) 협상이 시작되었을 때, 아세안과 인도네시아 정부는 초국경적 연무공해 문제에 대한 해결책을 찾으라는 압박을 받고 있었다. 1997~1998년 연무공해 위기는 이 지역에 미화 60억~90억 달러의 손실과 7500만 명의 삶에 영향을 미쳤다(Mayer, 2006). 이는 정치적·경제적 도전과 함께 아세안의 역량에 대한 시험이었다. 2002년 아세안 사무총장 로돌포 세베리노(Rodolfo Severino)는 1998년 이전의 아세안은 '유럽연합 다음가는 세계에서 가장 성공한 지역 협회'로 간주되었지만 — 지역 안정과 최근에 분할된 지역의 공유된 정체성을 촉진하면서 — 1997년 아시아 금융위기와 회원국의 확대를 겪으며 이 기구의 이미지가 비효율적이고 무관한 것으로 바뀌었다고 평가했다(ASEAN, 2002a). 임시적이고 구속력이 없는 지역

연무행동계획(Regional Haze Action Plan, RHAP)은 1997년에 공식화되었지만 이에 영향을 받는 자국민의 압력에 직면한 일부 아세안 회원국 정부에게는 충분하지 않았다. 특히 싱가포르 정부는 연무공해에 대한 보다 강력한 법적 조치를 원했다(Heilmann, 2015; Varkkey, 2011). 연무공해 위기를 관리하기 위한 강력한 지역적 해법을 찾는 것은 이 지역의 시민과 경제를 보호하는 것뿐만 아니라 아세안의 가치를 입증하는 것이었다.

더욱 강력한 지역적 조치를 요구하는 국제사회를 향해 인도네시아 정부가 저항할 수 있는 역량은 제한적이었다. 왜냐하면 인도네시아 역시 상당한 압력에 직면해 있었기 때문이다. 인도네시아 내에서 아세안 차원의 해결책도, 공적 담론에서 언급되는 인간 건강에 미치는 연무공해의 영향도 없었음에도 불구하고 인도네시아 정부는 주요 비난 대상(다른 대상은 소규모 자작농, 기업, 말레이시아 등임)이었다(Forsyth, 2014). 수하르토(Soeharto)는 1997년 위기에 대해 이웃 국가들을 향해 이미 두 차례 사과한 바 있다. 그리고 관찰자들은 인도네시아 공무원들이 목재와 농장 기업들로부터 대규모 방화가 장기간 건조한 기후 조건에 문제를 일으킬 수 있음을 알고 있었다고 의심했다. 이는 국제법상 연무공해에 따른 피해를 방지하기 위해 필요한 구체적인 조치를 취하는 데 실패했음을 의미한다(Nguitragool, 2011). 게다가 아시아 금융위기 때 큰 피해를 입고 1998년 수하르토가 몰락한 이후 정치적 변화를 겪은 데다 여전히 말레이시아와의 영토 분쟁과 동티모르 독립의 여파에 연루된 인도네시아 정부는 2000년 10월에 법적 구속력이 있는 연무공해 협정에 대한 협상 결정이 내려졌을 때 위태로운 상황에 있었다.

AATHP는 2002년 6월 10일 아세안 10개 회원국 대표 모두가 합의서에 서명하기 전인 2001년 3월부터 9월까지 네 차례 협상에 각국 환경부가 대표로 참여했다. 아세안 주재 인도네시아 대사는 시민사회의 압력으로 협상이 성급히 진행되었고 합의가 있기 전에 인도네시아 환경부 당국자들이 자국의 다른 부처와 충분히 논의하지 않았다며 만약 논의를 했다면 다른 결과가 나왔을 것이라고 했다(Varkkey, 2014). 그럼에도 불구하고 연무공해의 주요 배출국이자 실질적인 협상 대상국으로서 인도네시아 대표들은 협상에서 상당한 레버리지를 가지고 있었다. 인도네시아 환경부 협상단은 주권과 징벌적 조치에 대해 엄격한 의무를 요구하는 모든 협정을 비준하고 준수하는 데 어려움이 있을 것으로 예상해 레드라인을 표시했다. 한 익명의 아세안 관리는 협상에서 제재 조치가 없을 경우에만 구속력 있는 조약을 수용할 수 있음이 명백해졌다고 논평했다(Nguitragool, 2011).

이 협정에서는 아세안 회원국 간에 더 큰 조정과 정보 공유를 위한 메커니즘을 마련했는데 다음의 내용을 포함한다. 첫째, 화재 취약 지역에 대한 데이터를 수집, 분석, 공유하는 아세안의 초국경적 연무공해를 통제하기 위한 조정 센터(제5조), 둘째, 회의와 정보 제공을 주선하며 조정을 촉진하는 사무국(제19조), 셋째, AATHP의 이행을 지원하기 위한 자발적인 기부금 모집이 허용된 기금(제20조)이다(자세한 논의는 Jerger, 2014 참조).

특히 이 협정은 '연성적' 특징을 가지고 있어 법적 구속력이 있지만 구체적인 책임, 집행, 처벌 조치가 없었다(von Stein, 2008; Spilker and Koubi, 2016). 비록 제22조를 통해 모든 당사자가 동의하면 AATHP의 향후 개정이 가능하지만 이는 주권을 보호하는 것 이상의 것이다. 예를 들어 연무공해의 영향을 받은 국가는 화재가 난 국가를 지원할 수 있지만, 제12조에 따르면 지원 수혜국이 먼저 동의해야 한다. 이는 타국에 영향을 미치는 통제되지 않는 화재가 발생했음에도 해당 국가는 여전히 외세가 자국 영토에 개입하는 것을 통제할 수 있음을 의미한다(아세안, 2002b). AATHP 비준은 인도네시아 당국자들이 동의하기만 했다면 더 엄격한 조치를 이끌어낼 수도 있었을 것이다.

2) 레벨 2 제도들과 비준 과정

AATHP는 인도네시아의 민주화 기간 동안 협상되었고 이때 새 정부는 붕괴된 수하르토 정권에서 벗어나 헌법 개정과 탈중앙집권적 프로그램을 추진했다(1999~2002). 이러한 변화는 정부 부처와 국가 및 지방정부 사이의 토지와 산림 관리를 복잡하게 만들었다. 다른 부처에 비해 규모가 작은 환경부는 환경보호, 조정, 감독 기능을 맡았다(Tan, 2004). 그러나 자원과 예산에서 더 큰 힘을 가진 산림부는 경제성장을 위한 천연자원 유지뿐만 아니라 산불의 예방, 관리, 통제를 감독한다. 이는 산림부가 환경부보다 산업적·정치적 후원 관계를 더 가깝게 발전시킬 수 있게 했다(Nguitragool, 2011; Varkkey, 2014). 게다가 지방정부는 기업들에게 양허권을 제공할 수 있는 권한을 부여받았는데, 이것은 때때로 그들의 관할 지역에 수익을 얻는 데 사용되는 권한으로 지방정부 공무원과 그들의 수장에게 임대 수입을 올려주었다(Brad et al., 2015; Nesadurai, 2017b). 이러한 변화는 산불 관리와 조정에 어려움을 야기했고, 때로 이해관계가 상충하는 정치 행위자들 간에 갈등의 가능성을 증가시켰다.

또한 탈중앙집권 조치에 따라 중앙정부 대신 인도네시아 하원인 인도네시아 국민대표회의(Dewan Perwakilan Rakyat Republik Indonesia, DPR)가 비준 과정에서 상당한 영향력을 갖게 되었다.

헌법 개정으로 의회 권력은 인도네시아 행정부에 필적하게 되었다(Anwar, 2010). 의회는 대통령의 외교 정책에 대한 법률 조사, 대통령 후보자에 대한 지지나 거부, 정부가 서명한 국제 협정에 대한 비준 승인 등 외교 정책 분야에서 많은 권한을 부여받았다(Laksmana, 2011: 163). 인도네시아에서 국제 협정을 비준할 수 있는 힘은 행정부와 입법부에 분산되어 있다. AATHP와 같은 협정을 비준하기 위한 입법 과정은 몇 가지 단계를 거친다. 비준 동의안은 내용과 내용을 상세히 설명한 첨부 문서와 함께 먼저 하원에 제출된다. 그다음에 각 당의 대표들로 구성된 관련 위원회가 법안 통과를 감독하고 내용을 심의하기로 결정한다. 고려 대상인 법안을 논의하는 위원회의 첫 회의에는 이후 회의에 관계 부처의 관리들이 참석하는 관행과 달리 보통 관계 부처 장관들이 참석한다. 이러한 예비 토론은 종종 비공개로 이루어지며 각 당사자가 견해를 제시하고 그것을 놓고 응답을 진행할 수 있다. 좀 더 공식적인 본회의에서 심의하기 전에 위원회 내의 합의가 필요하며, 그때쯤이면 위원회 승인이 합의된다. 그리고 마침내 대통령의 서명을 받는다(자세한 논의는 Sherlock, 2010 참조).

협정 비준은 행정부가 최종 승인을 제출하거나 제출하지 않아 법안이 하원을 통과하는 과정에서 장애물이 생길 수 있어 가장 이른 단계에서나 최종 단계에서 지연될 수 있지만, 이는 의회에서 일반적으로 법을 제정하는 것과 다르지 않다. 위원회 내의 합의에 기반한 의사 결정은 모든 당사자를 거부권 행사자로 만든다. 이는 특히 상징적인 문제에서 의견 차이에 따라 소수 정당이 현실적으로 위원회의 다른 사람들이 입장을 바꿀 것이라고 기대할 수 없음에도 불구하고 그들의 입장을 고수하게 만들기에 법률 제정이 지연될 수 있다(Sherlock, 2010). 외교 정책 이슈에서 여론이 중요해지고, 의원들은 때때로 외교 정책 수립의 일관성을 방해하며 외교 정책을 민족주의적 의제에 포함시켰다(Soesastro and Laskmana, 2010; Laksmana, 2011). 이러한 의회의 능력을 보여주는 사례로 인도네시아와 싱가포르 간에 체결된 방위협력협정(Defence Cooperation Agreement, DCA) 저지가 있다. 이 협정은 인도네시아 국방부가 협상한 것으로 싱가포르가 인도네시아 리아우(Riau)주, 리아우제도(Riau Islands)주, 남수마트라(South Sumatra)주에서 군사훈련을 하도록 허용한 것이다. 이에 항의하는 시위가 발생하자 다수 정당이 반대했다(Anwar, 2010). 인도네시아의 아세안 헌장 비준도 물질적·규범적·절차적 가치에 대한 의원들의 회의와 서명하기 전에 하원과 협의하지 않은 데 따른 불만으로 예상보다 여러 달이 더 걸렸다(Ruland, 2009). AATHP를 위해 환경부가 법안을 준비했지만, 국가사무국이 법안을 제출할 권한을 가지고 있었고, 환경부 제8위원회가 법안을 감독했다. 외교부 제1위원회나 농림부 제4위원회와 같은 다른 위원회에서 협의를 제공했다.

3) 비준의 장벽들: 오랜 지연

2014년 이전에도 AATHP 비준 법안은 여러 차례 의회 통과가 지연되었고, 여러 정부 부처에 걸쳐 협정에 대한 지지, 무관심, 반대가 있었다. AATHP의 비준의 주요 지지자들은 환경부와 외교부에 포진해 있었으며, 협정 비준이 자국의 환경보호 능력을 향상시키고 아세안 국가들과 관계를 유지하는 데 도움이 된다고 주장했다(인터뷰 8). 환경부 관리들은 2002년에 법안 제출을 제안했는데 이 법안에 징벌적 조치가 빠져 있어 자국에 해를 끼치기보다는 이익이 될 것이라고 주장했고, 부처들 사이에서 협정에 대한 지지를 얻기 위해 사회화 조치를 실시했다(Varkkey, 2014).

협정에 대해 환경부는 지지하고 산림부는 반대했으며, 메가와티 수카르노푸트리(Megawati Soekarnoputri) 대통령과 유도요노 대통령 모두 각자의 임기내내 이를 조정하지 못했다. 2002년 11월에 메가와티 정부가 늦어도 2003년 중반까지는 AATHP를 비준할 것이라고 공개적으로 발표했음에도 불구하고, 산림부의 반대로 비준 법안은 의회에 상정되지 못했다(Varkkey, 2014). 유도요노는 대통령이 된 2004년 AATHP 비준을 위한 법안이 그해 통과되어야 할 가장 중요한 법안 중 하나라고 공개적으로 밝혔다(Nguitragool, 2011). 그러나

2005년 8월에야 말레이시아에 영향을 미친 심각한 연무공해 사태의 여파로 유도요노 정부는 협정 비준을 우선순위로 채택했다. 같은 해 8월 중순에 외교부는 환경부가 법안 제출을 위한 준비의 마지막 단계를 거쳤다고 밝혔으며 다른 안건들 탓에 진행이 더뎠다고 설명했다(Hukumonline, 2005).

유도요노의 주도하에 2014년 성공적으로 비준을 승인하기 전까지 두 차례 비준안이 의회에 상정되었다. 다만 그의 정부가 2006년 1월과 2007년 3월에 법안을 제출했지만 유도요노가 AATHP에 대한 의원들의 지지를 얻고자 상당한 정치적 자본을 사용했다는 증거는 거의 없다. 사실 2008년 3월 의회에서 비준안이 거부되었을 때 싱가포르와 외교 분쟁을 겪은 유도요노 정부는 이 결정에 반대한 환경부와는 달리 의회의 편을 들었다(Ruland, 2009). 또한 선거 이후 전임 정부와 새 정부 간의 승계를 이유로 1년 후에 법안을 다시 제출하자는 환경부의 제안은 거절되었다(Purnamawati, 2014.11.17).

또한 AATHP는 강력한 의무, 집행, 징벌 조치가 없음에도 불구하고 국내의 주요 행위자들에게 인기가 없었고 관리들은 외국의 개입을 우려했다. 소니 케라프(Sony Keraf) 전 환경부 장관은 2006년 현지 산림 기관과 지방정부 관리들이 협정 비준 뒤에 해외 소방 당국의 개입이 늘어 지역의 사회정치적 상황이 악화될 수 있다며 우려한다고 설명했다(Nguitragool, 2011). 빠루디 귀트라굴(Paruedee Nguitragool)은 이러한 우려와 함께 수하르토 시대 이후 권력 확보를 위한 자원 관리권을 가진 지역 정치인과 관리들의 중범죄와 뇌물 수수 가능성 사이의 연관성을 관찰했다(Nguitragool, 2011).

보다 공개적으로 인도네시아 하원의 제7위원회(Commission VII)[1] 위원들은

---

1   인도네시아 하원에 설치된 위원회 가운데 하나로 에너지, 광물자원, 연구·기술, 환경을 담당한다. 인도네시아 하원(https://www.dpr.go.id/en/akd/komisi)을 참조.

AATHP가 인도네시아에 부당하게 책임을 전가하고 이웃들의 희생을 이유로 인도네시아의 이익을 훼손하며, 연무공해의 원인으로 간주되는 불법 벌목을 막기 위한 조항이 없다고 비판했다. 아구스만 에펜디(Agusman Effendi) 위원장은 인도네시아는 협정을 비준할 준비가 되어 있지 않다고 주장했고, 연무공해 문제에 영향을 준 불법 산림 활동의 책임을 '다른 아세안 국가들'에게 돌렸다(Wirajuda, 2014).

이 협정은 인도네시아 정치인들과 강한 연관을 보유한 유력 기업인들과도 대립했다. 팜유 산업의 지속가능성 노력은 2000년대에도 있었으나 초기 단계에 머물렀다. 1997년의 산불은 그린피스, 열대우림동맹(Rainforest Alliance), 지구의벗(Friends of the Earth) 같은 비정부기구들의 환경 캠페인이 활발하게 일어나는 계기가 되었으며, 이는 팜유를 사용하는 제조업체와 소매업자들에게 사업상의 위험으로 연결되었다. 또한 세계자연기금(World Wildlife Fund)과 유니레버(Unilever)는 2004년 팜유 공급망과 비정부기구에 속한 이해관계자로 구성된 지속가능한 팜유회담(Roundtable on Sustainable Palm Oil, 이하 RSPO)을 설립하는 일에 앞장섰다(Nesadurai, 2017a). RSPO 공급망인증시스템(RSPO Supply Chain Certification Standard, RSPO SCCS)은 2008년 회원국들이 산림과 이탄 지대로의 재배지 확장을 자제하도록 함으로써 2009년에 지속가능한 인증 팜유(Certified Sustainable Palm Oil, CSPO) 라벨링을 이끌어냈다(Ivancic and Ko, 2016). 그러나 이러한 노력은 보다 큰 규제를 향한 일치되고 통일된 추진으로 이어지지 않았다. 주요 업계 단체들은 연무공해에 더 강력한 관리를 원하는 아세안의 노력에 저항했다. 인도네시아 팜유재배자협회(Gabungan Pengusaha Kelapa Sawit Indonesia, GAPKI)는 팜유 공급망 내부 생산자들의 주요 이익단체인데, 토지 개간과 이탄 지대 사용을 위한 화전(open burning)을 '전통적인 삶의 방식'이라며 옹호하고 이 협정이 집행과 책임 조치를 부가하는 향후 개정을 허용한다고 우려하며 AATHP에 반대했다(Varkkey, 2014).

팜유 업계의 반발과 달리 2000년대 중반 아세안 차원의 해법 마련에 대한 우려가 높아지며 여론은 연무공해 방지에 더 적극적으로 바뀌었다. 2005년의 위기 동안 연무공해가 국민 건강에 미치는 영향이 주요 언론 담론이 되었고, 공해가 야기한 위협에 대한 논의 중 거의 70%가 연무 관련이었다(Forsyth, 2014). 1997년에는 인도네시아에 연무 발생과 관련된 주요 비난의 15% 이상이 집중되었는데 2005년에는 30% 이상으로 늘었다. AATHP와 같은 아세안적 해결책은 외교 및 시민사회적 해결책에 뒤진 채 담론의 15%를 약간 넘는 비중을 차지했다(Forsyth, 2014). 이처럼 국민 건강에 대한 우려와 정부를 향한 비판이 증가하는 여론을 고려한 결과 AATHP 비준은 긍정적인 조치로 여겨졌을지도 모른다.

비준에 대한 국내 차원의 미미한 지지와 강력한 반대, 그리고 미약한 국제적 압력이 거의 10년간 지속되었다. 인도네시아의 비준 동의는 2006년 이전 아세안 환경부 장관회의에서도 공개되지 않았다. 인도네시아 화재가 야기한 연무공해가 말레이시아에 비상사태를 일으켰던 2005년에도 말레이시아 총리는 인도네시아를 비난하기보다 무슬림 사회에 기도를 요청했다(Aglionby, 2005.8.12). 이웃 국가들의 대중적 비판에 대한 일반적인 거부감은 아세안 회원국 간의 3R 국제 행동의 규범과 일치했다. 이는 첫째, 다른 회원국의 국내 문제에 대한 간섭 자제(Restraint), 둘째, 협의에 대한 존중(Respect), 셋째, 다른 회원국의 민감성에 대한 책임(Responsibility)이다(인터뷰 10과 11 참조).

한편 2006년 7월부터 11월까지 인도네시아, 말레이시아, 싱가포르, 브루나이, 태국 남부에 영향을 미친 2006년 연무 위기가 시작되면서 일시적으로 압박이 강해졌다. 이해 10월 13일 초국경적 연무공해에 관한 지역 각료 회의에서 아세안 회원국 장관들이 인도네시아의 AATHP 비준을 공개 촉구하고자 관례를 깼다(ASEAN, 2006). 이 법안이 위기 직전에 인도네시아 의회에서 부결되어 비준이 긍정적이지는 않았던 것이다. 나아가 같은 달 싱가포르 관리들은 유엔총회에서 더 광범위한 국제적 노력을 요구하며 아세안 차원 이상으로 격상된 이 문제를 예외적 상황으로 치부하는 인도네시아 관리들의 반응을 자극했다(Varkkey, 2011). 유도요노 대통령은 싱가포르 대통령과 악수하기를 거부했으며 인도네시아 대표는 인도네시아의 국내 문제와 주권을 간섭하는 것과 같다고 주장했다(Varkkey, 2011). 아세안 회원국들의 통일된 요구는 다음 해를 지나 2010년대 내내 중단되었고 인도네시아 정부에 비준을 요구하는 통일된 국제적 압력도 부족했다. 비준을 위한 파장이 거의 없는 와중에 AATHP가 2008년 3월 다시 인도네시아 의회에서 부결되었고, 2014년까지 다시 의회에 상정되지 못한 것은 놀라운 일이 아니다.

4. 인도네시아의 비준 지연: 2단계

2013년 7월 하원 제7위원회 위원들의 태도 변화가 나타났다. 연무공해 사태가 또다시 벌어지자 대표들은 비준 동의안을 받지 못했지만 취지가 좋았기에 이를 환영한다고 밝혔다(Aritonang, 2013.7.19). 이러한 변화의 원인이 무엇인지 알아볼 필요가 있다. 정부 내에서는 이런 행동 패턴에 익숙했다. 역대 환경부 장관들은 2012년 협정 비준을 제안했지만 법안은 2014년에야 논의에 들어갔다(Purnamawati, 2014.11.17). 발타사르 캄부야(Balthasar Kambuaya) 환경부 장관은 비준이 초국경적 연무공해의 해결에 대한 인도네시아 정부의 진지함을 보여줄 것이라고 주장하며 다가오는 제재의 위험 없이 산불로부터 시민과 천연자원을 보호한다면 인도네시아에도 큰 이득이 될 것이라고 강조했다(Soeriaatmadja, 2014.3.4). 환경부는 집요하면서도 이전과 비슷한 주장을 펼쳤다.

유도요노 정부는 환경적 지속가능성에 대한 열망과 경제적 이익 간에 힘의 균형을 유지하고 팜유 거버넌스에 대한 통제와 팜유 산업의 지속가능성 노력에 더 많이 관여하기 시작했다. 비준 이전의 몇 년 동안 유도요노 정부는 탄소 배출량을 26% 줄이는 데 국가 예산을 쓸 것을 약속하고, BP 레드플러스 (Reducing Emissions from Deforestation and Forest Degradation Agency, REDD+)를 설립하는 등 몇 가지 친환경정책을 펼쳤다(Taufiqurrahman, 2015.12.9).

가장 주목할 만한 정부 이니셔티브 중 하나는 2011년에 시작된 지속가능한 인도네시아 팜유표준(Indonesian Standard for Sustainable Palm Oil, 이하 ISPO)의 개발로, 각 부처의 서로 다른 팜유 관련 규제를 하나의 틀로 통합한 것이었다(Hidayat et al., 2018). ISPO에 대한 반응은 엇갈렸는데, 많은 사람이 이를 RSPO와 경쟁하고 팜유 거버넌스에 대한 통제와 경쟁력을 유지하기 위한 정부의 수단으로 인식했기 때문이다(Pramudya, Hospes and Termeer, 2018; Down to Earth, 2011; Bhutler, 2010.11.10). 인도네시아 팜유재배자협회는 생산자의 이익을 수용할 수 없는 RSPO보다 ISPO를 선호했다(Sahide et al., 2015). ISPO는 팜유 업체의 위반에 대해 영업허가 취소 등의 제재를 가하고 있지만 기준의 구성과 시행을 맡은 ISPO 위원회는 집행권이 없어 부처가 규제 자율성을 유지해 제재와 규제 집행이 난항을 겪고 있었다(Hidayat et al., 2018). 규제 틀을 개발하기 위한 이러한 정부의 노력은 아세안 월경성 연무공해방지협정(이하 AATHP)하에서 지역 협력을 증가시키기 위한 노력으로는 해석되지 않은 것으로 보인다. 행정부가 AATHP에 대한 입법부의 승인을 얻기 위해 상당한 정치적 자본을 투자하거나 다양한 전략을 사용했다는 명확한 증거는 없다. 사실 비준 결정에 대해 의원들에게 조언했던 라오데 샤리프(Laode Syarif)는 국회의

원들이 비준의 내용에 대해 상당한 인식 부족을 보여준다고 언급했고(Syarif, 2014.9.24), 행정부 역시 협정 비준의 찬반양론에 대한 포괄적인 설명을 제공하지 않았다고 밝혔다. 유도요노 정부는 팜유 관리를 위한 국내적 해결책을 지속적으로 개발했지만, 모든 이해관계자가 참여하는 해결책을 적극적으로 추진하지는 않았다.

그럼에도 불구하고 정부 대표들은 연무공해에 대응하려면 더 많은 조치가 필요하다는 대중의 압력에 직면했다. 2013년 연무공해 위기는 대중 사이에 논쟁과 연무공해에 대한 우려를 증폭시켰다. 2005년과 마찬가지로 연무공해가 국민 건강에 미치는 부정적 영향이 주요 위협으로 간주되었다. 연무공해가 경제에 미치는 부정적 영향은 공론화 단계에 접어들어 연무공해가 무엇을 위협하는지에 대한 논의의 20% 이상을 차지했다(Forsyth, 2014). 아세안 차원의 해결책이 문제에 대한 해결 논의의 상당한 부분을 차지하지는 않았지만, 규제 조치는 (기술적 해결책뿐만 아니라) 연무공해에 대한 공통된 해결책으로 가장 많이 논의되었다(Forsyth, 2014). 인터뷰 대상자들의 설명에 따르면 칼리만탄섬(Kalimanta, 보르네오섬), 리아우주, 잠비(Jambi)주와 같이 심각한 피해를 입은 지역의 대중이 인도네시아 국내의 연무공해 전이의 영향에 점점 더 동요했다(인터뷰 8과 9). 이들 지역의 지방정부 대표들은 중앙정부에게 연무공해를 해결하기 위한 적극적인 조치를 요구했다(인터뷰 10과 11). 연무공해에 대한 언론의 언급은 인도네시아 정부에 집중되었고(Forsyth, 2014), AATHP의 비준이 가져올 영향에 대한 대중의 우려는 크지 않았지만 영향을 받는 지역에서는 대중의 우려와 정부 조치에 대한 요구가 높았다.

팜유 산업과 인도네시아를 압박하는 아세안 회원국들의 접근 방식은 협정이 체결되고 10년이 지나며 중요한 변화가 생겼다. 2010년부터 2014년까지 인도네시아에서 활동하는 다국적 팜유 무역상들은 보다 엄격한 배출량 관리

기준을 채택하기 시작했다. 2010년 네슬레(Nestlé)의 '책임 있는 산림 벌채 금지 지침(No Deforestation Responsible Sourcing Guidelines)'을 시작으로, 팜유와 관련 산업의 여러 주요 조직과 거래업자들은 이후 몇 년간 자체적인 표준을 발표했다(Poynton, 2016.7.27). 2013년 12월 5일 세계 최대 팜유 무역상인 윌마인터내셔널(Wilmar International)은 자사의 사업에 산림 벌채, 착취 행위, 이탄 개발 금지라는 획기적인 정책을 발표했고, 골든아그리(Golden Agri), 아시아아그리(Asia Agri), 카길(Cargill), 무심마스(Musim Mas)와 같은 다른 주요 무역상도 이에 따랐다(Poynton, 2016.7.27).

이 주요 무역상들은 유럽연합과 싱가포르 시장의 바이어들과 협력하는 중에 높은 규제 기준을 보장해야 한다는 압박을 받았던 것이다(인터뷰 6, 7). 유럽연합의 엄격한 규제는 팜유 산업에 압력을 가한다. 산업계는 세계의 시선을 받는 동안 인도네시아 정부에 산림과 이탄 지대 관리에 압력을 가했다(인터뷰 10, 11). 이런 추세는 2014년 9월 유엔에서 절정에 달했다. 유도요노 정부는 다국적 기업들과 함께 산림 벌채, 이탄 지대 개발, 노동력 착취를 끝내기 위한 인도네시아 팜유서약(The Indonesian Palm Oil Pledge, IPOP)에 서명했다. 이는 일부에게는 중요한 기념비적인 공약으로, 또 다른 일부에게는 좋은 홍보로 간주되었다(Poynton, 2016.7.27).

이러한 변화가 업계 전체의 이해를 반영하지는 않았다. 공급망 내의 다른 차원에서 활동하는 행위자들은 정부를 향해 다양한 우려, 규제 선호, 영향력의 정도를 보여주었다. 일부 소규모 자작농과 공급 업체 대표들은 표준 변경에 개방적이었지만 다른 업체 대표들은 반대했다(Poynton, 2016.7.27). 가령 주요 다국적 대표들이 그들 자신보다 인도네시아의 정치적 결정권자들에게 더 많은 영향력을 갖는 것을 인정한 인도네시아 팜유재배자협회는 RSPO가 산림과 이탄 지대 개발과 배출에 대한 엄격한 기준을 보장하기 위해 인증을 개정하리라는 것이 명확해진 2011년 RSPO를 떠났다(Nesadurai, 2017a; 2017b). 흥미롭게도 인도네시아 정부는 기업들의 개별적인 제로 산림 정책에 반대하지 않았지만, 결국 2016년에 인도네시아 팜유서약의 해체를 추진했다. 다국적 기업들의 집단행동은 팜유 산업의 권위에 대한 지나치게 과도한 문제 제기였다(Dermawan and Hospes, 2018). 비준에 걸림돌이 되었던 이해 충돌과 후원 관계가 여전하지만 다국적 무역상들의 규제 선호 변화는 여전했고, 결과적으로 산림과 이탄 지대의 경영에 관한 맥락을 바꾸었다. 이들은 지속 가능한 관행에 기여하려는 의지를 보여주는 국제적인 주요 이해관계자 그룹을 대표했다.

이러한 산업 변화가 일어나는 동안 이웃 국가 정부들은 점점 더 직접적으로 인도네시아 정부에 AATHP 비준을 촉구했다. 인도네시아의 비준 동의안 통과 여부는 인도네시아 환경부와 외교부가 아세안 회원국 정부들을 상대할 때마다 외교적 갈등이 되었다(Syarif, 2014.9.24). 2011년부터 인도네시아의 비준 진행은 아세안의 국제 행동 규범을 준수하기 위해 적대적이기보다 회유적인 어조로 환경문제에 관한 지역 각료 회의에서 반복적으로 제기되었다. 2011년 아세안 각료들은 비준이 앞당겨질 수 있다는 희망을 보였고 2012년 7월부터 2013년 7월까지 세 차례 회의에서 인도네시아가 비준을 받기 위해 진행 중인 과정에 감사를 표했다(ASEAN, 2011, 2012a, 2012b, 2013). 비준 당시 환경 피해 및 기후변화조절부 장관인 아리프 유요노(Arief Yuwono)는 회의 때마다 AATHP 비준에 대한 질문을 받겠다고 했다(Purnamawati, 2014.11.17). 2013년에는 연무공해 사태로 싱가포르, 말레이시아, 브루나이 등이 영향을 받았다. 말레이시아는 이해 6월 비상사태를 선포했고, 싱가포르의 오염물질표준지수는 400(300은 '위험'으로 기록됨)을 기록하며 역사상 최고치를 세웠다(Channel News Asia, 2013.6.23; BBC News, 2013.6.21). 유도요노는 싱가포르와 말레이시아가 입은 연무공해에 사과하고자 국영 방송에 출연했다(Palatino, 2013.6.27). 당시에 말레이시아 환경부 장관이 공개적으로 인도네시아에 AATHP 비준을 요청했으며, 그렇게 한다면 모두 함께 진일보할 수 있다고 말했다(*Malay Mail*, 2013.6.27).

비준 요구와는 별개로 싱가포르 정부는 좀 더 구체적인 행동을 주도했다. 2013년 7월 9일 싱가포르 정부는 '월경성연무공해법(Transboundary Haze Act)' 이 될 법안을 통과시킬 것이라고 발표했다. 이 법은 싱가포르 당국에게 싱가포르 밖에서 초국경적 연무공해를 유발하는 범죄행위와 관련해 이를 처벌할 수 있는 권한을 부여했다. 중요한 것은 싱가포르 정부가 2006년 이전과 마찬가지로 비협조를 선택지로 삼기 위한 정치적 움직임을 가능하게 하는 정치 분쟁에 말려들지 않도록 조심했다는 점이다(인터뷰 1과 2). 이러한 정서는 싱가포르 외교부 장관이 유도요노의 사과를 촉구하고 연무공해 문제에 대해 언급할 때 나타난다.

우리는 정치적인 이유로, 인도네시아 내의 정당이나 사람들이 싱가포르가 자신들을 위협하고 있다고 말하는 상황을 만들고 싶지 않다. 우리는 이러한 역학 관계에 빨려 들어가지 않도록 인도네시아가 요청하는 것은 하지 않으면서 대응해야 한다(Neo, 2013.7.8).

싱가포르 환경부 장관은 브루나이, 인도네시아, 말레이시아, 태국 대표가 오는 초국경적 연무공해에 관한 지역장관운영위원회에서 "상세한 공식 지도를 제공하고 위반 기업을 확인할 수 있는 모니터링 플랫폼을 공개 출범시키는 날짜에 합의해 달라"라고 요청할 뜻도 밝혔다(Neo, 2013.7.8). 이것은 아세안이 새로운 공동 연무공해 감시 시스템의 채택을 발표한 2013년 10월 9일 통과되었다. 리셴룽(李顯龍) 싱가포르 총리는 이 자리에서 인도네시아의 AATHP 비준을 고대하고 있으며, 이번 승인은 아세안 10개국이 지역 블록 역할을 해 아세안의 신뢰도를 보여준 사례라고 했다(*Today Online*, 2013.10.9). 팜유 이익 단체와 AATHP 비준에 따라 발생할 수 있는 외세의 개입에 대한 인도네시아 정부의 우려를 상기시키며, 이러한 조치들은 비준 무산이 그러한 외세 개입에 대한 장벽이 되는 현 상황을 붕괴시켰다. 이러한 싱가포르의 발표 직후 인도네시아 하원 제7위원회 위원들이 비준을 지지한다는 입장을 공개적으로 밝혔다.

2014년 초에 인도네시아 의회의 심의가 시작되었다. 같은 해 3월 3일에 당 대표들로 구성된 의회 위원회가 고위 관리들과 캄부야 환경부 장관을 만났고 여섯 개 정당들이 비준을 지지했다(Soeriaatmadja, 2014.3.4). 캄부야 장관은 '연무공해로 가장 큰 피해를 보는' 인도네시아 국민들을 위해, 그리고 '인도네시아가 이 지역에서 진실성과 신뢰성을 유지해야 하기 때문에' 인도네시아의 지역 내 평판까지 고려할 때 비준이 국내외 두 측면 모두에 이익이 된다며 인도네시아가 외국의 압력을 받아 비준하는 것이 아니라고 했다(Soeriaatmadja, 2014.3.4). 번영정의당(Partai Keadilan Sejahtera, PKS)과 인도네시아 민주항쟁당 (Partai Demokrasi Indonesia Perjuangan, PDI-P)의 비준 반대자들은 비준의 필요성, 주권 침해 문제, AATHP의 실질적인 연무공해 감소에 대한 실효성에 의문을 제기했다. 하지만 비준을 지지하는 정당 의원들이 인도네시아 산불 관리의 심각성과 아세안과 그 밖의 국가들의 인력과 장비를 사용함으로써 얻을 수 있는 잠재적인 이익을 언급했다. 직능단체당(Partai Golkar)의 바비 아디티오 리잘디(Bobby Adhityo Rizaldi) 의원은 비록 그의 당이 비준을 지지하지만, "협력, 조정, 예방을 실행할 때 국민이나 정부의 이익에도 피해를 끼쳐서는 안 된다"라고 말했다(Soeriaatmadja, 2014.3.4). 연무공해 문제는 2014년에도 계속 제기되었다. 3월에는 의원들이 AATHP와는 무관하게 리아우주에 영향을 미치는 연무공해에 대한 정부의 조치를 촉구했다(DPR-RI, 2014a). 5월의 제24차 아세안 정상회의에서도 초국경적 공해 문제가 다시 제기되었다. 이때 의장성명은 계속되는 우려, 지역과 국제 협력의 강화에 대한 합의, 제로 연소 기술의 효과적인 시행 필요성을 강조했다. 또한 화재를 조장하는 무책임한 당사자들에 대한 감시와 집행을 지원하기 위해 연무공해 감시 시스템의 사용을 인정했으며 "인도네시아의 AATHP 조기 비준을 기대한다"라고 적시했다(아세안, 2014).

같은 해 9월 16일 인도네시아 의회와 정부는 AATHP를 논의하는 전체 회의를 열어서 비준이 승인되었다고 발표했다. 밀턴 파크파한(Milton Pakpahan) 하원 제7위원회 위원장은 성명을 내 안건 논의는 수마트라섬과 칼리만탄섬에서 국경을 넘어 생태계, 교통, 경제에 영향을 미치는 화재에 관한 것이라고 밝혔다. 그는 인도네시아가 공해를 막기 위해 천연자원을 통제할 수 있고, 화재 관리의 협력 강화로 혜택을 볼 수 있다는 기대감과 협력을 통해 인도네시아의 국제적 신뢰도가 향상될 수 있을 것이라고 했다(DPR-RI, 2014b). 2015년 1월 20일 비준을 위한 문서가 마침내 아세안 사무국에 제출되면서 10년 이상 지속된 지연이 종료되었다.

우리는 인도네시아의 변화하는 윈셋에 대한 잠재적인 국내적·국제적 차원의 원인에 주목했다. 〈그림 9-2〉에서 볼 수 있듯이 비준 전에 인도네시아 팜유 생산자들의 반대는 물론이고 외부의 간섭에 대한 산림부와 의회의 거부감이 인도네시아의 윈셋에 대한 축소력이었으며, 확대력은 약하고 일관성도 없었다. 인도네시아 윈셋의 축소력은 분석 기간 내내 일관성을 유지했지만, 변화하는 산업 표준을 배경으로 하는 정부 조치에 대한 대중의 요구와 병행해서 보다 일관되고 직접적인 아세안의 비준 요구와 싱가포르가 주도하는

그림 9-2 인도네시아 윈셋의 확장과 축소

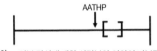

단계1: 2000~2013년
- 아세안의 비준 요청(흔하지 않음)
- 공동의 관심사
- 약한 대통령 지지(간헐적)
- 환경부와 외교부의 지지

윈셋에 대한
확대력

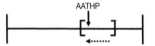

단계2: 2013~2014년
- (규칙적이고 통합된) 아세안의 비준 요청
- 싱가포르 주도의 구체적인 조치
- 다국적 기업들의 규제 찬성 변화
- 공동의 관심사(행동 촉구)
- 약한 대통령 지지
- 환경부와 외교부의 지지

윈셋에 대한 · 외부 간섭에 대한 산림부와 의회의 거부감
축소력   · 팜유 생산자의 AATHP 반대 로비

· 외부 간섭에 대한 산림부와 의회의 거부감
· 팜유 생산자의 AATHP 반대 로비

자료: Hurley and Lee(2021).

구체적인 조치가 AATHP의 비준을 가능하게 할 만큼 윈셋을 넓어지게 만들었다.

연무공해 관리와 이와 관련된 팜유 산업 거버넌스는 여러 차원에서 활동하는 행위자들과의 복잡한 상호작용을 나타낸다. 다음에서 더 자세히 논의하겠지만 모든 힘이 반드시 동일한 것은 아니며 서로 다른 방식으로 윈셋에 영향을 미쳤다. 다국적 기업들과 여론의 규제 찬성 움직임은 인도네시아 정부에게 산림과 이탄 지대 화재에 대한 실질적인 대응을 취하도록 압력을 증가시켰으며, 레벨 1의 압력은 특히 비준을 장려하는 것을 목표로 했다. 게다가 초국경적 연무공해를 관리하고 국제적인 파트너와 개별 행위자들과 협력하기 위해 인도네시아 정부가 계속 노력하고 있는 것은 윈셋의 확대가 제한적이고 인도네시아의 정치인들이 지역 협력에 대해 완전한 개방을 나타내는 것이 아니라는 점을 시사한다. 그럼에도 불구하고 환경부가 계속 언급했듯이 AATHP가 '연성' 협정으로서 협상되었기 때문에 비준 자체는 실제로 산림과 이탄 지대의 통치권을 아세안에 넘겨주거나 인도네시아가 동의하지 않는 외부의 큰 간섭을 필요로 하지 않았다. 따라서 윈셋의 확장이 증가함에 따라 비준을 위한 법안은 국내의 승인을 얻을 만큼 충분한 설득력을 확보할 수 있었다.

가설 2는 비준을 지지하는 정부 행위자들이 사용하는 더 정교한 전략에 따라 비준이 일어날 가능성이 더 높다고 제시했다. AATHP와 관련해 우리는 당국자들이 합심해 행동하는 모습을 보지 못했다. 비록 메가와티 대통령과 유도요노 대통령은 AATHP에 동조하는 것처럼 보였지만(유도요노는 대통령에 재임하는 동안 산림 관리와 관련된 많은 친환경 이니셔티브를 시작함), 강력한 정·재계 행위자들의 반대를 — 인도네시아에 대한 협정의 불공정성을 주장하는 여론에 직면하는 등 — 정치적 자본과 자원을 사용해 극복할 가치가 있을 만큼 높은 우선순위에 두는 것은 아닌 듯해 보였다. 메가와티와 유도요노가 AATHP의 협상에 직접 참여하지 않았으며, 따라서 아마도 오랜 지연에도 불구하고 개인적으로 잃을 것이 적었다는 점도 주목할 만하다. 비준의 주요 지지자들은 환경부와 외교부에 있었지만 환경부 관리들은 인도네시아의 이익에 대한 비준 문제를 규정하는 것을 통해 지지하는 것 말고는 할 수 있는 일이 거의 없었다. 부수입을 활용하거나 사안의 연계를 전개할 수 없었던 점을 감안할 때 궁극적인 비준은 이 경우에 증가하는 정교한 전략들로 설명될 수 없었다. 비록 이들의 부족이 왜 그렇게 지연이 길어졌는지를 설명하는 것에는 도움이 되었지만 말이다.

가설 3은 주요한 원인을 제공하는 기업인들이 규제에 관한 선호도를 바꾸면 정치적 의사 결정자들이 비준을 지지할 수 있기 때문에 주요 업계 관계자들의 반발에 대한 걱정 없이 비준 가능성이 높아질 것이라고 보았다. 주요 글로벌 팜유 무역상들은 더 큰 지속가능성을 추구하기 위해 AATHP의 목적과 양립 가능한 보다 전문적인 규제에 찬성하는 입장으로 전환했다. 규제 찬성이라는 변화는 인도네시아 정부에 대한 국제적인 관심을 강화시켰고 산림과 이탄 지대의 관리와 관련된 결정이 내려지는 맥락을 변화시켰다. 그러나 팜유 기업인들은 다양한 성향을 가지고 있으며, 팜유 공급자들의 화전 권리를 옹호하는 인도네시아 팜유재배자협회 등 강력한 이익단체들은 엄격한 기준에 대한 거부감과 정치인들에 대한 강한 영향력을 가지고 있었다. 다국적 기업들의 규제 찬성 변화가 있지만 집행과 책임 조치를 우려하는 영향력 있는 팜유 이익단체가 더 엄격한 기준에 대한 거부감을 유지하고 정치적 행위자들에게 상당한 세력으로 남아 있기 때문에, 가설대로 비준을 승인하기로 한 의회의 결정과 직접적으로 관련 있는 것으로 보이지는 않는다. 이는 다음에서 논의한 레벨 1 압력에 따라 거의 상쇄되었지만, 주요 산업에서 규제와 관련된 변화는 이러한 축소력을 상쇄하지 못했다. 오히려 다국적 기업들의 규제에 대한 입장 변화가 인도네시아의 윈셋에서 제한적인 확대력으로 더 잘 이해되며, 팜유 거버넌스와 관련된 주요 행위자들이 국제적인 시선을 받으며 지속가능성 조치를 취하라는 압력에 직면하는 일반적인 추세에 기여하고 있다.

가설 4는 국민들의 높아진 우려가 입법부에 압력이 될 수 있기 때문에 비준 가능성이 높아질 것이라고 제시했다. 연무공해에 대한 대중의 우려는 특히 심각한 연무공해 위기 때 나타났다. 연무공해에 대한 공개 담론은 2005년보다 연무공해 위기가 벌어졌던 2013년에 빈번했다. 이때도 아세안 차원의 해결책에는 관심이 덜 했고 인도네시아 자국 정부의 조치(규제 형태)에 대해 보다 많은 논쟁이 있었다(Forsyth, 2014). 2013년 연무공해 사태는 경제와 자연뿐만 아니라 국민 건강에 미치는 연무공해의 악영향에 대한 공개 토론으로 이어졌고(Forsyth, 2014), 특히 심각하게 피해를 입은 지역에서 우려가 높아 지역 공무원들에 대한 압력이 강화되었다. 결국 이들은 유권자들의 우려에 대응하고 연무공해를 해결하기 위해 중앙정부에 적극적인 조치를 요청했다.

따라서 대중의 우려와 구체적인 행동에 대한 요구 증가는 정부에게 정치적 조치가 필요하다는 신호를 보내 비준 전 윈셋을 넓히는 데 기여한 것으로 보인다.

가설 1은 레벨 1 행위자들의 비준 압력이 높아지면 비준 가능성이 높아질 것이라고 제시했다. 2000년대 내내 아세안 회원국 정부들로부터의 압력은 일반적으로 용인되지 않았다. 2006년 연무공해 사태 때도 인도네시아를 향해 비준을 촉구했지만 이는 인도네시아 의회의 비준 부결에 이어 싱가포르가 아세안 차원 이상으로 문제를 확대하기 전까지 인도네시아 관리들의 반발을 불러왔다. 특히 인도네시아 국회의원들이 자국 국민과 산업 관계자 모두 아세안의 해결책을 원하지 않는다는 이유로 비준을 위한 실질적인 비용을 감수하지 않았음을 고려했을 때 이는 단기적이고 불협화음만 야기한 비생산적인 노력으로 끝나버렸다. 그러나 10년이 흐른 후 아세안 회원국 정부들은 그들의 전략을 변화시켰다. 즉, 보다 일관적이고 조정적이며 분위기에 민감하게 압력을 행사했다. 게다가 싱가포르는 연무공해를 야기한 인도네시아에서의 범죄행위를 처벌할 수 있는 법적 권리를 당국에 부여하는 절차를 시작했고, 아세안 회원국 정부들이 더 많은 정보 공유를 요구하도록 이끌었다. 이로써 비준 무산에 대한 비용이 증가했으며, 인도네시아 관리들이 이웃 국가들의 지나친 강요를 받지 않으면서 비준을 결정할 수 있게 해주었다.

5. 나오며

이 장은 왜 협정이 윈셋 밖에 있으며 윈셋 윤곽의 변화가 서명된 지 오랜 세월이 지난 협정의 비준을 어떻게 가능하게 하는지를 조사하기 위해 퍼트넘의 비준이론을 기반으로 지연된 비준을 분석하는 틀을 개발한 것이다. 우리는 인도네시아의 아세안 월경성 연무공해방지협정(이하 AATHP) 비준 사례에 이것을 적용했다. AATHP의 협상 동안 인도네시아 환경부는 이 협정이 자국의 주권을 보호하고 엄격한 의무나 징벌적 조치가 결여되어 있음을 확실히 하기 위해 배수진을 쳤다. 그러나 해결책 강구에 대한 높은 압력과 성급한 협상은 협정에 대한 인도네시아 정부 내 의사소통의 부족을 불렀고, 이는 환경부 장관들이 협정을 본국으로 가져오기 전에 다른 부처와 의회의 우려를 예측하지 못했기 때문에 그들을 달랠 수 없었음을 의미한다. 그래서 인도네시아 외교부, 의회, 팜유 산업 관계자 등 영향력 있는 그룹 사이에서 외세의 간섭에 대한 우려 탓에 협정은 인기가 없었다.

인도네시아 내부에서 산림과 이탄 지대의 소각 문제를 해결하기 위한 엄격한 규제를 시행하는 데 대한 반대를 고려할 때 AATHP가 까다로운 의무와 징벌적 조치를 포함하는 '강력한' 공약적 합의로 협상되었다면 국내외의 압력은 충분치 않았을지도 모른다. 그러나 AATHP 비준은 새로운 조치의 실행을 의무화하지 않았기 때문에 인도네시아의 비준은 특히 국제적인 차원에서 선의의 표시인 상징적인 제스처로 여겨져 자신들의 손으로 문제를 해결하려고 했던 이웃 국가 정부들을 점점 더 좌절시켰다. 인도네시아 의회가 비준을 위한 법안을 또다시 거부했다면 아세안 회원국 정부들의 더 큰 반발을 불러올 수 있었으며, 인도네시아에서의 초국경적 연무공해의 주범들을 밝혀내고 처벌하려는 조치들을 위한 더 강력한 열정적인 노력으로 이어졌을 수도 있다. 유도요노 정부는 AATHP를 비준하면서 조코 위도도 정부에 인도네시아 나름의 초국경적 연무공해 문제에 대한 해결책을 찾기 위한 약간의 외교적인 여유를 제공했다.

이 장은 인도네시아의 AATHP 비준 지연 사례에 양면게임과 윈셋의 이론적 개념을 적용함으로써 세계의 환경정치와 동남아시아 지역의 국제 관계 연구에 기여한다고 볼 수 있다. 국제 환경 협정 비준에 관여하는 여러 행위자 사이의 복잡한 상호작용을 고려할 때 비준 지연에 대한 인도네시아 사례 분석은 국제적·국내적 정치경제의 역학을 설명하려는 시도에 유용할 것으로 기대된다(Elliott, 2017).

부록 인터뷰 대상자들 목록

코드	신분	일자
1	싱가포르 모 대학교의 법학 교수	2019년 11월 15일
2	싱가포르의 비정부기구 활동가	2019년 11월 16일
3	말레이시아 모 대학교의 환경정치학 교수	2020년 1월 28일
4	말레이시아 모 대학교의 국제관계학 교수	2020년 1월 28일
5	말레이시아 주재 한국 외교관	2020년 1월 29일
6	인도네시아 모 싱크탱크의 학자(국제관계학)	2020년 1월 30일
7	인도네시아 모 싱크탱크의 학자(국제관계학)	2020년 1월 30일
8	인도네시아 모 대학교의 환경정치학 교수	2020년 1월 31일
9	인도네시아의 비정부기구 활동가	2020년 1월 31일
10	인도네시아 모 대학교의 국제관계학 교수	2020년 1월 31일
11	인도네시아 모 대학교의 국제관계학 교수	2020년 1월 31일

인도네시아의 초국경적 연무공해(말레이시아, 싱가포르, 인도네시아) 협정 비준의 원인이나 동인에 대한 반(¥)구조적인 질문으로 대면 인터뷰가 진행되었다. 인터뷰 대상자들은 익명으로 인터뷰하는 것에 동의했다. 모든 인터뷰는 30분에서 1시간 사이에 진행되었다.

참고문헌

Aglionby, J. 2005.8.12. "Malaysia declares haze emergency." *The Guardian*. Retrieved from https://www.theguardian.com/world/2005/aug/12/malaysia.

Anwar, D. 2010. "The impact of domestic and Asian regional changes on Indonesian foreign policy." *Southeast Asian Affairs*, pp. 126~141. https://www.jstor.org/stable/41418562?seq=1#metadata_info_tab_contents.

Aritonang, M. 2013.7.19. "House Supports Govt's Move to Ratify Haze Pact." *The Jakarta Post*. Retrieved from https://www.thejakartapost.com/news/2013/07/19/house-supports-govt-s-move-ratify-haze-pact.html.

ASEAN. 2002a. "Address by Rodolfo C. Severino, Secretary-General of the Association of Southeast Asian Nations, at Asialink, Melbourne, Australia, 19 June 2002." Retrieved from https://asean.org/?static_post=address-by-rodolfo-c-severino-secretary-general-of-the-association-of-southeast-asian-nations-at-asialink-melbourne-australia-19-june-2002.

_____. 2002b. "ASEAN Agreement on Transboundary Haze Pollution(AATHP)."

_____. 2006. "Joint Press Statement Sub-regional Ministerial Meeting on Transboundary Haze Pollution Pekanbaru, Riau, Indonesia." Retrieved from https://asean.org/joint-press-statement-sub-regional-ministerial-meeting-on-transboundary-haze-pollution-pekanbaru-riau-indonesia/?highlight=ratif.

_____. 2011. "Media Release of the 12th Meeting of the Sub-Regional Ministerial Steering Committee(MSC) on Transboundary Haze Pollution." Retrieved from https://asean.org/media-release-of-the-12th-meeting-of-the-sub-regional-ministerialsteering-committee-msc-on-transboundary-haze-pollution/?highlight=ratif.

_____. 2012a. "Media Release on 13th Meeting of The Sub-Regional Ministerial Steering Committee(MSC) on Transboundary Haze Pollution." Retrieved from https://asean.org/media-release-on-thirteenth-meeting-of-the-sub-regional-ministerialsteering-committee-msc-on-transboundary-haze-pollution/?highlight=ratif.

_____. 2012b. "Media Release 14th Meeting of the Sub-Regional Ministerial Steering Committee(MSC) on Transboundary Haze Pollution." Retrieved from https://asean.org/media-release-14th-meeting-of-the-sub-regional-ministerial-steering-committee-msc-on-transboundary-haze-pollution/?highlight=ratif.

_____. 2013. "Media Release 15th Meeting of the Sub-Regional Ministerial Steering Committee(MSC) on Transboundary Haze Pollution." Retrieved from https://asean.org/15th-meeting-of-the-sub-regional-ministerial-steering-committee-msc-ontransboundary-haze-pollution.

_____. 2014. "Chairman's Statement of the 24th ASEAN Summit: Moving forward in Unity to a Peaceful and Prosperous Community." Retrieved from https://asean.org/wp-content/uploads/2012/05/24th-Summit-Chairman-Statement.pdf.

BBC News. 2013.6.21. "New record as haze chokes Singapore." Retrieved from https://www.bbc.com/news/world-asia-22998592.

Bhutler, R. 2010.11.10. "Indonesia to launch rival palm oil certification standard." *Mongabay.* Retrieved from https://news.mongabay.com/2010/11/indonesia-to-launch-rival-palm-oil-certification-standard.

Bohmelt, T. 2019. "International Treaty Ratification and Leader Turnover." *Foreign Policy Analysis*, 15(2), pp. 187~204. doi:10.1093/fpa/ory003.

Channel News Asia. 2013.6.23. Malaysia declares state of emergency in Muar and Ledang. Channel NewsAsia. Retrieved from https://web.archive.org/web/20130626025209/http://www.channelnewsasia.com/news/asiapacific/malaysia-declares-state/721254.html.

Dermawan, A. and O. Hospes. 2018. "When the state brings itself back into GVC: The case of the indonesian palm oil pledge." *Global Policy*, 9, pp. 21~28. doi:10.1111/1758-5899.12619.

Down to Earth. 2011. "Indonesian Sustainable Palm Oil scheme to speed up palm oil development"(2011.4). Retrieved from https://www.downtoearth-indonesia.org/story/indonesian-sustainable-palm-oil-scheme-speed-palm-oil-development.

DPR-RI. 2014a. *Buletin Parlementaria*, Nomor: 807/III/2014(*Parliamentary Bulletin*, Number: 807/III/2014). Retrieved from http://dpr.go.id/dokpemberitaan/buletin-parlementaria/b-807-3-2014.pdf.

_____. 2014b. *Buletin Parlementaria*, Nomor: 833/IX/2014(*Parliamentary Bulletin*, Number: 833/IX/2014). Retrieved from http://dpr.go.id/dokpemberitaan/buletin-parlementaria/b-833-9-2014.pdf.

Elliott, L. 2017. "Environmental regionalism: Moving in from the policy margins." *The Pacific Review*, 30(6), pp. 952~965. doi:10.1080/09512748.2017.1303534.

Evans, P. 1993. "Building an integrative approach to international and domestic politics." in P. Evans, H. Jacobson and R. Putnam(eds.). *Double-edged diplomacy: International bargaining and domestic politics.* Berkley: University of California Press, pp. 397~430.

Falkner, R. 2005. "The Business of ozone layer protection: Corporate Power in Regime Evolution." in L. David and N. Peter(eds.). *The Business of global environmental governance: Global environmental accord: Strategies for sustainability and institutional innovation*(1st ed.). Cambridge, MA: MIT Press, pp. 105~134.

_____. 2010. "Business and global climate governance: A neo-pluralist perspective." in M. Ougaard and A. Leander(eds.). *Business and global governance.* London: Routledge, pp. 99~117.

Forsyth, T. 2014. "Public concerns about transboundary haze: A comparison of Indonesia, Singapore, and Malaysia." *Global Environmental Change*, 25, pp. 76~86. doi:10.1016/j.gloenvcha.2014.01.013.

Fredriksson, P. and N. Gaston. 2000. "Ratification of the 1992 climate change convention: What determines legislative delay?." *Public Choice*, 104(3/4), pp. 345~368. doi:10.1023/A:1005129300402.

Greenpeace Southeast Asia. 2019. "ASEAN Haze 2019: The battle of liability." Retrieved from https://www.greenpeace.org/southeastasia/press/3221/asean-haze-2019-the-battle-of-liability.

Heilmann, D. 2015. "After Indonesia's Ratification: The ASEAN Agreement on Transboundary Haze Pollution and Its Effectiveness as a Regional Environmental Governance Tool." *Journal of Current Southeast Asian Affairs*, 34(3), pp. 95~121. doi:10.1177/186810341503400304.

Hidayat, N. K., A. Offermans and P. Glasbergen. 2018. "Sustainable palm oil as a public responsibility? On the governance capacity of Indonesian Standard for Sustainable Palm Oil(ISPO)." *Agriculture and Human Values*, 35(1), pp. 223~242. doi:10.1007/s10460-017-9816-6.

Hoel, M. and K. Schneider. 1997. "Incentives to participate in an international environmental agreement." *Environmental and Resource Economics*, 9(2), pp. 153~170. doi:10.1007/BF02441376.

Hukumonline. 2005. "Polusi Asap Harus Ditangani Dengan Semangat Kerjasama(Smoke Pollution Must be Handled with Spirit of Cooperation)"(2005.8.15). Retrieved from

https://www.hukumonline.com/berita/baca/hol13401/polusi-asapharus-ditangani-d
engan-semangat-kerjasama.

Ivancic, H. and L. P. Koh. 2016. "Evolution of sustainable palm oil policy in Southeast
Asia." *Cogent Environmental Science*, 2(1), pp. 157~182. doi:10.1080/23311843.2016.
1195032.

Jerger, D. B. Jr. 2014. "Indonesia's role in realizing the goals of ASEAN's agreement on
transboundary haze pollution." *Sustainable Development Law & Policy*, 14(1), pp.
70~74.

Laksmana, E. 2011. "Indonesia's rising regional and global profile: Does size really matter?."
Contemporary Southeast Asia, 33(2), pp. 157~182.

Lantis, J. 2005. "Leadership matters: International Treaty Ratification in Canada and the
United States." *American Review of Canadian Studies*, 35(3), pp. 383~421. doi:10.1080/
02722010509481377.

Lee, T. and W. Paik. 2020. "Asymmetric barriers in atmospheric politics of transboundary
air pollution: A case of particulate matter(PM) Cooperation between China and South
Korea." *International Environmental Agreements: Politics, Law and Economics*, 20(1),
pp. 123~140. doi:10.1007/s10784-019-09463-6.

Lewanski, R. 2000. "Italy: Learning from International Co-operation or Simply 'Following
Suit'?." in A. Underdal and K. Hanf(eds.). *International environmental Agreements and
domestic politics: The case of acid rain*. Aldershot: Ashgate Publishing, pp. 255~277.

Malay Mail. 2013.6.27. "Malaysia pressures Indonesia to ratify haze treaty." Retrieved from
https://www.malaymail.com/news/malaysia/2013/06/27/malaysia-pressuresindones
ia-over-haze-crisis/487767.

Mayer, J. 2006. "Transboundary perspectives on managing Indonesia's fires." *The Journal
of Environment & Development*, 15(2), pp. 202~223. doi:10.1177/1070496506288369.

Moravcsik, A. 1993. "Armaments among allies: European weapons collaboration, 1975~
1985." in P. Evans, H. Jacobson and R. Putnam(eds.). *Double-edged diplomacy:
International bargaining and domestic politics*. Berkley: University of California Press,
pp. 128~168.

Neo, C. 2013.7.8. "Govt to introduce further measures to fight haze problem." *Today
Online*. Retrieved from https://www.todayonline.com/singapore/govt-introduce-fur
ther-measures-fight-haze-problem.

Nesadurai, H. 2017a. "ASEAN environmental cooperation, transnational private governance, and the haze: Overcoming the 'territorial trap' of state-based governance?." *TRaNS: Trans-Regional and -National Studies of Southeast Asia*, 5(1), pp. 121~145. doi:10.1017/trn.2016.25.

_____. 2017b. "New constellations of social power: States and transnational private governance of palm oil sustainability in Southeast Asia." *Journal of Contemporary Asia*, 48(2), pp. 204~229. doi:10.1080/00472336.2017.1390145.

Nguitragool, P. 2011. "Negotiating the haze treaty." *Asian Survey*, 51(2), pp. 356~378. doi: 10.1525/AS.2011.51.2.356.

Palatino, M. 2013.6.27. "Haze Exposes ASEAN Failure: Southeast Asia's ongoing haze crisis underscores ASEAN's failure to address transboundary issues." *The diplomat*. Retrieved from https://thediplomat.com/2013/06/haze-exposes-asean-failure.

Perrin, S. and T. Bernauer. 2010. "International regime formation revisited: Explaining ratification behaviour with respect to long-range transboundary air pollution agreements in Europe." *European Union Politics*, 11(3), pp. 405~426. doi:10.1177/1465116 510373669.

PM Haze. 2018. "How Singapore can help stop Haze: The palm oil factor." in E. Quah and T. S. Tan(eds.). *Pollution Across Borders Transboundary Fire, Smoke and Haze in Southeast Asia*. Singapore: World Scientific Publishing Co. Pte. Ltd., pp. 155~188.

Poynton, S. 2016.7.27. "Failure of Indonesia's palm oil commitment 'not bad news' [Commentary]." *Mongabay Environmental News*. Retrieved from https://news.monga bay.com/2016/07/failure-of-indonesias-ipop-not-bad-news-commentary.

Pramudya, E. P., O. Hospes and C. J. A. M. Termeer. 2018. "Friend or foe? The various responses of the Indonesian state to sustainable non-state palm oil initiatives." *Asian Journal of Sustainability and Social Responsibility*, 3(1), pp. 1~22. doi:10.1186/s41180-018-0018-y.

Purnamawati, D. 2014.11.17. "RI ratifies ASEAN agreement on transboundary haze pollution." ANTARA News. Retrieved from https://en.antaranews.com/news/95689/ri-ratifies-asean-agreement-on-transboundary-haze-pollution.

Putnam, R. 1988. "Diplomacy and Domestic Politics: The Logic of Two-Level Games." *International Organization*, 42(3), pp. 427~460. doi:10.1017/S0020818300027697.

Roberts, J., B. Parks and A. Vasquez. 2004. "Who Ratifies Environmental Treaties and

Why? Institutionalism, Structuralism and Participation by 192 Nations in 22 Treaties." *Global Environmental Politics*, 4(3), pp. 22~64. doi:10.1162/1526380041748029.

Ruland, J. 2009. "Deepening ASEAN cooperation through democratization? The Indonesian legislature and foreign policymaking." *International Relations of the Asia-Pacific*, 9(3), pp. 373~402.

Sahide, M. A. K., S. Burns, A. Wibowo, D. R. Nurrochmat and L. Giessen. 2015. "Towards state hegemony over agricultural certification: From voluntary private to mandatory state regimes on palm oil in Indonesia." *Journal Manajemen Hutan Tropika (Journal of Tropical Forest Management)*, 21(3), pp. 162~171. doi:10.7226/jtfm.21.3.162.

Sherlock, S. 2010. "People's forum or chamber of cronies? The Parliament in Indonesia's decade of democracy." in E. Aspinall and M. Mietzner(eds.). *Problems of democratisation in Indonesia*. Singapore: ISEAS-Yusof Ishak Institute, pp. 160~178.

Soeriaatmadja, W. 2014.3.4. "Jakarta set to ratify haze pact." *The Jakarta Post*. Retrieved from https://www.thejakartapost.com/news/2014/03/04/jakarta-set-ratify-haze-pact.html.

_____. 2014.9.17. "Singapore welcomes Jakarta's move to ratify haze pact." *The Straits Times*. Retrieved from https://www.straitstimes.com/asia/se-asia/singapore-welcomes-jakartas-move-to-ratify-haze-pact.

Soesastro, H. and E. Laksmana. 2010. "Indonesia." in H. Altinay(ed.). *Does fairness matter?* Washington D.C.: The Brookings Institution, pp. 17~19.

Spector, B. and A. Korula. 1993. "Problems ratifying environmental agreements." *Global Environmental Change*, 3(4), pp. 369~381. doi:10.1016/0959-3780(93)90025-G.

Spilker, G. and V. Koubi. 2016. "The effects of treaty legality and domestic institutional hurdles on environmental treaty ratification." *International Environmental Agreements: Politics, Law and Economics*, 16(2), pp. 223~238. doi:10.1007/s10784-014-9255-4.

Syarif, L. 2014.9.24. "The pros of ratifying ASEAN haze agreement." *The Straits Times*. Retrieved from https://www.straitstimes.com/opinion/the-pros-ofratifying-asean-haze-agreement.

Tan, A. K. J. 2004. "Environmental laws and institutions in Southeast Asia: A review of recent developments." *Singapore Year Book of International Law*, 8, pp. 177~192.

Taufiqurrahman, M. 2015.12.9. "Yudhoyono continues 'Green Drive' At Paris talks." *The Jakarta Post*. Retrieved from https://www.thejakartapost.com.news/2015/12/09/yu

dhoyono-continues-green-drive-paris-talks.html.

Today Online. 2013.10.9. "New haze monitoring system approved at ASEAN summit." Retrieved from https://www.todayonline.com/singapore/new-haze-monitoring-system-approved-asean-summit.

Varkkey, H. 2011. "Addressing Transboundary Haze Through Asean: Singapore's Normative Constraints." *Journal of International Studies*, 7, pp. 83~101.

_____. 2014. "Regional cooperation, patronage and the ASEAN Agreement on transboundary haze pollution." *International Environmental Agreements: Politics, Law and Economics*, 14(1), pp. 65~81. doi:10.1007/s10784-013-9217-2.

_____. 2017. "'In 3 years we would have solved this': Jokowi, ASEAN and transboundary haze." *Jurnal Studi Pemerintahan*, 8(3), pp. 277~295.

von Stein, J. 2008. "The international law and politics of climate change." *Journal of Conflict Resolution*, 52(2), pp. 243~268. doi:10.1177/0022002707313692.

Vormedal, I. 2012. "States and markets in global environmental governance: The role of tipping points in international regime formation." *European Journal of International Relations*, 18(2), pp. 251~275. doi:10.1177/1354066110380962.

Wirajuda, M. 2014. "The Impact of Democratization on Indonesia's Foreign Policy: Regional Cooperation, Promotion of Political Values, And Conflict Management." Ph.D. Diss., The London School of Economics and Political Science(LSE). LSE Theses Online. Retrieved from http://etheses.lse.ac.uk/992.

한희진 부경대학교 글로벌자율전공학부, 미세먼지 특성화 사업단
노영민 부경대학교 환경공학과, 미세먼지 특성화 사업단

　　서론과 결론을 제외하고 모두 3부로 구성된 이 책은 미세먼지가 단순히 과학적·공학적으로 해결되는 가치중립적인 성질의 환경 외부효과가 아니라 다양한 주체의 인식과 대응을 통해 사회적으로 구성되는(socially constructed) 정치적·경제적·역사적 과정의 산물임을 보여주었다. 또한 이 책의 저자들은 미세먼지 문제가 한 국가가 당면한 과제이기도 하지만 국가와 국가 간의 상호 협력을 통해서 해결책의 모색이 요구되는 초국가적인 월경성 문제임을 논의했다.

　　따라서 우리는 이렇듯 복잡한 미세먼지 문제를 해결하는 일이 녹록하지 않은 작업이 되리라는 것을 쉽게 이해할 수 있다. 이 책의 저자 모두가 각 장에서 자세히 분석한 것처럼 현재 세계의 다양한 국가와 지역 차원에서 미세먼지를 포함한 대기오염 문제를 다루기 위해 제도, 정책, 대안, 기술들이 도입되어 시행되고 있다. 그러나 여전히 정책과 기술 등의 집행 과정에 다양한 제약이 존재한다. 경제 수준이 높은 선진국이라고 해서 미세먼지 문제를 완전

히 해결한 것도 아니다. 각 국가와 지역은 자신들이 처한 경제적·정치적·사회적 조건하에서 각기 유사하면서도 상이한 미세먼지 정책을 도입해 왔으며 다양한 방식으로 집행하고 있다.

결론에서는 이 책의 각 장에서 이루어진 논의를 토대로 국가적·지역적 차원에서 효과적인 미세먼지 대응을 가능하게 하는 조건이 무엇인지 간략하게 고찰하고자 한다. 이러한 조건들을 크게는 아이디어와 인식(ideas), 이익과 유인(incentive), 제도(institutions)라는 세 차원에서 논의한다.

1. 국가적 차원에서의 미세먼지 대응을 위한 조건

미세먼지를 포함한 대기오염에 대한 국가 차원의 효과적 대응을 위해서는 다방면의 노력이 수반되어야 한다. 첫째, 우리는 미세먼지 문제의 해결을 위해 사회를 이루는 구성원들 사이에 문제에 대한 공통의 인식이 필수 불가결함을 이해하게 되었다. 미세먼지가 시민들이 일상생활을 영위하는 데 고통과 불편을 끼치고 사회적 비용을 초래할 정도로 가시적인 환경문제로 대두하면 문제에 대한 공통의 인식을 형성하는 일은 한층 쉬워진다. 이런 상황에서 전통 매체와 소셜 미디어 등을 통해 과학 지식과 정보가 확산하면 구성원들은 문제의 원인과 부정적인 파급효과에 대한 가장 최신의 지식을 토대로 그들의 대리인인 정부에게 신속하게 문제를 해결할 것을 촉구한다. 시민들은 정부에게 대응을 요구하는 동시에 개인적인 차원에서 마스크를 착용하고 실외 활동을 줄이며 미세먼지 문제에 소극적으로 대응하기도 한다. 보다 적극적으로는 자신의 삶에 영향을 미치는 복잡한 대기오염 문제를 스스로 파악하고 커뮤니티 차원에서 적극적인 실험과 시행착오를 통한 혁신적인 해결책을 모색하기도 하는 등 시민과학의 주체로 행동하기도 한다. 문제와 그 심각성에 대한 사회적 차원에서의 공통의 인식은 개인과 국가 차원에서 일련의 행동과 대응 흐름을 형성하는 데 중요한 역할을 한다.

둘째, 미세먼지 해결을 촉구하는 광범위한 공감대가 한 사회에 형성되어 여론이 조성되고 국가 차원의 대응 요구가 증가하더라도 미세먼지 문제 해결이 녹록지 않을 수 있다. 국가 차원에서 효과적인 대응이 이루어지려면 미세먼지 문제를 유발하는 국내 배출원의 행동 변화가 반드시 수반되어야 한다. 한국의 경우 미세먼지 배출원은 석탄화력발전 산업, 도로 등 교통 부문, 산업 단지와 공장 등 제조 시설 등으로 다양하다. 미세먼지 저감을 위해서는 이들 부문별 감축과 변화가 필수적이다.

그러나 미세먼지 배출원인 디젤차의 운행 감소, 화석연료 의존적 발전의 친환경 발전으로의 에너지 전환, 산업 단지와 공장 배출원에 대한 배출 관리 등은 주로 정부의 기업에 대한 규제의 형태로 표출되며, 이러한 규제는 종종 경제적인 비용 문제로 귀결된다. 예를 들어 산업 시설의 배출 저감 장치와 기술 도입은 기업의 관점에서는 직접적인 비용 상승이기에 이들은 정부의 강화된 미세먼지 정책에 반대할 수 있다. 기업 등 이해관계자들은 경제적 비용 상승에 민감하게 반응하고 각종 이익단체가 동원된 로비 등 집단행동을 통해 정부의 정책 도입을 가능한 지연시키고자 할 가능성도 크다. 나아가 미세먼지 배출 기업과 산업이 일자리를 많이 공급하는 등 지역 GDP에 상당 부분을 차지하는 곳에서는 지방정부가 중앙정부의 미세먼지 강화 정책에 저항하거나 정책이 중앙에서 하달되더라도 충실히 이행되지 않을 가능성도 존재한다. 이러한 가능성은 중앙 집중적인 체제보다 지방정부나 지방자치단체의 권한이 큰 분권화된 체제에서 더 크게 나타날 수 있다. 중앙과 지방이 정책을 조율하며 통일성 있게 추진하는 전통이 약하고 중앙정부가 지방정부의 책무성을 담보할 만한 역량과 기제가 약한 체제에서는 더욱 그러하다.

이렇듯 미세먼지에 대한 대응이 비용과 손실 문제로 귀결될 때 우리는 문제 해결을 위한 정책 도입에 반대하는 거부권자(veto player)들의 결집을 볼 수 있다. 정반대로 미세먼지 문제의 해결을 통해 이익을 보는 집단도 다수 존재한다. 개선된 대기질을 누리게 될 사회 전체 구성원들은 물론이고, 미세먼지 저감 기술을 보유한 기업이나 친환경 자동차 부문 등은 미세먼지 정책이 강화될수록 해당 정책으로부터 경제적 이익을 보게 되는 집단이므로 이들은 정부의 미세먼지 정책에 호응하고 지지하는 세력으로 발전할 가능성이 크다. 종합하면 미세먼지에 대한 대응이 효과적으로 진행되려면 정책을 거부하는 집단의 수와 영향력은 줄이고 강화된 대응을 지지하는 집단의 결집은 이루어져야 한다.

셋째, 국가 차원에서 미세먼지 문제에 대응하기 위해서는 법률, 제도, 정책 등이 구축되어야 한다. 또한 이들의 도입과 이행을 위한 적절한 거버넌스가 형성되어야 한다. 이 책에서는 한국을 포함한 국가들이 미세먼지 대응을 위해 어떠한 정책과 제도를 도입하고 조직을 편성해 왔는지 살펴보았다. 미세먼지에 대한 정부의 즉각적인 대응은 법률, 정책, 규제 등의 제도적인 형태로 나타나며, 예산과 인력이 투입되고 집행될 때 그 효과를 발휘한다. 제도라고 불리는 정책과 전담 조직 등이 도입되기까지의 과정에서 앞서 언급한 두 조건은 그 사회적 기저와 토대를 형성한다. 물론 정부가 미세먼지와 같은 대기오염의 심각성을 인지하고 하향식 의사 결정을 통해 정책을 도입해 추진할 수도 있으나 서론의 다중흐름 모형에서 논의한 것처럼 정책 형성을 위한 일련의 흐름이 정치적·사회적·정책적 측면에서 조성되고 그 흐름이 기회의 창이 열림과 동시에 결합되어야 비로소 정책이 탄생하게 된다.

그러나 정책과 같이 제도가 만들어진다고 해서 효과적인 미세먼지 대응이 즉각적으로 쉽게 일어나지는 않는다. 제도의 효율적인 집행에는 정책 입안 과정에서 거부권을 행사했던 주체들을 포함해 다양한 이해관계자들의 제도에 대한 수용, 내재화, 실천 행위가 필요하기 때문이다. 이러한 과정을 위해 종종 효율적인 거버넌스가 요구된다. 거버넌스란 정부를 포함한 다수의 행위자가 네트워크와 같은 관계망을 형성하면서 사회가 직면한 다양한 문제를 해결하기 위해 협력하는 과정이다. 미세먼지 문제의 효과적인 대응을 위한 거버넌스는 정부 주도로 형성될 수도 있으나 다양한 경제·사회 부문의 주체가 참여하는 것이 좋다. 이들이 소통하며 향후 발생할 수 있는 갈등을 조율하는 등 갈등 조정과 협력 플랫폼의 기능을 수행하는 것이다. 특히 민주주의 체제에서 정부는 미세먼지와 같은 환경문제를 해결하는 전담 거버넌스 조직을 설치하고 문제를 둘러싼 사회 각계의 논의를 최대한 반영하고자 한다. 물론 정책 과정에서 민주적인 성격을 보여주기 위해 다분히 상징적인 수준의 역할만 하는 거버넌스 기구도 있으나 권한을 가지고 중요한 결정을 내리는 거버넌스 조직도 존재하며 이러한 경우 미세먼지 문제는 더욱 효과적으로 집행될 가능성이 크다.

요약하면 법률, 정책, 조직 등은 효과적인 미세먼지 문제 해결을 위해 필요한 제도다. 이러한 제도가 실효성과 효율성을 창출하기 위해서는 정부가 강력한 이행 의지를 가지고 적정 예산과 자원을 투입해 법률과 정책을 집행해야 한다. 사회 구성원들은 도입된 정책을 수용하고 각 층위에서 요구되는 행위를 내재화하며 실천해야 한다. 이 과정에서 제반 문제점들이나 제약이 발생한다면 사회 각 주체는 매체나 거버넌스 기구 등 다양한 창구를 활용해 정부에 피드백을 제공하고, 이는 정책 이행의 개선을 위해 환류(feedback)된다.

2. 지역적·국제적 차원에서의 미세먼지 대응을 위한 조건

앞서 논의한 것처럼 미세먼지는 제한된 국경 안에서만 문제로 작용하는 것이 아니라 국경을 넘나드는 국제적인 문제라고 할 수 있다. 그러나 국가 차원과 비교해 볼 때 문제에 대한 공통의 인식을 형성하는 일은 지역적·국제적 차원에서는 한층 더 어렵다. 예를 들어 미세먼지에 대해 한국과 중국, 한국인과 중국인은 일정 부분 인식을 공유하며 양자 협력을 통해 문제를 해결해야 한다는 점에도 점차 공감대를 형성해 왔다. 그러나 동시에 자국과 자국민의 관점에서 문제의 원인을 상대국으로 돌리며 상대의 부적절한 대응과 조치에 적대감을 표출하기도 한다. 월경성 미세먼지 문제에 연루된 당사국 사이에 이미 상대국에 대한 민족주의적인 우월감이나 역사적인 반목이 존재한다면 미세먼지를 둘러싼 적대감들은 이러한 기존의 정서나 인식과 결합하며 더 증폭되기도 한다.

월경성 미세먼지 문제에 대해 국가와 국민 사이에 공통의 인식을 형성하기 위해서는 오염원의 배출과 이동 등에 대한 공동 연구와 조사를 통해 과학적 정보를 수집해 문제의 원인과 결과를 더욱 정확히 규명하는 등 월경성 미세먼지 문제에 대한 국제적 차원의 합의된 지식 체계 구축이 필요하다. 이러한 작업은 과학자와 정부 기술관료(테크노크라트) 등 전문가 집단이 인지공동체를 형성해 정보와 지식의 교환을 활성화한다면 그렇지 않은 경우보다 더 빠른 속도로 이루어질 수 있다. 미세먼지를 어느 한 국가의 책임이 아니라 지역 국가들이 공동으로 직면한 공동체의 문제로 인식할 때 지역적·국제적 차원의 해법 모색과 대응이 촉진될 수 있다.

또한 만약 한 지역 내의 국가들이 역사적으로 축적된 상호작용과 우호적인 관계 형성 등을 통해 오랜 협력의 경험을 보유하고 있다면 미세먼지 문제 해결에도 공통의 인식을 도출하고 지역 차원에서 문제 해결을 위해 협력할 가능성도 높아진다. 역사적 반목과 갈등으로 점철된 동북아시아에 비해 유럽이나 북미에서 대기오염 문제가 지역 수준의 협력을 통해 다루어져 왔던 것이 바로 그러한 예다.

둘째, 국제적·지역적 수준에서 미세먼지 등 대기오염 문제의 효율적인 대응을 위해 각 정부는 상대적이기보다 절대적 이익의 관점에서 문제에 접근해야 한다. 그러나 국제사회를 구성하는 주권국은 국익과 상대적 이익의 관점에서 사고하고 행동하는 경향이 있다. 미세먼지와 같은 문제에서 한 국가는 국가 간 협력이 자국과 협력 파트너 국가에 미칠 상대적 영향과 이익을 고려한 뒤 자국의 이익을 늘리는 방향으로 행동하기 쉽다. 협력을 통한 문제 해결이 자국보다 타국에 더 많은 이익과 혜택을 가져온다면 그 국가는 행동하지 않을 가능성이 크다. 이러한 상대적 이익에 대한 강조는 미세먼지 협력을 저해한다. 상대적 이익에는 경제적 이익뿐 아니라 지역 패권, 리더십, 소프트 파워(soft power) 등 정치적인 고려 사항도 포함된다.

그러나 국가는 미세먼지 문제의 해결을 위한 국제 협력이 일어나지 않는 상황과 일어나는 상황을 비교해서 다른 국가와 협력하며 자국이 경험하는 미세먼지 문제를 경감시키는 선택을 할 수도 있다. 즉, 한 국가가 미세먼지 문제에서 국가 간의 협력이 없을 때 자국이 치러야 할 비용(사회·경제·정치적 제반 비용)보다 미세먼지에 대한 국가 간의 공동 대응으로 얻는 이익과 혜택이 크다고 판단한다면, 즉 절대적 이익을 우선시한다면 이런 경우의 국가들은 협력하며 서로에게 윈-윈(win-win)이 되는 타협점을 발견하고 공동 대응을 모색할 수도 있다.

또한 한 국가의 정치인이나 최고 정책 결정자 등 지도자가 국제 협력을 통해 미세먼지를 해결하는 것이 국내 정치에서 자신에게 정치적 보상 등을 가져온다고 판단할 때 그는 국제적 차원에서 미세먼지 해결에 보다 적극적인 자세로 임할 수 있다. 특히 민주주의국가에서 미세먼지가 국민의 관심사가 되는 환경문제이자 사회문제로 전면에 부각되고 부정적인 여론이 선거 사이클(cycle)과 겹치게 되면 정치인들은 이러한 문제의 대안을 제시하라는 압박을 받게 된다. 고위 공직이나 선거 승리와 같은 정치적인 목적과 이익을 추구하는 중앙과 지방의 정치인들은 공약 등 대안 제시에 보다 적극적인 자세로 임할 가능성이 크며 선출된 후 정책 대안을 본격 이행할 가능성도 그렇지 않은 경우보다 크다. 중국과 같은 권위주의 국가에서도 미세먼지 문제가 악화되고 미해결 상태로 지속된다면 지배 세력의 통치 정당성과 합법성 등을 저해하게 되고 이는 정치인들의 이익 계산에서 고려 대상이 될 것이다. 이러한 국내적 정치 조건들이 형성되었을 때 정부는 국제적 차원에서도 주변국과 협력하며 미세먼지 문제를 해결하는 데 더 적극적인 태도를 보일 수 있다. 여기서 우리는 국내 정치와 국제 문제가 이해관계로 얽혀 있음을 볼 수 있다.

셋째, 미세먼지 문제의 효과적인 해결을 위해 국내에서 법과 제도를 도입하는 것과 마찬가지로 국제적 차원에서도 제도 수립은 문제 해결을 위해 필요하다. 국제적 차원에서 제도는 레짐(regime)으로 일컬어지는데, 이는 국가 간 상호작용을 통해 형성된 규범, 원칙, 협약, 조직, 기구 등 유·무형의 요소를 통칭한다. 지역적·국제적 차원에서 제도 수립은 물론 쉽게 이루어지는 것이 아니며 앞에서 언급한 공통의 문제 인식과 지도자들의 문제 해결 의지를 토대로 관련국들이 상호작용에 착수할 때 비로소 시작된다고 할 수 있다. 환경장관회의나 고위급 정부 인사 간의 회담 등 교류와 상호작용이 축적되면 그로부터 규칙과 규범이 점진적으로 파생되고 이는 프로토콜, 조약, 문제를 전담하는 조직의 신설 등 공식적이고 형식적인 절차와 형태로 귀결된다.

때로는 국가를 구속하는 합의나 협의체의 형성 없이도 해당 문제에 대한 협력 논의가 지속되기도 한다. 미세먼지라는 지역 차원의 문제를 동시에 함께 경험하는 국가들일지라도 지역 수준에서의 제도 형성이 자국의 독립성과 주권에 어떻게 영향을 미칠지에 대한 우려는 늘 존재한다. 주권과 영토적 완결성 등을 강조하는 국가일수록 지역적·국제적 수준에서 이를 침해할 가능성이 있는 구속력 있는 합의에 참여할 가능성이 적다. 법과 제도적 접근을 통해 갈등과 문제를 해결하는 유럽이나 북미와 비교해 주권을 강조하는 아시아 국가들이 대화와 합의를 통한 문제 해결[소위 아세안웨이(ASEAN Way)로 일컬어지는]을 선호하는 이유라고 볼 수 있다.

앞서 논의한 조건들은 국내적·국제적 차원에서 미세먼지 문제의 효과적인 해결을 위해 필요해 보이는 주요 요인들이나 이 결론에서 간과한 요인들도 특정 시기에 특정 지역과 국가에서는 중요하게 작용할 수 있다. 이러한 조건들이 모두 형성되기란 어려울 것으로 쉽게 예상되기에 미세먼지 문제가 경제 발전과 더불어, 혹은 과학적·공학적인 지식이 확대됨에 따라 순리적으로 해결되리라고 기대할 수 없다. 그러나 이 책의 저자들이 논의한 바와 같이 미세먼지 문제가 경제적·정치적·사회적으로 미치는 부정적인 영향은 지대하며 이는 개인과 사회의 삶의 질을 저해하고 지속 가능한 미래의 전망을 어둡게 한다. 따라서 우리는 개인적·공동체적·국가적·국제적 차원에서 앞서 언급한 조건들이 형성될 수 있도록 노력해야 한다.

찾아보기

지은이(가나다순)

김인경
브리지워터 주립대학교 정치학과

노영민
부경대학교 환경공학과, 미세먼지 특성화 사업단

손윤석
부경대학교 환경공학과, 미세먼지 특성화 사업단

송영
연세대학교 미래캠퍼스 국제관계학과

신상범
연세대학교 미래캠퍼스 국제관계학과

이재영
통일연구원 평화연구실

이태동
연세대학교 정치외교학과

이혜경
국회입법조사처

조정원
원광대학교 한중관계연구원 동북아시아인문사회연구소

한희진
부경대학교 글로벌자율전공학부, 미세먼지 특성화 사업단

한울아카데미 2396

미세먼지의 과학과 정치

ⓒ 한희진 외 9인, 2023

지은이 ｜ 김인경·노영민·손윤석·송영·신상범·이재영·이태동·이혜경·조정원·한희진
펴낸이 ｜ 김종수
펴낸곳 ｜ 한울엠플러스(주)

초판 1쇄 인쇄 ｜ 2023년 4월 7일
초판 1쇄 발행 ｜ 2023년 4월 28일

주소 ｜ 10881 경기도 파주시 광인사길 153 한울시소빌딩 3층
전화 ｜ 031-955-0655
팩스 ｜ 031-955-0656
홈페이지 ｜ www.hanulmplus.kr
등록 ｜ 제406-2015-000143호

Printed in Korea.
ISBN 978-89-460-7396-8 93300

* 책값은 겉표지에 표시되어 있습니다.